gutes leben
bene!

Rainer M. Schießler
Stephan Maria Alof

Seid ihr noch zu retten?!

Einfach mal machen und so Kirche verändern

Wir widmen dieses Buch den Mitgliedern und engagierten Mitarbeiterinnen und Mitarbeitern der Münchner Pfarrei St. Maximilian, die uns selbst seit gut drei Jahrzehnten Heimat ist. Danke an alle, die uns dabei unterstützen, das zu tun, was uns am Herzen liegt – und ebenfalls danke an alle, die einfach da sind und mitmachen.

Gemeinsam teilen wir die Erfahrung: Es geht meist viel mehr, als man denkt! Und wir dürfen uns trauen, unsere Träume zu leben. Jesus sagt seinen Jüngerinnen und Jüngern

Wenn ihr Glauben habt wie ein Senfkorn, dann werdet ihr zu diesem Berg sagen: Rück von hier nach dort! und er wird wegrücken. Nichts wird euch unmöglich sein.

(Mt 17,20–21)

INHALTSVERZEICHNIS

ECHT JETZT?

»Seid ihr noch zu retten?!« Diese Frage stellt sich momentan vielen Menschen, wenn sie an die katholische Kirche denken. Und ja – es ist wirklich kaum zu fassen, was sich unter deren Dach in der Vergangenheit alles ereignet hat und wie manche Verantwortliche bis heute agieren. Längst ist belegt, welche Ausmaße das Thema »Sexueller Missbrauch« weltweit und in Deutschland hat. Aber immer noch kommt Neues zutage.

Ein weiteres Gutachten, das am 20. Januar 2022 in München vorgestellt wurde, hat uns alle erschüttert. Einmal mehr wurde deutlich, dass man jahrzehntelang vor allem dafür gesorgt hat, die Kirche als Organisation zu schützen, statt sich um die Opfer von sexueller, physischer und psychischer Gewalt zu kümmern. Immer wieder hat man Täter von Ort zu Ort versetzt und Beweismaterial vernichtet, statt sie vor Gericht zu stellen. In Köln wurde eine Akte mit entsprechendem Inhalt mit dem Titel »Brüder im Nebel« beschriftet. Unfassbar, die schrecklichen Taten auf diese Weise zu verschleiern und zu verharmlosen!

Spätestens seit der Veröffentlichung des Films »Das Schweigen der Hirten« im Jahr 2018 hätte es ein Umsteuern und deutliche Signale aus dem Vatikan und den regionalen Kirchenleitungen gebraucht. Aber es wurde weiterhin abwartend und viel zu zögerlich reagiert. Dabei wäre es längst an der Zeit gewesen, alles aufzudecken, die eigene Schuld zu bekennen, Opfer um Vergebung zu bitten und für das erlittene Leid wenigstens finanziell großzügig zu entschädigen.

Ja, es hat solche Entschuldigungsversuche gegeben. Aber Aussagen wie: »Ich bin betroffen von den Taten der anderen« oder »Das hätte nie passieren dürfen, das System hat versagt« – sie helfen nicht weiter, sie reichen nicht! Das neue Gutachten ist ein weiterer Ruf zur Umkehr!

Es ist fünf nach zwölf. Viele enttäuschte und auch zu Recht ob der Geschehnisse wütende Menschen verlassen die katholische Kirche. Die Austrittszahlen steigen von Jahr zu Jahr und die Kirche steht irgendwann mit dem Rücken zur Wand – auf der in großen Lettern das Wort »Bedeutungslosigkeit« steht.

Der Missbrauchsskandal wird jedenfalls nicht aus dem Gedächtnis der Menschheit verschwinden. Und noch in Jahrzehnten werden die Folgen zu spüren sein. Denn wie schlimm ist es, wenn diejenigen, die eigentlich für die Botschaft der Liebe einstehen sollen, derartige Taten begehen, decken oder vertuschen – nur um eine fromme Organisation zu schützen oder ihre eigene Macht zu erhalten? So denken viele!

Kirche lebt mehr als jede andere Einrichtung vom Vertrauen der Menschen. Wir müssen darum ringen, dieses Vertrauen zurückzugewinnen. Wie kann das gehen?

Zunächst haben die Menschen ein Recht darauf, zu erfahren, wer da alles mitgemacht hat. Denn bei aller berechtigten Kritik an der Organisation und Hierarchie hat nicht »die Kirche« an sich versagt, es waren immer einzelne Menschen vor Ort, die Schuld auf sich geladen haben. Die Beteiligten müssen nun die Konsequenzen tragen.

Es geht bei der Aufklärung nicht nur darum, welcher Missbrauchstäter wann und wo etwas getan hat, sondern auch um die Frage, wer alles dabei war, wenn vertuscht, verdeckt, versteckt oder verharmlost wurde. Wer dazu beigetragen hat, dass sich derartige, ungeheuerliche Vorfälle weltweit vieltausendfach wiederholen konnten – und das jahrzehntelang! Wer eine Mitschuld daran trägt, dass Missbrauchstäter nach einem ersten Vorfall nicht gestoppt wurden, sondern weitere Taten begehen konnten. Warum Täter oftmals nur versetzt wurden, um später an neuer Stelle ungebremst weiterzumachen. Diese Fragen müssen wir klären! Und wir sollten auch denen nachgehen, die scheinheilig behaupten, sie wüssten von nichts, obwohl sie bei den Gesprächen und Entscheidungen nachweislich mit am Tisch saßen. Da hängen ganz viele mit drin!

Es ist wie bei einem Banküberfall. Am Ende werden eben nicht nur diejenigen verurteilt, die den Mann am Schalter mit der Waffe bedroht und geraubt haben, sondern auch alle anderen Tatbeteiligten. Die Typen, die während der Tat Schmiere gestanden haben, derjenige, der das Fluchtauto besorgt hat, und auch diejenige, die ein gutes Versteck für die Bande vorbereitet hat.

Ein echter Neubeginn gelingt vermutlich nur mit anderem Personal. Denn wenn das Vertrauen erst einmal komplett weg ist, hilft es nicht, zu betonen, dass man gebraucht wird, um die Kirche zu leiten und in die Zukunft zu führen.

Und es gibt an dieser Stelle keine Unterschiede: Egal ob Papst, Kardinal, Bischof, Monsignore, Prälat, Priester, Personalreferent oder Ordensfrau – alle, ausnahmslos alle müssen Position beziehen und sich erklären, wenn sie in irgendeiner Form an dem Geschehen beteiligt waren. Ein Schuldeingeständnis kann dabei helfen, dass die Opfer von Gewalt – all die Menschen, die so viel Leid erlebt haben – endlich zur Ruhe kommen können.

*

»Seid ihr noch zu retten?!«, das dachten wir auch, als vor etwa einem Jahr ein Sendschreiben aus Rom zum Thema »Segnung gleichgeschlechtlicher Paare« veröffentlicht wurde.

In einer Situation, in der ohnehin schon jede Menge Stimmen laut werden, dass die Kirche mit Blick auf die Sexualmoral anders agieren sollte als bisher, schreibt der Papst einen »Hirtenbrief«, der in den Augen vieler alles andere als fürsorglich daherkommt. Seine Botschaft ist eindeutig: »Gleichgeschlechtliche Paare bekommen keinen Segen«, Punkt. Aus.

»Echt jetzt?! Das ist nicht euer Ernst!« – könnte man meinen. Aber es ist ernst!

Hunderttausende von Menschen haben genug von derartigen Ansagen, schwer verdaulichen Sendschreiben und vor allem vom gefühlten Stillstand in der Kirche. Dem Festhalten am Gestrigen und dem Gefühl, endlos auf etwas zu warten, was längst überfällig ist: einen wirklichen Neuanfang, der die Kirche wieder zu einem Ort macht, an dem sich alle, die möchten, willkommen und zu Hause fühlen können.

Klar gibt es auch einige Konservative, die es gut finden, wenn der Vatikan unmissverständlich klarstellt, dass homosexuelle Beziehungen nicht gesegnet werden dürfen. Manchen ist es auch egal. Aber viele, darunter auch wir, finden es befremdlich, so etwas im Jahr 2021 anzuordnen. Und für die Menschen, die in einer gleichgeschlechtlichen Partnerschaft leben, ihre Familien und Freunde ist es ein Schlag ins Gesicht, wenn man gesagt bekommt: Ihr gehört nicht zu denen, die in der Kirche willkommen sind. Mehr noch: Ihr bekommt keinen Segen Gottes, weil eure sexuelle Orientierung schlichtweg falsch ist (um das Wort »Sünde«, das wir an dieser Stelle als völlig absurd empfinden, nicht zu gebrauchen).

Am 25. Januar 2022 lief in der ARD der Film »Wie Gott uns schuf« des Journalisten Hajo Seppelt. Gleichzeitig outeten sich einhundertfünfundzwanzig Mitarbeiterinnen und Mitarbeiter der Kirche, von der Kantorin bis zum Priester, dass sie homosexuell oder queer unterwegs sind. Es ist bewegend zu sehen und zu hören, wie die Menschen, die hier an die Öffentlichkeit treten, darunter leiden, wie die Kirche mit ihnen umgeht. Dass sie die Liebe ihres Lebens verleugnen müssen, um ihre Arbeitsstelle nicht zu verlieren. Die Betroffenen berichten von Zurückweisung, Einschüchterung, Denunziationen, Disziplinarmaßnahmen und Selbstmordversuchen.

*

Man könnte angesichts all der Schlagzeilen und der aktuellen Debatte meinen, es gehe mit der Kirche nur noch bergab … Aber glücklicherweise gibt es auch kleinere und größere Lichtblicke. Mancherorts scheint man aus dem Dornröschenschlaf aufgewacht zu sein, bezieht Position, leitet Veränderungen ein und versucht dabei die sogenannten »Laien« einzubeziehen, weil es um die Zukunft der Kirche geht. In den letzten Monaten ist einiges in Bewegung gekommen.

»Seid ihr noch zu retten?!« Das wäre zu hoffen … Aber wir selbst müssen die Kirche gar nicht retten. Viel wichtiger ist die befreiende Botschaft des Glaubens. Diese gilt es zu bewahren. Denn es wäre mehr als schade, wenn sie in all den Auseinandersetzungen unterginge.

Abzuwarten, bis »die da oben« sich ändern und es offizielle Handlungsanweisungen gibt, wie wir als katholische Kirche aus der Misere kommen, ist nicht unser Ding. An diesem Punkt sind wir uns einig. Unsere Zeit ist hier und jetzt. Und wir machen einfach treu unsere Arbeit vor Ort, an der Basis, so gut es geht.

In einem kreativen Miteinander entstehen seit mehr als zweieinhalb Jahrzehnten in der Pfarrei St. Maximilian in München immer wieder schöne Projekte. Unsere unterschiedlichen Begabungen ergänzen sich dabei gut und wir haben gemeinsam mit vielen engagierten Mitarbeiterinnen und Mitarbeitern jede Menge lostreten können. Davon erzählt dieses Buch. Menschen für den christlichen Glauben zu begeistern, die Botschaft von Jesus von Nazareth weiterzugeben – das ist uns ein Anliegen.

Immer wieder geht es um die Frage: Wie kann es gelingen, Kirche und Glaube zeitgemäß zu präsentieren, sodass die Botschaft ankommt? Zunehmend erleben wir, dass es schwieriger wird und uns in der Gemeindearbeit ein rauer Wind entgegenweht. Es melden sich weniger Mädchen und Jungen zur Kommunion an, es kommen weniger Firmlinge zu den Kursen und junge Familien nutzen das Angebot der Gemeinde seltener. Dabei geht es uns hier in Sankt Max noch vergleichsweise gut. Die Gottesdienste haben Zulauf, die Menschen beteiligen sich an vielen Aktionen der Pfarrei.

Aber die Fehler, die weltweit und in Deutschland in der katholischen Kirche immer wieder begangen werden, schlagen natürlich durch bis in die Gemeinden vor Ort. All das Machtgehabe und das unselige Agieren einzelner Bischöfe, das Blockieren und Verweigern, das Taktieren und Abwarten – es führt tiefer in die Krise. Wenn es mit Blick auf mögliche Neuerungen heißt: »Keine Experimente« oder »Das war doch schon immer so«.

Natürlich ist es bequemer, sich auf nichts Neues einzulassen. Aber es ist an der Zeit, zu handeln und das eine oder andere an Reformen endlich auf den Weg zu bringen. Denn die Kirche erodiert an vielen Ecken schneller, als man schauen kann. Und ab einem bestimmten Punkt ist manches kaum noch aufzuhalten. Es entgleitet den Verantwortlichen.

Eines müssen wir bei aller Kritik, die wir äußern, an dieser Stelle unbedingt klarstellen: Wir haben die Weisheit keinesfalls mit Löffeln gefressen und wissen nicht alles besser. Oftmals sind auch wir ratlos. Und vieles von dem, was wir versuchen, misslingt auch, weil wir es falsch anpacken. Aber wir versuchen immer wieder neue Wege zu finden, wie Glaube schmackhaft und ansprechend daherkommen kann – im wahrsten Sinne des Wortes.

Was wir tun, schmeckt natürlich nicht jedem …

»Seid ihr noch zu retten?!« – diese Frage bekommen wir öfters zu hören. Ist das euer Ernst, diese oder jene Aktion zu veranstalten? Beispielsweise einen Faschingsgottesdienst mit Marschmusik und Blaskapelle zu gestalten, eine Regenbogenfahne vom Kirchturm wehen zu lassen oder eine Fronleichnamsprozession durchzuführen, die an der Schwulenkneipe haltmacht. Das gehört sich doch nicht – oder?

»Ihr traut euch ja was …«, meinen deshalb die einen. Andere sehen uns für das, was wir so veranstalten, irgendwann ganz bestimmt in der Hölle schmoren.

»Seid ihr noch zu retten?!« kann man dann wieder fragen. Wir sagen: »Ja, ganz klar, natürlich!«

Denn Jesus rettet gerade die schrägen Gestalten, die Ausgegrenzten und die vermeintlich verlorenen Schafe. Er hat sogar diejenigen besucht und umarmt, die ansteckende Krankheiten hatten. Jesus kannte keine Berührungsängste. Und er hat auch nicht immer das gemacht, was die geistlichen Anführer seiner Zeit von ihm verlangt haben. Der Gottessohn war überhaupt total ungewöhnlich unterwegs. Sein Leben und Sterben sind bis heute ohnegleichen. Angefangen bei den Umständen seiner Geburt in einer einfachen Feldscheune über die Auswahl seiner Wegbegleiter und -begleiterinnen und die zahlreichen Wunder, die er vollbracht hat – bis hin zum Tod auf dem Hügel Golgatha und seiner Auferstehung am dritten Tag danach.

Wir sind keine Kirchenreformer und erst recht keine Rebellen. Aber die Botschaft, um die es uns geht, hat Sprengkraft: Es ist die wunderbare Botschaft der Liebe und der Freiheit im Sinne Jesu.

Den christlichen Glauben in seiner ganzen Schönheit und Tiefe auszuloten, andere dafür zu begeistern, das treibt uns an. So ist dieses Buch auch eine Einladung zur inneren Positionsbestimmung in Glaubensfragen.

Rainer Maria Schießler und Stephan Maria Alof

ANDERE SICHTWEISEN

Rainer M. Schießler // Kennen Sie den? Ein Ballonfahrer hat sich verflogen, und jetzt weiß er nicht mehr, wo er ist. Er kennt sich einfach nicht mehr aus. Da sieht er am Boden einen Mann laufen, den fragte er: »Können Sie mir sagen, wo ich bin?«

Der Mann ruft herauf: »In einem Heißluftballon.«

Der Ballonfahrer gibt zurück: »Kann es sein, dass Sie ein Pfarrer sind?«

»Woher wissen Sie das?«

»Erstens, weil Sie eine laute Stimme haben, zweitens, weil Sie mir Dinge sagen, die ich selber weiß. Und drittens, weil ich mit all dem nichts anfangen kann.«

Ich habe diesen Witz einmal an Fasching in der Kirche erzählt. Und die Leute haben herzlich mit mir gelacht. Lachen zu können, und das auch mal über sich selbst, das ist so wichtig. Die Menschen sollen Freude haben, am Leben und am Glauben.

Gerne mag ich auch diesen Witz: Mitten in der heiligen Messe kommt der Teufel in die Kirche. Alle Leute laufen sofort hinaus, der Pfarrer voran, er hat am meisten Angst. Nur ein Mann, Mitte siebzig, der bleibt sitzen. Geht der Teufel hin zu ihm und sagt: »Wieso läufst denn du nicht weg?«

»Warum sollte ich?«

»Ich bin der Teufel.«

»Das macht mir nichts aus, ich bin seit vierzig Jahren mit deiner Schwester verheiratet.«

Witze erzählen, das ist nicht einfach, gerade, wenn man sie auswendig vorträgt. Eine gute Vorbereitung hilft. Anderes entsteht spontan, ergibt sich aus einer bestimmten Situation heraus. Bei einer Viecherlmesse habe ich die Besucher einmal mit Blick auf eine Schildkröte gefragt: »Was haben wir beide gemeinsam? Die Antwort ist simpel: Wir sind beide uralt – und wir schau'n beide verdammt gut aus.«

Das fanden die meisten Anwesenden zum Brüllen komisch.

Wissen Sie, dass Sie, wenn Sie lachen, mehr Muskeln bewegen, als wenn Sie ins Fitnessstudio gehen? Nicht weitersagen, sonst machen die Läden alle Pleite.

Warum muss es in der Kirche immer so bieder, so ernst, so streng zugehen? Warum verlassen wir nicht öfters lachend und gut gestimmt den Gottesdienst? Diese Fragen stellen sich viele Menschen. Andere, oftmals sehr fromme sagen: Das mit dem Lachen steht nicht in der Bibel.

Aber die Bibel ist auch kein Handbuch, aus dem man herauslesen kann, wie etwas konkret ablaufen soll. Etwa: Bitte jetzt nicht in der Kirche lachen – weil das nicht sein darf. Denn Jesus hat schließlich auch nicht gelacht!

Doch das wissen wir gar nicht, denn es steht tatsächlich nichts darüber in der Bibel. Aber ich glaube schon, dass auch Jesus Humor hatte, dass er herzhaft lachen konnte – denn er war ein Mensch wie Sie und ich. Und das Lachen gehört zum Leben dazu.

Es steht ja auch nicht in der Bibel, dass Jesus sich gekämmt oder die Zähne geputzt hat. Und ich lebe doch heute nicht meinen Glauben, indem ich Jesus kopiere! Die Evangelien sind keine Regiebücher, keine Handlungsanweisung, die wir einfach umsetzen können. Wir müssen oft zwischen den Zeilen lesen. Wenn beispielsweise der Evangelist Johannes seinen Bericht mit der Hochzeit von Kanaan beginnt oder Jesus selbst immer wieder das Bild der Hochzeit, des Festmahls verwendet – warum tun sie das? Wir wissen doch, wie es bei solchen Festen zugeht, dass da ausgelassen gefeiert, getanzt, gegessen und getrunken wird.

Manch einer könnte jetzt ängstlich nachfragen: Ist das wirklich im Sinne der Kirchenordnung? Ja, warum denn nicht! Denn auch Jesus hat mit den Leuten zusammengesessen und mitgefeiert. Und er wird dabei manche lustige Geschichte erzählt haben, denn er war ganz bei den Menschen. Macht mir bitte aus Jesus keinen Miesepeter!

*

Das Osterlachen ist eine schöne Tradition, die seit Jahrhunderten in vielen christlichen Gemeinden gepflegt wird. Nach der langen Fastenzeit und der Passionswoche kommt man am Ostersonntag zusammen und feiert die Auferstehung Christi. Dass es dabei fröhlich zugeht, versteht sich für mich von selbst.

Einen neuen, richtig guten Osterwitz zu finden ist oft schwieriger, als eine gute Predigt zu formulieren. Denn in der Predigt hat man fünf bis zehn Minuten Zeit, das Thema zu entfalten. Ein Witz muss direkt auf den Punkt kommen und zünden.

Einen sehr netten Witz hat Stephan Alof vor einiger Zeit mitgebracht. Der geht so: Die Jünger fragen Josef von Arimathäa nach der Kreuzigung, wo sie Jesus beerdigen können. Und Josef von Arimathäa antwortet: Ach, das ist schwierig. Jesus ist hingerichtet worden, wie stehe ich denn da, wenn ich für so jemand ein Grab herrichte? Da sagt einer der Jünger: Jetzt tu nicht so, ist ja bloß für drei Tage.

Dass wir am Ende der Osterliturgie lachen können, ist wichtig. In dieser Situation, in der wir die Auferstehung Jesu feiern, lachen wir über den Tod, weil er keine Macht mehr über uns hat. Paulus fragt: Tod, wo ist dein Sieg? Tod, wo ist dein Stachel? Zu wissen, dass der Tod nicht das Ende bedeutet, das ist schön!

Es gibt sehr viele schöne Witze, die sich mit dem Glauben und der Kirche beschäftigen.

Meistens sind die einfachen die besten. Beispielsweise dieser: Ein Junge besucht mit seinem Bruder an einem Samstagnachmittag die Kirche. Eine Putzfrau macht zu dieser Zeit gerade den Mittelgang sauber.

Als die beiden Buben später heimkommen, fragt sie ihre Mama, wie es in der Kirche war. Sagt der eine Bub: Ach da war nichts Besonderes. Die Kirche war leer, der liebe Gott war nicht da, aber seine Frau hat geputzt.

*

Wenn wir in der Kirche lachen, heißt das nicht, dass wir den Glauben nicht ernst nehmen. Es ist ein befreites Lachen – denn wir dürfen frei sein und uns über das Leben mit all seinen Facetten freuen. Dazu lädt uns Christus ein. Seine Botschaft ist die der Freiheit!

Jede und jeder soll das Gefühl haben, willkommen zu sein. Und alle sind wichtig. Der kleine Junge, der im Gottesdienst mit dabei ist und am Ende hoffentlich fröhlich nach Hause kommt, die ältere Dame, die die Kirchenmusik so sehr liebt, und auch diejenigen, die eher am Rand des Geschehens stehen. Bei den Menschen zu sein, das ist mir ein großes Anliegen.

Zehn Jahre habe ich deshalb auf der Wiesn im Schottenhamel gekellnert. Zwei Wochen am Stück habe ich zwölf Stunden am Tag Bestellungen aufgenommen, Maßkrüge geschleppt und Hendl serviert. Ein Kontrastprogramm zu meinem Job als Pfarrer. Und doch hatte beides miteinander zu tun. Wenn der

Kirche die Leute davonlaufen, dann laufe ich ihnen auf der Wiesn entgegen, mit Maßkrügen in der Hand.

Ich habe im Supermarkt und in Kneipen oft die besten Ideen gehabt. Meinen Job auf der Wiesn habe ich bekommen, weil ich den Schottenhamel-Wirt gefragt habe: Kann ich mal hier arbeiten? Einfach so. Es war eine spontane Idee.

Was bin ich die ersten Jahre dafür angefeindet worden. Man hat mir gesagt: »Das geziemt sich für einen Priester nicht!« Ich habe das gar nicht verstanden. Was sollte an meiner Tätigkeit falsch sein? Ich habe Urlaub genommen, um auf der Wiesn zu arbeiten. Meinen Lohn und das Trinkgeld habe ich immer gespendet, beispielsweise für ein Aids-Projekt an der Elfenbeinküste oder um syrischen Flüchtlingen im Libanon zu helfen.

Priester werden teilweise auch heute noch als »Hochwürden« wahrgenommen, eine Art Übermensch. Ich möchte mit den Leuten auf Augenhöhe sein – das kann man auf der Wiesn sehr gut üben. Trotz der harten Arbeit hat es mir sehr große Freude gemacht, mich auf der Wiesn zu engagieren. Immer wieder haben sich kurze, aber gute Gespräche mit den Gästen oder Kollegen ergeben. Und mein Einsatz hatte noch einen Nebeneffekt: Plötzlich kannten mich die Menschen in der ganzen Stadt. In einem Fernsehinterview hat einer der Gäste gesagt: »So muss ein Pfarrer sein – raus zu den Leut', nicht sich in der Kirche verstecken.«

Als ich aufgehört habe, gab es Applaus von zweihundertzwanzig Kollegen. Der Wirt des Schottenhamel-Zeltes hat sich bei mir bedankt. Danach ist ein Saxofonist auf die Bühne gekommen und hat das Lied »Heast das nit, wia die Zeit vergeht« von Hubert von Goisern gespielt – da hatte ich Gänsehaut.

Es hat ja durchaus etwas Paradiesisches, mit anderen Menschen zu feiern. Und im Festzelt werden auch zahlreiche Ehen gestiftet.

Für die einen bin ich immer noch die lustige Wiesn-Bedienung, der Typ, der vermeintlich nicht über den Biertisch rausschaut, und für die anderen der unkonventionelle Pfarrer, der vor allem eines möchte: auffallen. Viele lesen irgendwas im Internet: vom »Pfarrer Klartext«, »... dem, der Tiere und Autos segnet« oder dem Rebellen – und schon stecken sie dich in eine Schublade. So wie manche Schauspielerinnen und Schauspieler, die immer wieder ähnliche Rollen spielen und irgendwann bloß noch »die schräge Kommissarin« oder »der kleine Komödiant« sind, obwohl sie durchaus ernste Rollen spielen könnten. Auch ich habe, wenn man mich näher kennt, durchaus viele Facetten und Begabungen, die mich ausmachen. Als einen Rebellen würde ich mich selbst jedenfalls nie bezeichnen. Das Wort ist mir unangenehm, allein, weil da der lateinische Begriff *bellum,* d.h. *Krieg* drinsteckt. Ich bin überzeugter Pazifist. Dass Menschen aufeinander losgehen, um sich umzubringen, werde ich nie verstehen. Ich finde das total widersinnig und kann mir im Fernsehen auch keine Kriegsfilme anschauen.

Weil du aus bestimmten Schubladen irgendwann kaum noch rauskommst, war mir mein letztes Buchprojekt, bei dem ich Auslegungen zu Bibeltexten veröffentlicht habe, besonders wichtig. Denn ich betreibe durchaus ernste Theologie und bin nicht nur so eine Art »Herrgottsquatscher vom Dienst«, wie mir manche zuweilen unterstellen. Das mit der »Schießler Bibel« war nicht meine Idee, der Verlag brauchte einen verkaufsstarken Titel und machte den Vorschlag. Und falsch ist der Titel ja nicht, denn dieses Buch besteht zur Hälfte aus Bibeltexten, nämlich solchen, die wir sonntags im Gottesdienst hören. Nach jedem Text folgt meine Erklärung – exakt das, was ich die ganze Woche lang in der Vorbereitung auf den Sonntag erarbeite. Und ich freue mich daran, wenn Menschen mir schreiben, dass ihnen dieses Buch an manchen Stellen die Augen geöffnet hat. Auch aus einem Kloster bekam ich Post, dort lesen sie beim Mittagessen aus dem Buch vor. Aber ich bin beileibe kein Heiliger ;-) Was ich denke, sage und tue, passt manchmal nicht zusammen. Ich mache Fehler wie jeder Mensch. Und das eine oder andere bereue ich später. Man probiert sich ja auch immer wieder neu aus und merkt manchmal erst nach einer Weile, was nicht stimmig, irgendwie ungeschickt oder total unpassend ist. Wenn andere Menschen über mich behaupten, dass sich das eine oder andere, was ich tue, so nicht für einen katholischen Priester gehört, muss ich das stehen lassen. Wir haben eben unterschiedliche Auffassungen.

Ich hatte nie das Gefühl, dass ich bloß ein Angestellter des Ordinariats bin. Auch wenn es für manche befremdlich klingen mag, bin ich davon erfüllt, meine Berufung zu leben. Meine Aufgaben als Priester sehe ich als Dienst an den Menschen. Dafür setze ich mich mit all meinen Fähigkeiten ein.

Meine Gegner werfen mir Arroganz vor und dass ich mich wichtigmachen will. Aber das ist nicht der Fall! Ich versuche vor allem, die Menschen mit der guten Botschaft des Evangeliums in Berührung zu bringen und dafür zeitgemäße Formen zu finden. Aufmerksamkeit ist wichtig, damit man überhaupt gehört wird. Und es ist schön, wenn die beste Botschaft aller Zeiten eine möglichst große Reichweite bekommt. Zugegebenermaßen macht es mir auch richtig viel Spaß, auf großen Bühnen zu sprechen. Manches hätte ich mich früher so noch nicht getraut. Du wächst ja mit deinen Aufgaben. Alles andere wäre ja auch schrecklich. Aber grundsätzlich war meine Denke nie anders als heute. Mit meiner Meinung halte ich ungern hinter dem Berg. Und ich bin seit Kindesbeinen in der katholischen Kirche zu Hause.

Als Kind war ich froh, wenn die Messe gelesen und der Gottesdienst aus war, weil ich manches total langweilig fand. Trotzdem bin ich dabeigeblieben und später selbst Priester geworden, weil ich gemerkt habe: Das ergibt Sinn. Und seitdem bin ich mit Leidenschaft in der Kirche engagiert. Natürlich habe ich mich im Laufe der Jahre verändert. Früher war ich in meinem Handeln sicher noch etwas konservativer. Viele Traditionen führe ich gerne fort, solange es die Menschen anspricht. Konservativ zu sein bedeutet, das Gute zu bewahren, damit es nicht verloren geht. Es eint Stephan Alof und mich, dass wir versuchen, kirchliche Tradition und moderne Lebenspraxis auf eine interessante Weise miteinander zu verbinden.

Im vergangenen Jahr zeichnete sich irgendwann ab, dass wir wegen der Corona-Pandemie die Fronleichnamsprozession nicht wie gewohnt durchführen können. Logisch: Es galt Abstände einzuhalten, alle Teilnehmerinnen und Teilnehmer mussten eine »Mund-Nase-Bedeckung« tragen und eine Blaskapelle gab es natürlich auch nicht, wie sonst üblich.

Bewusst haben wir dann einen Schweigemarsch gemacht und dabei statt der traditionellen Kirchenfahnen Schilder getragen. Damit haben wir an die vielen Corona-Toten erinnert, an einigen Stationen im Viertel haltgemacht und gebetet. Wir haben uns in der Tradition eingefunden und sind trotzdem einen neuen Weg gegangen. Anschließend haben viele Teilnehmerinnen und Teilnehmer gesagt, wie wichtig sie das fanden.

Gemeindepastoral heißt für mich, heute das zu tun, was in meiner Macht steht, um zu bewirken, dass Menschen das Angebot der Kirche für sich ansprechend finden. Die Gegebenheiten und den Zeitgeist zu berücksichtigen, Möglichkeiten und Chancen, die sich bieten, zu nutzen.

Wenn mich Menschen fragen: »»Na ja, glauben musst du natürlich schon selbst, das nimmt dir jetzt keiner ab. Aber die Kirche braucht dich! Und du brauchst die Kirche, weil wir hier miteinander feiern, miteinander trauern, miteinander das Leben in all seinen Facetten teilen.«

*

Jahrelang war ich ein großer Fan von Ueli Steck, dem Solokletterer, der in einer unglaublichen Geschwindigkeit die schwierigsten Routen gemeistert hat. Ueli Steck ist Wände hochgestiegen wie kaum ein Zweiter. Auch Felswände mit der Griffigkeit einer groben Raufasertapete. 2015 bestieg er innerhalb von zweiundsechzig Tagen alle zweiundachtzig Viertausender der Alpen. Zwischen den Bergen war Ueli Steck entweder zu Fuß, mit dem Fahrrad oder dem Gleitschirm unterwegs. Insgesamt bewältigte er auf dieser Tour 117 450 Höhenmeter und 1770 Kilometer Wegstrecke. Wahnsinn! Was für eine Energie der Mann hatte. Und was für ein Durchhaltevermögen.

Leider ist Ueli Steck 2017 bei einer Tour in Nepal abgestürzt. In einem Interview wurde der Extrembergsteiger einmal gefragt: »Wo schaut man denn am besten hin, wenn man mit einer Fingerkuppe in fünftausend Meter Höhe in der Wand hängt? Blickt man nach unten, wo man herkommt? Betrachtet man die Strecke, die schon geschafft ist? Oder schaut man nach oben, wie es weitergeht?«

Ueli Steck hat in etwa so geantwortet: »Ich schaue geradeaus in die Wand, das ist meine Lebensversicherung. Denn ich muss die Wand begreifen, das, was ist, bewusst mit allen Sinnen wahrnehmen und dann die beste Route herauslesen. Nur so kann ich weiter aufsteigen.« Das hat mich wahnsinnig beeindruckt.

Nichts anderes will auch ich tun. Das, was gerade in diesem Moment vor mir liegt, mit allen Sinnen wahrnehmen. Und dann andere begeistern, sich mit der Gemeinde Jesu auf den Weg zu machen.

Im *Jetzt* sein. Darauf kommt es an. Stephan Maria Alof und ich haben eigentlich nie, wenn wir uns zusammen hingesetzt haben, um zu besprechen, was gerade dran sein könnte, überlegt: Wohin führt das vielleicht auf lange Sicht? Wo mag das in zehn Jahren vielleicht enden? Es macht uns schlicht Spaß, das aktuelle Geschehen zu gestalten, alles andere ergibt sich dann von selbst.

Stephan Alof und ich sind auch alles andere als Verwaltungshengste. Der »Sitzungskatholizismus« ist an uns beiden spurlos vorübergegangen. Das können wir nicht, ebenso wenig wie Protokoll schreiben. Aber das, was wir machen, ist natürlich trotz aller Spontaneität bei der Durchführung im Vorfeld durchdacht und vorbereitet.

Immer haben wir beide nur die gerade aktuelle Aktion geplant, vielleicht noch die kommende Woche, den nächsten Monat, bestenfalls ein halbes Jahr im Voraus. Und wir haben – im Nachhinein muss ich sagen, leider – anschließend auch fast nichts von unseren Projekten im Bild festgehalten. Nur in den seltensten Fällen haben wir etwas archiviert, keine Erfolgsstorys gesammelt. Nie hatten wir Interesse daran, dass das, was wir zusammen auf die Beine stellen, irgendwann einmal im Rückblick präsentiert wird. Manche stellen ja wunderbare Dokumentationen zusammen, mit denen sie dann über ihre Arbeit berichten können. Das liegt uns fern.

Viel wichtiger war uns immer, dass es schön wird, was wir machen. Und ja, meistens haben sich viele Menschen tatsächlich daran gefreut. Und das war gut.

Unser Credo: Einfach machen, dann entstehen die tollsten Dinge!

NEUES AUSPROBIEREN

Stephan Maria Alof // Wenn du Spaghetti zubereitest, kannst du allein durch die unterschiedliche Kochzeit der Nudeln einiges bewirken. Jede und jeder mag die Teigwaren auf die eine oder andere Art am liebsten: bissfest, al dente oder weich. Hartweizengrieß-Pasta oder Eiernudeln? Und dann die Soßen: Tomatensoße klassisch, bolognese, all'Arrabbiata mit Peperoni, mit Hackfleisch, Schinken, Speck, Lachs, Thunfisch, Krabben, Spinat, Erbsen und Möhren, frisch geriebenem Parmesan. Oder eine Käse-Sahne-Soße. Vielleicht auch vegan oder vegetarisch?

Ich koche wahnsinnig gerne, auch Spaghetti. Viele Rezepte habe ich schon ausprobiert, aber sicherlich noch nicht alle. Immer wieder finden sich neue Kombinationen, die superinteressant klingen und sich mehr oder weniger einfach zubereiten lassen. Eine bekannte Internetplattform für Kochrezepte nennt fünfhundertsiebenundvierzig Spaghettisoßen-Rezepte.

Es gibt Rezepte, die sind einfach der Hammer! Vor einer Weile habe ich ein Rezept von Ottolenghi ausprobiert: Tomatensalat mit Kardamom. Aus den Kardamomkapseln werden die Samen ausgelöst und im Mörser fein zerstoßen. Dazu kommen Ziegenfrischkäse, etwas Joghurt, der Saft einer Limette, je eine fein geschnittene kleine Chilischote, eine Knoblauchzehe und eine Zwiebel. Frische Minze und etwas Salz runden das Ganze ab. Das Gericht ist die reinste Geschmacksexplosion. Wenn du den ersten Bissen probierst, denkst du, dich haut's um. So etwas Überraschendes hatte ich lange nicht auf dem Tisch.

Anderes koche ich seit Jahren gerne immer wieder, weil es meinen Freunden und mir schmeckt.

Das meiste gelingt, wenn ich am Herd stehe, da hilft die Erfahrung. Manchmal gibt es trotzdem am Ende eine kleine Enttäuschung, weil ich schlicht nicht wusste, dass das Pärchen, das Alexander und ich das erste Mal zum Essen eingeladen haben, sich inzwischen ausschließlich vegan ernährt oder vier Peperonischoten in der Spaghettisoße letztlich doch zu viel waren und die Soße nach längerem Köcheln teuflisch scharf geraten ist.

Den Veganern zaubere ich vielleicht schnell einen Tomatensalat zu den Nudeln und die scharfe Soße kann ich verdünnen. So findet sich für vieles eine Lösung.

Wenn man sich in der Kirchengemeinde engagiert, ist es nicht anders. Es gibt unendlich viele Möglichkeiten, etwas Interessantes zu kreieren, was vielen Menschen schmeckt. Einige altbekannte Rezepte muss man abwandeln, damit sie mehr Pfiff bekommen. Anderes lässt man besser ganz sein. Ich denke an manche fettigen Speisen vergangener Zeiten, die ich heute nicht mehr anrühren würde.

Viele lieben Büfetts, an denen sie selbst wählen können, was ihnen schmeckt. Einheitskost ist nicht angesagt. Aber eines ist sicher: Liebe geht durch den Magen. Deshalb gibt es in St. Maximilian immer wieder Veranstaltungen, bei denen wir reichlich auftischen. Das kleine Gedeck sind Butterbrezen, die nach dem Gottesdienst im Innenhof gereicht werden, wenn wir noch zusammenstehen und ins Gespräch kommen. Bei anderen Gelegenheiten haben wir schon einen Foodtruck vor der Kirche aufgefahren. Da gab es dann Fleischpflanzerl (die bayerische Version von Fleischklopsen bzw. Frikadellen), Bratwurst, mexikanische Burritos mit Hackfleisch, Paprika und Mais, Pommes, Salat und natürlich auch vegane Bratlinge. Einige Hundert Menschen sind zum Essen geblieben und waren ganz begeistert.

Wir sehnen uns alle nach Abwechslung, auch in der Kirche. Das lässt sich machen!

Eine sinnliche Kirche, die mit vollen Händen Liebe austeilt – und die dazu auch etwas Ordentliches auf den Tisch bringt, damit Leib und Seele erfreut werden –, sie macht den Unterschied. Denn auf diese Weise wird es schmackhaft, duftet es derart köstlich, dass viele Menschen die Einladung annehmen. Der katholische Glauben beinhaltet viele sinnliche Elemente zum Schauen, zum Hören, zum Riechen, zum Schmecken und zum Fühlen – das alles gilt es freudig auszukosten. Seht, hört, fühlt und kommt zu Tisch! Und das nicht nur bei der Eucharistiefeier. Und habt Spaß, freut euch an der fetzigen Musik, die gespielt wird, an der schönen Dekoration und besonderen Auftritten.

Eine gastfreundliche Kirche, die ihre Türen weit aufmacht, hat Zukunft.

Zum Patrozinium, dem Gedenktag unseres Kirchenheiligen Maximilian, der am 12. Oktober gefeiert wird, stehen auch gerne mal »Goaßlschnalzer« auf den Kirchenbänken. »Goaßl« ist die Bezeichnung für die Fuhrmannspeitsche, deren lederne Enden mit lautem Knallen durch die Luft gewirbelt werden. Das Schnalzen ist eine Mordsgaudi. Im Anschluss an den Gottesdienst wird Bier ausgeschenkt, gemeinsam gegessen und getrunken. An Guadn!

*

Vor einiger Zeit kamen das erste Mal alle Faschingsgilden aus der Stadt und dem Umland von München zu einem Gottesdienst in St. Maximilian zusammen. Es war ein toller Tag, der bei vielen sicherlich noch lange nachhallt. Allein der Einmarsch der Gilden in die Kirche, im wahrsten Sinne des Wortes mit

Pauken und Trompeten, ist beeindruckend. Ein riesiger Zug fröhlicher Menschen, die sich total freuen, dabei zu sein. Leute, die gerne feiern. Ihre prächtigen Kostüme in leuchtenden Farben sind eine Augenweide. In der Kirche werden Faschingslieder gesungen und geschunkelt: »Mer losse d'r Dom en in Kölle.«

Warum nicht?

Wer zu welcher Konfession gehört, spielt bei solchen Ereignissen keine Rolle. Alle sind willkommen und mit Begeisterung dabei. Ganz nebenbei wächst durch solche Aktionen ein Netzwerk von Menschen, die du über das Jahr für die unterschiedlichsten Anlässe und Aufgaben ansprechen kannst. Zum Beispiel die drei Posaunisten und der Trommler, die im November beim Martinsumzug mitmachen, oder die Fotografin, die sich immer mal wieder bei unseren Aktionen sehen lässt und tolle Aufnahmen macht, seit sie an Fasching gemerkt hat, was für eine besondere Truppe in Sankt Max alle Register zieht. Alle fünf freuen sich darauf, mit von der Partie zu sein. In einer Gemeinschaft mit anderen gelingt manches, was wir allein nicht bewältigen könnten. Das zu erfahren ist pures Glück.

*

Vor einigen Jahren haben wir uns am Erntedankfest an der »Unbezahlbar-Aktion« beteiligt. In der Kirche und auch davor waren in langen Reihen jede Menge Tische aufgebaut, darauf hatten wir Pappteller und Stifte ausgebreitet. Die Gottesdienstteilnehmer waren dazu eingeladen, ihre Antworten auf die Frage »Was in deinem Leben ist wertvoll und mit Geld nicht zu bezahlen?« aufzuschreiben. Es haben so viele mitgemacht, dass die dafür vorgesehenen Pappteller nicht gereicht haben. Deshalb haben auch einige ihre Antworten auf die Papiertischdecken geschrieben.

Danach bin ich, wie viele andere auch, an den Tischen entlanggegangen und habe festgestellt, dass es oft sehr ähnliche Antworten waren. Ein Spiegel dessen, was im Leben wirklich zählt: Glaube, Hoffnung, Liebe, Partnerschaft, gute Freundinnen und Freunde, Sonnenschein, Singen, Spaß, Dankbarkeit. Entstanden ist die Aktion, die in vielen Städten auf der Welt Menschen zusammenbrachte, anlässlich der Bankenkrise. In Bethlehem stand eine Tafel vor der Geburtskirche, andere in Madrid, Dublin oder Nürnberg.

Als kleine Erinnerung bewahre ich eine Postkartenserie auf, die es damals zur Aktion gab. Denn es ist gut, sich immer wieder mal zu fragen: Was ist in deinem Leben wertvoll?

*

Am Erntedank-Sonntag haben wir einmal kleine Brote verteilt, die man mit nach Hause nehmen durfte. Duftendes, frisches Brot ist ein wunderbares Sinnbild; Jesus sagt von sich: »Ich bin das Brot des Lebens.« Bei anderen Gelegenheiten stellen wir eine lange, schön gedeckte Tafel in der Mitte der Kirche auf, an der wir nach dem Gottesdienst gemeinsam essen. Im *Joseph,* so heißt mein eigenes Restaurant, koche ich mit Helfern dreihundert Portionen Gulasch und natürlich auch eine vegetarische Suppe für alle, die kein Fleisch essen. Weintrauben und Brot stehen auf den Tischen; auch in den beiden Seitengängen sind Bierbankgarnituren aufgebaut. Die ganze Arbeit ist vergessen, wenn ich sehe, wie viel Freude die Menschen haben, beieinander zu sein und gemeinsam zu essen und zu lachen.

Letztes Jahr bekam an Allerheiligen jeder Gottesdienstbesucher ein kleines Gläschen selbst gekochter Marmelade mit auf den Weg. Und immer wieder gibt es in Sankt Max auch einen Frühschoppen mit Bier und Brezen.

»Da habt ihr euch wieder einmal etwas Schönes einfallen lassen«, sagt ein Mann Mitte vierzig und klopft mir dabei anerkennend mit der Hand auf den Oberarm. »Ich hatte heute richtig viel Spaß, dabei zu sein. Nicht einmal habe ich auf die Uhr geschaut, die Zeit verging wie im Flug.« Lächelnd verabschiedet er sich mit dem Versprechen, nächste Woche wiederzukommen, und läuft dann in Richtung Straßenbahnhaltestelle. So sollte Kirche sein: überraschend, beglückend, herausfordernd.

Unter dem Dach von Sankt Max findet das Leben in all seinen Facetten statt: Taufe, Erstkommunion, Firmung, Hochzeit, Jubiläen, Fasching und Erntedank. Aber auch Trauerfeiern für Verstorbene. Es hilft den Menschen, sich über das, was sie gerade bewegt, auszutauschen, Freude und Leid zu teilen.

*

Ich finde es wichtig, dass in einer Kirchengemeinde eine bunte Mischung von Menschen zusammenkommt, dass Vielfalt gelebt wird und wir als christliche Gemeinschaft auch ein Stück weit das Spiegelbild der Gesellschaft sind, damit möglichst viele andocken können und sich wohlfühlen: Handwerkerinnen und Handwerker, kaufmännische Angestellte, Pflegerinnen und Verkäufer; die Punkerin und der Banker. Nüchterne Typen und Künstlergestalten, Kreative und redegewandte Menschen, Praktikerinnen und Zupacker und auch die stillen, netten Genießer. Kinder, Jugendliche, junge Erwachsene, Familien, Alleinlebende, Seniorinnen und Senioren.

Um sich heimisch zu fühlen, braucht es einen schönen Ort, an dem sich Gleichgesinnte treffen. Nette Leute, die Offenheit ausstrahlen und auf eine gute Weise miteinander umgehen. Dann stellt sich hoffentlich irgendwann eine Vertrautheit ein, die dazu führt, dass die Menschen wiederkommen und bleiben.

Vertrautheit hilft, auch schwierige Situationen zu meistern. Konflikte, die unweigerlich entstehen, wenn eine größere Anzahl von Menschen an einem Ort zusammenkommt und unterschiedliche Meinungen zu bestimmten Sachfragen aufeinanderprallen. Einzelne fühlen sich vielleicht zurückgewiesen, weil die Altvorderen die besten Plätze für sich einfordern. Manche brauchen die große Bühne, um sich wohlzufühlen. Andere wollen in Ruhe gelassen werden, weil sie stille Genießer sind.

Es braucht klare Regeln für das Miteinander – aber auch ein weites Herz. Beides haben wir, so gut es geht, hoffentlich im Blick.

*

Neben dem Pfarrgemeinderat gibt es bei uns die *St.-Max-Werkstatt.* Hier kommen ehrenamtliche Mitarbeiterinnen und Mitarbeiter zusammen, die bereit sind, sich bei einzelnen Projekten in der Gemeinde einzubringen. In diesem Kreis organisieren wir Feste, Gemeindefahrten oder besondere Aktionen. Das funktioniert gut.

Es ist schwieriger geworden, Menschen dafür zu gewinnen, für vier Jahre ein Amt im Pfarrgemeinderat zu übernehmen. Aber projektbezogen machen die Leute gerne mit. Das war der Grund, dass wir die St.-Max-Werkstatt ins Leben gerufen haben.

Zum Glück engagieren sich in beiden Gremien auch viele jüngere Leute. Mütter und Väter, die die Bedürfnisse von Familien mit kleinen Kindern im Blick haben, denn die braucht es, damit es weitergeht.

Als Kirchenpfleger, so heißt das Amt des Gemeindevorstehers in Bayern, kümmere ich mich ehrenamtlich um viele alltägliche Belange in der Pfarrei. Das Aufgabenspektrum reicht von der Vorbereitung von Veranstaltungen über die Anschaffung von Material und Möbeln, die Finanzplanung und die Kassenverwaltung bis zum Renovieren von Räumen. Ich hole Angebote von Lieferanten und Handwerkern ein und erteile nach Abstimmung mit dem Pfarrer oder dem Vorstand der Pfarrei entsprechende Aufträge. Für die Menschen, mit denen ich daran arbeiten kann, dass Kirche ein Stück Zuhause für möglichst viele ist, bin ich dankbar.

Natürlich kommt es auch bei uns im Pfarrgemeinderat zuweilen zu Diskussionen, wenn es darum geht, wieder etwas Neues auszuprobieren. Die einen finden den Aufwand zu hoch, andere befürchten vielleicht, dass wir uns finanziell übernehmen. Oder dass wir mit einem allzu großzügigen Vorgehen weitere Begehrlichkeiten wecken und überzogenen Wünschen Tür und Tor öffnen. Aber es gab in den letzten Jahren eigentlich immer eine große Offenheit, etwas zu wagen. So ist unglaublich viel in Bewegung gekommen!

Es ist einfach schön zu sehen, dass es gelingen kann, mitten in einer Großstadt wie München sonntags Hunderte von Menschen dafür zu begeistern, einen katholischen Gottesdienst zu besuchen. Zum Kindergottesdienst an Heiligabend kommen sogar weit über tausend Menschen zu uns in die Kirche. Bei einer Umfrage vor einigen Jahren haben wir festgestellt, dass einige unserer Gäste sogar aus Eichstätt oder aus Regensburg anreisen.

Das Durchschnittsalter unserer Gottesdienstbesucherinnen und -besucher ist mit vierzig Jahren im Vergleich zu vielen anderen Kirchengemeinden ziemlich niedrig, auch das hat die damalige Umfrage gezeigt.

*

Nicht jedem muss in der Kirche alles schmecken. Aber jeder soll wissen, dass es Auswahl für ihn gibt und wir es grundsätzlich gut mit ihm meinen. Dem einen oder der anderen stößt natürlich auch dies und das schon mal übel auf – weil es anders ist, als »bei Kirchens« normalerweise üblich. Aber was ist schon normal? Dass in einer katholischen Kirche ein Paar gesegnet wird – obwohl beide das gleiche Geschlecht haben? Oder dass jemand bei der Eucharistiefeier ganz selbstverständlich eine Oblate gereicht bekommt, auch wenn viele der Umstehenden wissen, dass er evangelisch ist und deshalb eigentlich nicht teilnehmen dürfte? Dass wir auch die »Wiederverheirateten« in solchen Situationen natürlich nicht zurückweisen?

Für mich ist das alles völlig normal, ganz natürlich. Wie sollte es anders sein? Dass wir all diese Menschen zurückweisen, weil ihr Leben in irgendeiner Weise nicht den kirchenrechtlichen Vorgaben entspricht?

»Liebe gewinnt« heißt eine Aktion, für die sich viele katholische Menschen in Deutschland engagieren, weil sie der Überzeugung sind, dass wir niemand den Segen Gottes verweigern dürfen. Da bin ich gerne dabei. »Liebe gewinnt«, davon bin ich überzeugt. In Sankt Max leben wir schon lange ohne Berührungsängste. Alle sind gleichermaßen willkommen. Das spüren die Menschen und freuen sich darüber.

Wir müssen zusehen, dass wir uns von irgendwelchen Bildern, die wir im Kopf haben, frei machen: von überlieferten Vorstellungen, was sich in der Kirche gehört und was es alles zu beachten gibt, damit das Gesamtbild schön einheitlich bleibt.

Die Oben-unten-Denke hat aus meiner Sicht ausgedient, wenn wir über Glaubensfragen sprechen. Sich als etwas Besseres oder schlauer als andere zu fühlen, bloß weil man sich Christ, Kirchenpfleger oder Weihbischof nennt – das ist aus meiner Sicht überhaupt nicht angesagt.

Manche Kirchenoberen scheinen immer noch anzunehmen, dass christlicher Glaube vor allem klare Regeln und Vorgaben braucht, damit die Menschen froh werden. Man hält an einem Hierarchieverständnis fest, das aus dem Mittelalter stammt, und denkt, dass dies die Menschen von heute einfach so akzeptieren. Dass es als gegeben hingenommen wird, dass die Kirche meint, bis in den privatesten Bereich mitreden zu dürfen – wenn es darum geht, wie eine gute katholische Lebensführung auszusehen hat. Aber das ist ein Irrtum. Denn die Menschen sehnen sich nach Freiheit und Weite. Und geregelt ist im Leben schon genug.

Und die Bibel berichtet auch nicht nur von Wüsten- und Fastenzeiten, sondern auch von großen Festmählern, Weinvorräten, die durch reichlich Zuspruch zur Neige gehen, und göttlichen Speisen. Manna, das vom Himmel regnet.

Ich träume von einer Kirche, die nicht versucht, vor allem durch Prunk, Rhetorik und Macht zu beeindrucken, sondern durch Fantasie. Eine Gemeinschaft, die Ausstrahlung hat und von sich reden macht, weil sie den Menschen mit Liebe begegnet. In Gottes großem Garten geht es bunt zu, davon bin ich überzeugt. Und in seinem Reich voller Wunder gibt es viel zu entdecken!

Wir brauchen als Kirche keine Symbole der Macht. Das goldene Brustkreuz, die prachtvolle Bischofsmitra, sie sind vielleicht schön – aber sie sind auch ein Hemmnis, weil sie die Hierarchie betonen und Distanz schaffen, statt Nähe zu zeigen. Dass wir als Christen wirklich eins sind. Wir müssen nichts darstellen und nichts beweisen. Man muss auch kein »Schriftgelehrter« sein, um die Bibel, das Wort Gottes zu verstehen und zu verkünden!

»Selig sind, die da geistlich arm sind«, sagt Jesus in der Bergpredigt – und nicht: Um am Reich Gottes mitzuwirken, brauchst du einen breiten Bildungshorizont, Fachwissen und Attribute der Macht. Es geht um eine gute Ausstrahlung und um Erfahrbarkeit.

Die Leute müssen spüren, was uns als Christen in unserem Leben und im Sterben trägt. Dass wir den Schwachen beistehen, Trauernde trösten und gerne teilen, was wir zu bieten haben. Dann braucht es keine wortreichen Erklärungen, was den christlichen Glauben auszeichnet, keine Ansprachen und Traktate – weil es jeder auch so mitbekommt.

Meine Devise lautet: Lebe so, dass dich die Menschen fragen, woran du glaubst.

EINANDER VERBUNDEN

Stephan Maria Alof // Fürbitten

Lieber Gott, seit der Taufe sind wir mit dir und der Kirche verbunden. Die Taufe ist und bleibt auch eine Weihe zum Priestertum jedes Einzelnen. Jesus hat uns alle eingeladen, ihm zu folgen. Ohne jeden Unterschied. Wir alle, Frauen, Männer und Kinder, sind damit ebenbürtige Teilhaberinnen und Teilhaber unserer Kirche.
Aber die Realität sieht leider anders aus. Allzu oft lässt uns die Kirche spüren, dass es innerhalb der Gemeinschaft ein Oben und Unten gibt. Die einen schauen auf die anderen herab und bestimmen, was gedacht und gesagt werden darf. Im machtvollen Agieren geht das Miteinander verloren.

Guter Gott, schenke uns wieder eine Kirche auf Augenhöhe, eine Gemeinschaft, in der jede und jeder willkommen ist und seine Meinung äußern darf und muss. Schenke uns eine geschwisterliche Kirche als ein Ort, an dem wir dich finden und gemeinsam unseren Glauben leben und feiern können.
Gott unser Vater, wir bitten dich, erhöre uns.

Das Vertrauen in die Institution der katholischen Kirche ist weiter zurückgegangen und liegt laut einer aktuellen Forsa-Umfrage gerade noch bei 14 Prozent. Der evangelischen Kirche vertrauen 36 Prozent.

Lieber Gott, die Kirche rettet sich seit Jahren von einer Krise zur nächsten. Kardinäle und Bischöfe sind sich schon lange nicht mehr einig, wie es weitergehen soll. Wir streiten um den rechten Weg. Die einen meinen, dass wir das Rad der Geschichte zurückdrehen sollten. Andere fordern Reformen. Aber der von vielen erhoffte Aufbruch der Kirche bleibt bisher aus.

Guter Gott, gib uns die Kraft, trotz mancher Enttäuschungen weiterzumachen, den Mut nicht sinken zu lassen. Lass uns nicht in unserem Bemühen nachlassen, der Kirche ein menschenfreundlicheres Gesicht zu geben. Gibt uns den Mut, für das Gute aufzustehen, uns zu Wort zu melden, wenn es darum geht, Kirche neu zu denken – sie wieder mit Leben und vor allem mit Liebe zu füllen.
Gott unser Vater, wir bitten dich, erhöre uns.

Der Jesuit Ansgar Wucherpfennig erzählt in seinem Buch, dass die frühen Christen die Eucharistie nicht nur mit Brot und Wein gefeiert haben, sondern auch mit vielen anderen Lebensmitteln, mit Käse, Milch, Honig und Oliven. Dass es oft ein richtiges Festmahl war, bei dem alle satt werden sollten. Ein Fest der Gemeinschaft. Eigentlich müssten deshalb evangelische und katholische Christen schon seit vorgestern gemeinsam Abendmahl feiern.
Lieber Gott, selbst bei unserem schönsten Geheimnis des Glaubens, der Eucharistie, sind wir immer noch zerstritten und können – nein, wir dürfen nach der katholischen Glaubenslehre kein gemeinsames Mahl mit unseren Glaubensgeschwistern feiern.
Hilf uns, endlich Wege zu finden, damit wir bald an einem Tisch sitzen und gemeinsam das Brot brechen. Dass wir die Eucharistiefeier wieder zu dem machen, was sie schon immer sein sollte: ein Mahl der Liebe.
Gott unser Vater, wir bitten dich, erhöre uns.

Mit dem heutigen Tag der Taufe des Herrn beenden wir die Weihnachtszeit. Gemeinsam haben wir in den vergangenen Wochen das Fest der Geburt Jesu ausgiebig gefeiert – mit wunderschönen Gottesdiensten, herrlicher Musik, guten Predigten – einfach mit allem, was dazugehört.

Lieber Gott, hilf und stärke uns auch weiterhin bei all unseren Bemühungen, Feste in der Kirche wirklich so zu feiern, dass sie uns dir immer näher bringen. Gemeinschaftserlebnisse, die uns aus unserem Alltag herausholen. Feste, die einladen zu schauen, zu staunen, zu hören, zu singen, zu lachen – vor Freude zu weinen.

Danke, guter Gott, dass wir auch in diesem Jahr wieder Gemeinschaft und Heimat erleben und erfahren durften.
Beschütze und begleite uns bei all dem, was vor uns liegt. Erfülle unser Herz mit Zuversicht, auch in schwierigen Zeiten. Mit dem Wissen, dass du an unserer Seite bist, werden wir das Leben meistern. Genau dafür sagen wir dir Danke – und wir loben und preisen dich bis hinein in deine Ewigkeit.
Amen.

ALLES HAT SEINE ZEIT

Rainer M. Schießler // In der Bibel gibt es zwei Gleichnisse, in denen Jesus über die Nachfolge spricht. Eines davon lautet so: *Als sie auf dem Weg weiterzogen, sagte ein Mann zu Jesus: Ich will dir nachfolgen, wohin du auch gehst. Jesus antwortete ihm: Die Füchse haben Höhlen und die Vögel des Himmels Nester; der Menschensohn aber hat keinen Ort, wo er sein Haupt hinlegen kann. Zu einem anderen sagte er: Folge mir nach! Der erwiderte: Lass mich zuerst weggehen und meinen Vater begraben! Jesus sagte zu ihm: Lass die Toten ihre Toten begraben; du aber geh und verkünde das Reich Gottes! Wieder ein anderer sagte: Ich will dir nachfolgen, Herr. Zuvor aber lass mich Abschied nehmen von denen, die in meinem Hause sind. Jesus erwiderte ihm: Keiner, der die Hand an den Pflug gelegt hat und nochmals zurückblickt, taugt für das Reich Gottes. (Lukas 9,57-62)*

Sich kein dauerhaftes Nest zu schaffen und nicht zurückzuschauen, was war, das scheinen zwei wichtige Kriterien zu sein, um mit Jesus unterwegs zu sein.

In diesem Buch halten Stephan Maria Alof und ich durchaus an der einen oder anderen Stelle Rückschau. Aber es geht uns nicht darum, Erfolge festzuhalten, es ist uns vielmehr ein Anliegen, aufzuzeigen, was alles möglich ist. Anfangs saßen oft nur ein paar Dutzend Menschen im Sonntagsgottesdienst, dann wurden es von Jahr zu Jahr mehr. Die Menschen sind auf uns zugekommen, weil sie neugierig waren. Manche auch, weil sie in der

Presse, im Radio oder im Fernsehen einen Bericht gelesen, gehört oder gesehen haben.

Viele haben sich in der Gemeinde engagiert und Neues geschaffen. Die »Kinderkirche« entstand ohne mein Zutun als Pfarrer, Kinder waren es, die mich auf die Idee der Viecherlmesse gebracht haben. Dass wir eine so wunderbare Kirchenmusik haben, liegt daran, dass sich Mitarbeiterinnen und Mitarbeiter seit Jahrzehnten kontinuierlich und hochprofessionell einbringen und dafür sorgen, dass immer wieder der Funke der Begeisterung überspringt. Wenn unser Chor auftritt, bin ich jedes Mal aufs Neue fasziniert, wie schön es klingt!

Der gegenseitige Respekt und die Wertschätzung sind ein Schlüssel für viele wunderbare Entwicklungen. Wir haben gemeinsam viel Spaß daran, etwas in Bewegung zu setzen. Menschen kommen zu uns ans Isarufer, um bewegende Gottesdienste zu feiern. Kinder und Erwachsene haben hoffentlich eine gute Zeit unter dem Dach der Kirche und auf den Straßen und Plätzen des Viertels, wenn wir dort als Gemeinde unterwegs sind.

Aber alle, die sich in St. Maximilian engagieren, wissen auch: Wir können nichts festhalten. Die Freude an einer bestimmten Aktion ist immer eine Momentaufnahme und das Morgen will gestaltet werden.

Manches, was vor einigen Jahren aus einer bestimmten Situation heraus entstanden ist, ist längst Geschichte – das mögen wir bedauern –, aber es ist, wie es ist. »Alles hat seine Zeit«, das sagt schon der Prediger, dessen Text, das Buch Kohelet, in der Bibel die Jahrtausende überdauert hat.

Aufbauen und Abreißen, Tanzen und Trauern, Lachen und Weinen hat seine Zeit. Dass einiges irgendwann endgültig vorbei ist, lässt sich nicht ändern. An anderem freuen wir uns bis heute. Und über manches können wir herzhaft lachen.

Was bis jetzt alles in meinem Leben passiert ist, all das Schöne und Traurige, das nimmt mir niemand.

Ich habe immer gesagt: »Wenn ich hier in der Pfarrei eines Tages aufhöre, dann packe ich auch wirklich mein Zeug zusammen und gebe die Verantwortung in andere Hände.« Und das meine ich genau so, wie ich es sage. Es wird kein Nachspiel geben, keinen Abschied auf Raten. Mancher wird vielleicht auch froh sein, wenn ich das Feld räume. Ich habe, wenn ich irgendwann gehe, die Pfarrei so gut ich konnte mehr als drei Jahrzehnte lang verantwortungsvoll verwaltet und gestaltet, mein Bestes gegeben. Dann gebe ich zurück, was mir anvertraut wurde.

Dafür gibt es sogar einen eigenen Titel, der nicht eigens verliehen werden muss und den man auf so manchem Grabstein eines Pfarrers vor seinem Namen eingraviert lesen kann: »Frr«, steht für »Frei resigniert«. Resignieren ist in unserer Sprache oft nur negativ besetzt, hier nicht. *Re-signare* (lat.) bedeutet, ein Zeichen *(signum)*, eine Auszeichnung zurückgeben – und als solche habe ich meine Pfarrei auch immer verstanden! Um den guten Umgang mit den uns anvertrauten Gütern geht es auch im biblischen Gleichnis von den drei Knechten und den Talenten, die ihnen je nach Fähigkeit übergeben werden. Die fleißigen Knechte haben am Ende alles verdoppelt, der faule, ängstliche Knecht hat sein Talent nur vergraben und ohne Mehrwert an seinen Herrn zurückgegeben. Dafür wird er bei der Rückkehr des Herrn heftig gescholten und bestraft. Vermehren, ausprobieren, mutig sich einsetzen und nichts vergraben oder verstecken – so will ich meinen Dienst in der Gemeinde verstehen!

Als ich nach neun Jahren die Pfarrei Heilig Geist verließ, habe ich am Ende der letzten Messe, die ich dort gehalten habe, nach dem Schlussgebet und dem Segen am Altar mein Priestergewand ausgezogen und in eine Tüte gepackt. Dann habe ich mir meine Jeansjacke angezogen und bin langsam zu den

Klängen des Liedes *Auld Lang Syne* von Rod Stewart aus der Kirche gegangen, währenddessen haben manche Gottesdienstbesucher angefangen zu weinen.

Wenn ich eine Aufgabe erfüllt habe und gehe, dann ist es auch gut. Ich muss nicht klammern, es gibt nichts zu verlieren, alles hat seine Zeit. Diese Leichtigkeit des Seins schöpfe ich aus dem Evangelium. Meinen Dienst in der Pfarrei St. Maximilian verstehe ich als einen wunderbaren Freiraum, den ich zu füllen versuche. Ich tue, was ich kann, und bin auf keine Belobigung aus. Es geht nicht um einen Eintrag im Buch der Geschichte oder nachhaltiges Lob. Und ich muss auch niemandem außer Gott allein Rechenschaft ablegen für das, was ich bislang getan oder unterlassen habe.

Seitdem ich die Pfarrei Heilig Geist abgegeben habe, bin ich mit halber Stelle für die Arbeit der Katholischen Erziehergemeinschaft (KEG) freigestellt. Fünf Jahre habe ich das vorher quasi »nebenbei« gemacht, neben all meinen anderen Aufgaben in der Pfarrei. Aber irgendwann ging das nicht mehr. Die KEG ist ein Berufsfachverband, der in ganz Bayern achttausend Lehrer und Erzieher umfasst. Natürlich stehen immer wieder auch Besuche und Veranstaltungen an, für die ich teilweise weit fahre, beispielsweise bis nach Oberfranken. Das schafft man nicht an einem Tag, die Arbeit in der Pfarrei will aber auch getan sein!

Dass man mich in Zeiten massiven Priestermangels mit fünfzig Prozent meiner Arbeitszeit für die neue Aufgabe freigestellt hat, halte ich für ein ganz starkes und wichtiges Signal. Und ich genieße es, einen so vielfältigen Aufgabenbereich zu haben. Wenn ich irgendwann hier in der Pfarrei am Isarufer nach über dreißig Jahren aufhöre, schaue ich auf eine erfüllte Zeit zurück.

*

Jesus hat nie über andere bestimmt und Gehorsam verlangt. Stattdessen stellt er den Menschen die Frage: »Wollt ihr auch mit mir gehen?«

Die Entscheidung, ob ich eine Aufgabe übernehme, ob ich dem treu bleibe, was ich gerade tue oder neu aufbreche, fällt nicht Jesus, sondern der Mensch, den er anspricht. Gott schenkt uns die Freiheit, Ja zu sagen – oder Nein. Er lässt uns den freien Willen, auch um den Preis, dass dadurch manches anders läuft als erhofft.

Ich selbst bin für mein Leben verantwortlich. Und auch dafür, ob durch mein Handeln Gutes geschieht oder Unheil. Ich entscheide, ob ich zu einem Verletzten gehe und ihm helfe, wie damals in der biblischen Geschichte der Samariter dem Mann, der von den Räubern überfallen und zusammengeschlagen wurde. Oder ob ich einfach weitergehe, weil es für mich vermeintlich Wichtigeres zu tun gibt.

Gott überlässt uns die Entscheidung. Das finde ich stark! Darum habe ich es mir auch nie allzu sehr zu Herzen genommen, wenn Menschen, die voller Begeisterung zu uns gekommen sind, die Gemeinde eines Tages auch wieder verlassen haben. Es ist ihre Entscheidung. Und es ringt mich auch nicht nieder, dass viele junge Leute – Kommunionkinder, Firmlinge oder Ministranten – irgendwann nicht mehr dabei sind. Und wenn es noch so schön war, mit ihnen unterwegs zu sein, es ist ihre Entscheidung, dass sie gehen, und ich habe darüber nicht zu urteilen. Vielleicht kommen sie ja später aus freien Stücken wieder.

Natürlich habe ich nicht immer gleich viel Motivation, um das eine oder andere auf den Weg zu bringen. Du kannst ja auch nicht immerzu arbeiten und etwas in der Pfarrei neu gestalten, das funktioniert allein von den Kräften her nicht. Aber wenn ich im Hier und Jetzt jeden Tag als eine neue Herausforderung betrachte und das, was zu tun ist, angehe, komme ich schon ein ganz schönes Stück voran. Mit Stephan Maria Alof habe ich jemanden an meiner Seite, der vor Ideen sprüht und tatkräftig anpackt. Er war für mich anfangs auch ein Türöffner ins Viertel. Wenn wir gemeinsam sagen: Das ziehen wir durch, dann entsteht jede Menge. Kreative Aktionen, bei denen sich viele Menschen einbringen.

In St. Maximilian ist ein wirklich tolles Team am Machen, unterschiedlichste Charaktere, Jugendliche, Frauen und Männer jeden Alters. Musikalisch Begabte, Organisationstalente und beharrliche Menschen, die es fertigbringen, wochenlang geduldig an etwas dranzubleiben. Mit unendlich viel Mühe wird liebevoll an Details gefeilt.

Auch wenn es sich manchmal anfangs schwierig gestaltet, selbst wenn es zunächst Widerstände gibt – irgendwie funktioniert es am Ende doch und wir erleben immer wieder die tollsten Dinge. Es passiert viel mehr als erhofft. Wir hatten schon groß geplant – aber es kommen noch mehr Menschen, als wir erwartet haben. Diejenigen, die wir um ein wenig Unterstützung gefragt haben, beschenken uns reichlich, indem sie sich mit Begeisterung an die Arbeit machen. Und Gäste bleiben am Ende viel länger, als sie es ursprünglich vorhatten, weil es so gemütlich und schön ist. Das kann man nicht planen, das kann man nicht machen, es ist nicht unser Verdienst – es ereignet sich.

Dass manche Leute sagen: »Der Schießler will mit seinen Aktionen bloß glänzen«, kann ich nicht verstehen. Denn einerseits sind es meist Gemeinschaftsprojekte und andererseits geht es mir nicht darum, mich ins rechte Licht zu rücken. Aber ich sage halt auch nicht Nein, wenn man mich fragt, ob ich irgendwo auftreten möchte, wenn ich zu Fernsehsendungen oder für eine Radioaufnahme eingeladen werde. Dass man mir von anderer Seite dabei etwas Negatives unterstellt – quasi, ich sei gerne der große Wichtigmacher –, das ist für mich ein Rätsel. Warum macht man so etwas? Und woher kommen solche Gedanken?

Es gibt eine Bösartigkeit, die hast du nicht im Griff. Die musst du einfach stehen lassen.

Eines Tages hat mich jemand angerufen und gefragt, ob ich auch in eine Volksmusik-Sendung kommen würde. Da habe ich kurz zurückgezuckt, denn ich bin nicht besonders musikalisch. Wenn ich irgendein Musikinstrument, vielleicht eine Klampfe zur Hand nehmen und dazu ein Lied singen könnte, wär's manchmal leichter.

Damals habe ich jedenfalls nach kurzem Überlegen geantwortet: »Solange ich nicht singen oder ein Instrument spielen muss, dann komme ich gern.« Denn natürlich ist es prima, ein Podium zu bekommen, eine Bühne, auf der man die Kirche repräsentieren kann.

Kirche muss bei den Menschen sein. Sie dort abholen, wo sie stehen. Auf dem Volksfest, in München auf der Wiesn, beim Hören ihrer Lieblingssendung im Radio oder sonst wo.

Deswegen mache ich auch seit einer Weile einen Podcast mit dem Titel »Schießlers Woche«. Inzwischen sind schon über hundert Folgen online und auf der Website der KEG läuft regelmäßig der »Pausengong«, ein Podcast-Gespräch mit prominenten Gästen wie dem Kultusminister Michael Piazolo oder dem Trainer des TSV 1860 München Michael Köllner. Ich spreche über die Themen, die mich und viele andere Menschen gerade bewegen. Das Ganze kommt richtig gut an und macht mir vor allem große Freude.

Als mich eine Mitarbeiterin des *Tierschutzvereins München* letztes Jahr wegen der Viecherlmesse im Oktober angerufen und gefragt hat, ob sie auch einen kleinen Infostand aufbauen dürfen, habe ich gesagt: Ja, natürlich dürfen Sie das. Das ganze Seitenschiff der Kirche steht zur Verfügung. Die *Tiertafel* wird da sein, die *Tierrettung* ist da, *Animals United* will auch wieder dabei sein. ebenso wie die Streichelbande e.V., eine Organisation mit über 200 Mitgliedern, die mit ihren Hunden Demenzkranke und schwerstbehinderte Menschen besuchen. Jedes Jahr melden sich neue Tierschutzorganisationen an. In der Kirche werden jede Menge Tische aufgebaut, damit alle sich und ihre Arbeit präsentieren können.

Das konnte die Frau erst kaum glauben und sie hat nochmals nachgefragt: »Das bedeutet, wir stehen nicht draußen?«

»Nein, natürlich sind Sie in der Kirche drin. Wo denken Sie hin?« Warum sollten wir die Menschen vor der Kirche in der Kälte stehen lassen? Wir feiern doch gemeinsam, zusammen mit unseren Tieren!

*

Während der ersten Monate der Corona-Pandemie hätten viele den Beistand der Kirche ganz besonders gebraucht, das Gefühl: Ich darf mich geborgen wissen. Aber monatelang hat man kaum etwas von den Verantwortlichen in der Kirche gehört.

Wir konnten während der Pandemie sehr lange Zeit keine Gottesdienste halten, später nur unter massiven Einschränkungen. Die Menschen mussten zu Hause bleiben, konnten keine Freunde treffen, einige waren in Kurzarbeit, andere haben ihren Job verloren. In solchen Krisen brauchen die Menschen in besonderer Weise die Unterstützung der Kirche.

Da hätte ich mir vonseiten der Amtskirche schon etwas mehr Initiative und Führung gewünscht. Der Journalist Heribert Prantl hat in der Süddeutschen Zeitung mehrmals deutlich auf dieses Versäumnis hingewiesen, zu Recht muss ich heute sagen.

In der Pandemie-Zeit haben wir als Kirche leider viele Menschen verloren, die uns vorgeworfen haben, dass wir für sie nicht da gewesen sind. Dass wir uns nicht ausreichend um sie gekümmert haben. Dass wir abgetaucht sind.

Bei uns in der Pfarrei haben wir einiges ausprobiert; wir haben wie viele Pfarreien Gottesdienste gestreamt, damit die Menschen zu Hause daran teilnehmen konnten. Aber es war deutlich zu spüren, wie froh die Menschen waren, als sie nach dem ersten großen Lockdown im Frühjahr 2020 wieder zu uns in den Gottesdienst kommen konnten.

UM DEN GUTEN RUF BESORGT

Rainer M. Schießler // Aktuell wird viel über die Zukunft der katholischen Kirche debattiert. Und natürlich fragen mich die Leute, wie ich als Pfarrer zu dem einen oder anderen teils erschütternden Bericht stehe, was meine Meinung dazu ist – und ob ich noch Hoffnung für die Kirche habe.

Der Fehler, den wir machen, ist, dass wir immer wieder um den Ruf der Kirche besorgt sind. Aber wir müssen doch vor allem um die Menschen besorgt sein! Im Missbrauchsskandal geht es um die Opfer, ihre Angehörigen und alle anderen Betroffenen. Alle, die darunter leiden, wie man mit ihnen umgegangen ist. Ich denke aber auch an die Menschen in den katholischen Gemeinden, die sich jeden Tag dafür aufreiben, dass es trotz allem irgendwie weitergeht. Treue Mitarbeiterinnen und Mitarbeiter, die entsetzt sind, was unter dem Dach der Kirche passiert ist, die sich schämen und die trauern. Auch um sie müssen sich die Verantwortlichen in den Bistümern und im Vatikan sorgen!

Immer wieder heißt es mit Blick auf die Zukunft der katholischen Kirche: »Wir befinden uns in einem Denkprozess.« Aber den haben wir doch schon seit den 1970er-Jahren! Viele Pfarreien stehen heute quasi mit dem Rücken zur Wand, weil kaum noch einer kommen mag. Scharenweise verlassen die Menschen die Kirche, weil sie die Berichte und Diskussionen über die Missbrauchsskandale erschüttert haben– und sie das seltsame Verhalten der Verantwortlichen nicht begreifen können, die lange Zeit vor allem darum besorgt zu sein schienen, dass die Organisation keinen Schaden nimmt.

Ist die Kirche noch zu retten? Natürlich kommt niemand von irgendwo her und wird diese Aufgabe für sie erledigen. Die Kirche wird das schon selber machen müssen. Das Programm dafür ist klar, es muss beides passieren: die spirituelle Erneuerung, also die Ausrichtung am Wort Gottes, aber auch die strukturelle Erneuerung. Es geht um nicht weniger als eine transparente Machtkontrolle der Entscheider, den Zugang der Frauen zu Leitungspositionen und vor allem um eine jesusgemäße Sexualmoral, die dann auch Auswirkungen auf das kirchliche Arbeitsrecht hat. Vieles ist bereits positiv begonnen worden, wir fangen nicht bei Punkt null damit an.

Völlig außer Frage steht auch, dass das Thema Pflichtzölibat sehr bald eine dringend notwendige Überprüfung erfährt. Es wird zukünftig beide Lebensformen im priesterlichen Dienst geben müssen, den freiwillig gelebten Zölibat – in Ordensgemeinschaften, aber auch bei den Weltpriestern – und den im Ehesakrament stehenden, verheirateten Priester. Das Angebot würde sicherlich in unserer Gesellschaft als positives Signal, dass Kirche Zukunft gewinnt, wahrgenommen werden. Einen lebenslangen Zwangszölibat für Weltpriester mit der Lebensweise Jesu zu begründen, wird nicht mehr greifen.

In allen Fragen, auch den strukturellen, einfach dem Geist der Bibel, dem Geist der Worte Jesu nachzuspüren, ist und bleibt eine unersetzliche Aufgabe für uns alle.

Der Aufstand der Frauen, die verständlicherweise endlich mitreden wollen, wenn es um Zukunftsentscheidungen geht, verwundert angesichts der aktuellen Lage nicht. Er ist dringend notwendig!

Die Bewegung Maria 2.0 hat schon öfters den Finger an der richtigen Stelle in die Wunden gelegt und benennt Themen, die dringend auf die Tagesordnung der Entscheidungsträger in den Kirchenleitungen müssen.

Die Frauen, die sich bei Maria 2.0. engagieren, sind ja in aller Regel die treuesten Seelen der Kirche, langjährige, superengagierte Mitarbeiterinnen. Und manche Konservative in der Kirche tun so, als wären das alles aufmüpfige Emanzen, anstatt zu denken: Das ist das Fundament, auf dem die katholische Kirche in Deutschland steht. Die Crème de la Crème in unseren Gemeinden, die nun sagt: Freunde, ihr könnt uns jetzt nicht länger übergehen. Wir sind doch da!

Wenn wir die Frauen von Maria 2.0 in der Kirche nicht achten, wenn wir sie ausgrenzen, dann berauben wir uns unserer treuesten Mitarbeiterinnen. Dass diese engagierten Frauen den offiziellen Gottesdiensten in der Kirche fernbleiben und stattdessen draußen vor den Türen zusammenkommen, ist ein Fanal.

Es waren Frauen, von denen ich gelernt habe, was den christlichen Glauben ausmacht. Meine Mutter hat mir gezeigt und vorgelebt, wie wichtig das Gebet ist. Sie hat mich zu Gott hingeführt. Es war kein ordinierter Priester, der mit mir zuerst über Jesus gesprochen hat – sondern sie. In der Kommunionvorbereitung habe ich später eine Katechetin erlebt, die mir auf gute Weise die Kirche nahegebracht hat. Aber entscheidend war für mich das Beispiel meiner Mutter, die ihren Glauben von ganzem Herzen gelebt hat. Sie hat damit das Fundament für meinen Glauben gesetzt. Die schönste Villa am See taugt nichts, wenn sie keinen Unterbau hat.

Die Kindergärtnerin, die Katechetin in der Grundschule, die Religionslehrerin am Gymnasium – sie alle waren wichtig, damit ich meinen Weg gefunden habe.

Und jetzt versucht man mir zu erklären, dass eine Frau kein seelsorgerliches, priesterliches Amt ausführen kann. Das ist doch absurd! Ich kann es einfach nicht nachvollziehen.

Ich bin wahrlich kein Frauenlobbyist, aber ich verstehe es nicht, wenn immer wieder irgendwelche Begründungen für den Ausschluss der Frauen von den Weiheämtern vorgetragen werden, wie z. B.: Jesus hat auch nur Jünger an seiner Seite gehabt. Doch die Evangelien sprechen auch von einer großen Menschenmenge, die Jesus folgte. Denken wir nur an die Speisung der 5000; Frauen, Männer und Kinder. Ausdrücklich werden Frauen namentlich genannt, die sich sehr vertraut in der Nähe Jesu aufhielten. Die bekannteste unter ihnen ist mit Sicherheit Maria Magdalena. Sie war doch auch mit Jesus unterwegs!

Der Apostel Paulus schreibt seiner Gemeinde im Galaterbrief: *Es gibt nicht mehr Juden und Griechen, nicht Sklaven und Freie, nicht männlich und weiblich; denn ihr alle seid einer in Christus Jesus. (3,26-28)* Männer und Frauen sind also durch die Taufe und die Eucharistie in Christus geeint. Paulus kennt keine Geschlechtertrennung bei der Leitung der Gemeinden, wie sie die Kirche nach ihm vorgenommen hat. Aber unabhängig davon ist es als Kirche von heute nie unsere Aufgabe, Geschichte, Personen und Situationen zu kopieren; wir haben den Auftrag zu gestalten, für das Jetzt und vor allem für das Morgen Entscheidungen zu treffen, die es braucht, damit Kirche eine Zukunft hat.

Niemand bestreitet mehr, wie sehr wir die weibliche Intuition an vielen Stellen in der Kirche dringend brauchen! Und wir berauben uns selbst, wenn wir per System Frauen von Leitungsfunktionen ausschließen.

Es ist nicht zu fassen! Wir schließen die Hälfte unserer Mitglieder wegen ihres Geschlechts von den wesentlichen Ämtern und Funktionen der Kirche aus. Man könnte meinen, wir wären in der Taufe eins geworden und jede und jeder hätte die gleichen Rechte. Aber nein, da steht noch das Geschlecht trennend dazwischen. Wir gehen hin und begründen theologisch, weshalb Frauen von bestimmen Funktionen ausgeschlossen bleiben müssen. Im Mittelalter war das üblich, aber heute kann man das aus meiner Sicht nicht mehr machen.

Wenn die Fragen nach der Gleichberechtigung der Frauen oder dem Zölibat gestellt werden, kommt man in der katholischen Kirche leider oft gleich wieder mit der Autoritätskeule und sagt: »Diese Frage verbietet sich!« Aber kann ein getaufter und gefirmter Christ, eine Christin nicht hergehen und solche Fragen stellen?

Ich sage: Redet mit den Leuten. Denn nur so lässt sich manches klären. Und man erfährt vieles, was man in der Leitungsebene der Kirche vielleicht noch nicht weiß. Denn an der Basis ist vieles längst Realität. Ich wüsste in meinem Umfeld niemanden, der sagt: »Ich richte mein Sexualleben an den Vorschriften Roms aus.« Oder: »Ich gehe jetzt beichten, weil die Kirche gesagt hat, dass ich das muss.«

Ich habe in meiner ganzen 35-jährigen Praxis als Priester noch nie jemand irgendeine Vorschrift gemacht, wenn es um das sechste Gebot geht. Aber ich war stets parat, wenn man mit mir reden wollte, weil Probleme in der Partnerschaft aufgetaucht sind, es um die Frage der Verhütung ging – oder um einen Schwangerschaftsabbruch. Die Menschen sind zu mir gekommen und haben mich gefragt: Was soll ich machen? Das ist für mich Kirche, es geht um Nächstenliebe.

Für einen Priester, der noch nie mit einer Frau sein Leben geteilt hat, ist es nicht einfach, ein Paar sinnvoll seelsorgerlich zu betreuen. Natürlich kann man von den Erfahrungen anderer Paare berichten und die Erkenntnisse mit den Betroffenen teilen. Aber mir sollte immer bewusst sein – und es muss mich bescheiden machen –, dass es etwas ganz anderes ist, selbst zu erfahren, was es bedeutet, auf engem Raum zusammenzuleben und dabei Konflikte auszuhalten. Was es heißt, wenn jemand neben dir andauernd schmollt oder einen Zorn hat. Wenn du genau an der Mimik ablesen kannst: Jetzt war wieder irgendetwas falsch. Ich weiß nur nicht, was. Das ist megaanstrengend! Für meinen Teil kann ich jedenfalls sagen: Ich weiß, wovon ich rede.

*

Das Leben eines katholischen Priesters ist so wie bisher eigentlich nicht mehr zeitgemäß. Den unverhältnismäßig hohen Anforderungen will sich doch kaum noch einer aussetzen. Die Zahlen der Priesterweihen in Deutschland sprechen eine deutliche Sprache. Von Jahr zu Jahr werden es weniger! Im Jahr 2000 gab es noch 154 Weihen, 20 Jahre später ließen sich in 27 Bistümern gerade einmal 57 junge Menschen zu Priestern weihen. Ein Jahr zuvor waren es 55. Und es ist fünfzehn Jahre her, dass 2007 zum letzten Mal mehr als hundert Anwärter zu Priestern geweiht wurden. Zum Vergleich: 1962 gab es in der katholischen Kirche in Deutschland 557 Priesterweihen, 1970 waren es 303.

Wenn wir uns den Pflichtzölibat nicht mehr leisten können, weil wir deutschlandweit nicht mehr fünf Dutzend Männer finden, die so leben wollen, dann müssen wir etwas am System des Priestertums in Deutschland ändern.

Dass Priester heiraten dürfen, wäre aus meiner Sicht eine sinnvolle, gute Option. Ebenso wie die Weihe von Frauen zu Priesterinnen. Dass die Verkündigung des Evangeliums nicht allein den unverheirateten Priestern zugetraut wird, sondern Männern und Frauen gleichermaßen, Ehepaaren, auch dem schwulen Priesterpaar. *Das* wäre für mich eine moderne Kirche! Weil man es den Leuten zutraut, ein verantwortliches Leben zu führen – und in der für sie passenden Form aus ganz unterschiedlichen Blickwinkeln von Gott zu sprechen.

Wir haben leider niemanden im Vatikan, der einem solchen Zutrauen das Wort redet und sagt: »Kirche, trau dich nur. Probier es aus. Du wirst nicht fehlgehen.« Stattdessen lassen wir uns von Unheilspredigern einschüchtern, die sagen: »Der liebe Gott wird Strafe auf diese Erde senden, wenn wir den Pflichtzölibat aufheben oder Frauen zu Priestern weihen.«

Es wird so getan, als wäre es ein in der Bibel überliefertes Gesetz, dass Frauen keine Weiheämter übernehmen dürfen oder Priester mit einer Frau zusammenleben. Aber dem ist nicht so! Oder man sagt den Menschen: »Dieses Thema ist längst erledigt, weil es Johannes Paul II. untersagt hat.« Das kann doch nicht sein, denn solche elementaren Fragen, die auch mit dem Zeitgeist und der aktuellen gesellschaftlichen Lage zusammenhängen, sind in jeder Generation immer wieder neu zu beurteilen. Ihm sei eine verbeulte Kirche lieber als eine glänzende Institution, sagt Papst Franziskus. Er will eine Kirche, die an die Ränder geht, die auch mal etwas ausprobiert, so manchen Umweg in Kauf nimmt und sich nicht schämt, wenn es sich um einen Irrweg handelt und Umkehr angesagt ist. Das sind starke Aussagen, die wollen und müssen aber irgendwann einmal umgesetzt werden. Solche Wege muss man auch gehen wollen!

*

Jemand, der für sich überlegt, zukünftig zölibatär als Priester zu leben, muss ein absolut gesundes Selbstbewusstsein und gutes Verhältnis zu seiner Sexualität haben. Er muss für sich ehrlich klären, ob sein Verlangen, auch in puncto Sexualität, mit dem übereinstimmt, was er leben kann und will. Wer übertriebene Erwartungen an die priesterliche Lebensweise hat, das Ganze vielleicht als »Heilig-Sein« betrachtet oder das Gefühl hat, als

Priester etwas Besonderes zu sein, der wird auf Dauer vermutlich scheitern. Denn der Punkt wird kommen, an dem man einsam und frustriert in seiner Wohnung hockt und merkt, weder heilig noch etwas Besonderes zu sein. Und dann kommt der Zölibat als wunder Punkt noch dazu.

Dass Menschen, die ohnehin große Schwierigkeiten haben, mit ihrer Sexualität zurechtzukommen, in einer besonderen Weise gefährdet sind, in irgendeiner Form übergriffig zu werden, ist klar. Wer krank ins Zölibat hineingeht, der kommt noch kränker heraus. Einsamkeit, soziale Isolation, Hoffnungslosigkeit sind Brandbeschleuniger für Auswüchse aller Art. Ein mieses Gefühl, das manche verspüren, wenn sie über ihr Leben nachdenken, wird durch den empfundenen Mangel an Zärtlichkeit und Liebe noch weiter angefeuert. Und irgendwann eskaliert die Situation dann.

Deshalb müssen wir den Pflichtzölibat in der bisherigen Form auf den Prüfstand stellen. Es gilt, die Strukturen so zu gestalten, dass das Risiko, dass Menschen in eine Situation kommen, die ihnen nicht guttut, verringert wird. Verhindern kann ich manche Entwicklungen trotzdem nicht. Aber ich kann alles dafür tun, dass es besser wird als bisher.

Aus meiner Sicht müssen wir Wahlmöglichkeiten schaffen, damit auch derjenige Priester werden kann, der eine andere Lebensvorstellung hat als die der Ehelosigkeit.

Sicherlich kann ein verheirateter Mann oder ein Familienvater ein genauso guter Verkündiger des Evangeliums sein wie ein unverheirateter Priester. Die jahrhundertelange, alternativlose Koppelung des Sakramentes der Weihe mit dem Gesetz der Ehelosigkeit ist jedenfalls aus meiner Sicht nicht mehr zeitgemäß.

Erfreulich finde ich, dass sich der Münchner Kardinal Reinhard Marx am 2. Februar 2022 in einem Interview mit der Süddeutschen Zeitung für die Abschaffung des Pflichtzölibats ausspricht. Er sagt: »Bei manchen Priestern wäre es besser, sie wären verheiratet. Nicht nur aus sexuellen Gründen, sondern weil es für ihr Leben besser wäre und sie nicht einsam wären. Diese Diskussionen müssen wir führen.« [1]

Übrigens: Dass viele Priester homosexuell sind, ist keine Tragödie und sollte uns auch nicht erstaunen. In der katholischen Kirche haben sich homosexuell veranlagte Männer ein Refugium gesucht und es gefunden – vor allem in Zeiten, in denen Homosexualität in unserer Gesellschaft mit Verfolgung, mit Strafe und Gefängnis bedroht wurde – und das ist noch nicht lange her! Wir sind auch diesem kirchengeschichtlichen Aspekt verpflichtet.

*

Bischoff Georg Bätzing hat im November letzten Jahres in einem Interview eindrücklich für Reformen plädiert, etwa mit Blick auf die Frauenweihe oder den Zölibat in der katholischen Kirche. Er sagte: »Wenn wir nichts verändern, dann werden wir radikal verändert werden. Wir werden nämlich gegen Null gehen. Die Weiterentwicklung, das Weitertragen der Tradition, stockt seit Jahrzehnten – und die Auswirkungen davon nehmen wir massiv wahr. Deshalb glaube ich auch, wir brauchen einen radikalen Perspektivwechsel in der Kirche.«[2] Auf die Frage zur Frauenordination hält er im gleichen Interview fest: »Könnte ich mir denn bildhaft vorstellen, dass eine Frau ein sakramentales Amt in der Kirche übernimmt? (…) Ja, das kann ich.«

Da sage ich: Machbar muss es endlich sein; vorstellbar, denkbar ist ja vieles. Immerhin hat Bischof Georg Bätzing überhaupt eine gewisse Offenheit signalisiert. Auch das ist ja keine Selbstverständlichkeit. Denn viele andere sagen am liebsten nichts, was nicht der offiziellen Lehrmeinung der katholischen Kirche entspricht, um keinen Ärger auf sich zu ziehen. Man könnte glauben, als Bischof müsste man vor allem schön angepasst sein.

Angesichts der neuen Missbrauchsstudie hat Bischof Bätzing Ende Januar 2022 Papst Benedikt dazu aufgerufen, Fehler einzugestehen und um Verzeihung zu bitten. Das finde ich stark und ganz wichtig!

Im weiteren Verlauf entwickelte sich leider auch eine ziemlich unerträgliche Schmutzkampagne gegen den emeritierten Papst. Man tut gut daran, immer zu unterscheiden, wer sich gerade auf welche Weise äußert. Natürlich gibt es Freunde von Papst Benedikt XVI., die alles versuchen, um ihn zu schützen. Andere sehen seine Rolle kritisch. Und dann gibt es auch diejenigen, die sehr verletzt, vielleicht sogar innerlich am Boden zerstört sind. Menschen, denen scheinbar nur noch der bloße Hass gegen Kirche, Papst und Bischöfe, Kleriker und alle Kirchenleute bleibt – vielleicht aus gutem Grund. »Wer anständig ist, muss jetzt aus dieser Kirche raus«, sagte ein älterer Herr einem TV-Sender unmittelbar nach seinem Kirchenaustritt. In seinen Augen sind anscheinend alle, die noch der Kirche die Treue halten, unanständig – ohne Unterschied! Diese Aussage ist total unfair, weil es in der Kirche überwiegend aufrechte, anständige und engagierte Menschen gibt. Viele Mitarbeiterinnen und Mitarbeiter machen eine tolle Arbeit an der Basis und werden jetzt in den Strudel der Krise hineingezogen.

Wir müssen uns als Mitglieder der Kirche und als Verantwortliche den Kritikern stellen. Die meiste Kritik ist berechtigt. Dort, wo sie pauschal und hasserfüllt vorgetragen wird, müssen wir zum einen nach dem »Warum?« fragen und zum anderen auch Grenzen aufzeigen, wo es unfair und verletzend ist. Die Würde des Menschen muss im Fokus stehen. Zum Glück gibt es auch diejenigen, die konstruktiv kritisieren – aus echter Sorge um den Glauben und die Kirche heraus.

*

Zur Zeit Martin Luthers hatten viele katholische Priester – das weiß man – eine Mätresse. Offiziell wurde natürlich auch damals sexuelle Enthaltsamkeit gepredigt. Aber man hat anders gehandelt. Und man hat Geschäfte mit den Menschen gemacht, den Gläubigen gesagt, dass ihnen ihre Sünden erlassen werden, wenn sie einen bestimmten Betrag in die Kasse werfen. Die Kirche hat sogenannte Ablassbriefe verkauft, um damit Geld zu machen. Das Ganze hatte Tradition. In England waren bereits Ende des 7. Jahrhunderts Umrechnungstabellen verbreitet worden, wie Kirchenstrafen durch Geldspenden abgewendet werden konnten. Im 15. Jahrhundert erlebte das Ablasswesen eine Blütezeit.

Europaweit wurde im Rahmen von Veranstaltungen Geld gesammelt – für Kreuzzüge, Kirchenbauten und vieles mehr. Auch für Verstorbene konnte noch ein Ablass erworben werden, um sie vor dem Fegefeuer zu bewahren. Ablassbriefe wurden in Massen gedruckt und verkauft. Unter anderem wurde mit dem Geld der Petersdom in Rom finanziert. Aber auch die Ablasshändler, Erzbischöfe und andere bereicherten sich.

Der Dominikanermönch und Ablasshändler Johann Tetzel (ca. 1460–1519) tat sich beim Ablasshandel besonders hervor. Martin Luther bezog mit fünfundneunzig Thesen Position zu vielen dieser Entwicklungen, die nach seiner Auffassung falsch waren, und löste damit die Reformation aus. Im Konzil von Trient wurde von der katholischen Kirche im Juli 1562 beschlossen, den Ablasshandel einzustellen. Die Lehre von der Todsünde, die gibt's natürlich immer noch ...

Die Missbrauchsdebatte hat auch die Diskussion über das Thema Zölibat neu entfacht. Natürlich ist der Zölibat als Lebensform nicht per se die Ursache für Missbrauch. Aber der Zölibat kann Menschen in Extremsituationen treiben, wenn sie sich nicht im Vorfeld darüber im Klaren sind, welche Herausforderung das Ganze für sie konkret bedeutet. Denn die Sexualität ist *der* bestimmende Lebenstrieb des Menschen. Wenn jemand keinen Weg für sich findet, seine eigene Sexualität anzunehmen und sie anders zu leben, und deshalb in die totale personale und soziale Vereinsamung gerät, ist er in einem Höchstmaß gefährdet. Diese Gefahr wurde jedoch von der Amtskirche nie wirklich so wahrgenommen, was sich heute als extrem bitter für alle Betroffenen und die Kirche herausstellt.

In welchem Ausmaß sich katholische Priester an Kindern, Frauen und Männern vergangen haben, ist absolut erschreckend! Aber auch dann, wenn es nur einen einzigen Missbrauchsfall in der katholischen Kirche in Deutschland gegeben hätte, wäre dies einer zu viel gewesen.

Und wir haben es bis jetzt, über zehn Jahre nach dem Bekanntwerden der gesamten Dramatik, leider anscheinend immer noch nicht ganz begriffen, dass wir uns als Kirche und als Seelsorger um die Opfer zu kümmern haben! Es geht nicht darum, die Kirche vor Schaden zu bewahren. Der ist doch längst da! Die Skandale haben die gesamte Kirche erschüttert. Hunderttausende von Kirchenaustritten sprechen eine klare Sprache. Auch die Austritte in der Pfarrei St. Maximilian stehen mehrheitlich mit dem Missbrauchsskandal und der mangelhaften Aufarbeitung in Zusammenhang. Das Stichwort Woelki fällt immer mal wieder, wenn Menschen über ihre Gründe für den Austritt sprechen.

Wir haben im letzten Jahr in unserer Pfarrei fast zweihundert Kirchenaustritte gehabt. So viele waren es noch nie. Durch die

Veröffentlichung der neuen Missbrauchsstudie im Januar 2022 hat das Ganze sicher eine zusätzliche Dynamik bekommen. Eine Woche später meldeten die Behörden, dass man zusätzliche Kräfte organisieren muss, um den Ansturm der Austrittswilligen auf die Amtsgerichte bewältigen zu können.

*

Ein Blick zurück in die Geschichte: Die Pfarrei Heilig Geist hatte im Jahr 1883 fast 50 000 Mitglieder. Deshalb wurde die Gemeinde geteilt und St. Maximilian gegründet. 1893, als der Kirchenneubau wegen fehlender finanzieller Mittel immer noch nicht begonnen war, richtete man in der ehemaligen Schulbaracke an der Auenstraße eine Notkirche ein, damit die Katholiken im Viertel eine Möglichkeit hatten, den Gottesdienst zu besuchen. Zwei Jahre später begann mit dem ersten Spatenstich der Bau von St. Maximilian. Die Kirchweihe erfolgte am 6. Oktober 1901 durch Erzbischof Franz Josef Stein.

Heute zählen etwa 3900 Menschen zu unserer Pfarrei am Isarufer. Aber die Zahl der Kirchenmitglieder schrumpft kontinuierlich, vor allem auch durch den demografischen Wandel. Zwei Drittel der Menschen im Glockenbachviertel sind zwischen fünfundzwanzig und fünfundvierzig Jahre alt. Das sind die Altersgruppen, die in der Regel keine enge Bindung zur Kirche mehr haben.

Früher hatte das Viertel einen schlechten Ruf in der Stadt, heute gilt es als begehrtes, hippes Wohnquartier. In den letzten Jahren sind viele junge Paare und Familien mit kleinen Kindern hierhergezogen, einfach weil die Lage an den Isarauen attraktiv ist.

Als Christen Teil einer Gemeinschaft zu sein, das ist so wichtig. Denn durch das Miteinander bekommt das Leben einen anderen Geschmack. Wir tragen Verantwortung für andere. Menschen, die Kinder taufen lassen wollen, die einen Ort für ihre Hochzeit suchen oder Trost und Rat in schwierigen Lebenssituationen – sie alle brauchen die Kirche und die Gemeinschaft. Bei der Kirchensteuer geht es nicht nur darum, die Kirche finanziell zu unterstützen, sie ist auch keine Spende! Die Kirchensteuer ermöglicht schlichtweg den Betrieb und die Verwaltung, die Arbeit und die Projekte der Kirche, an denen alle teilhaben können – und die deswegen auch alle mittragen sollten.

Darum ist der Kirchenaustritt aus meiner Sicht ein falscher Schritt, um irgendwelchen Kirchenoberen zu zeigen, dass man mit bestimmten Entwicklungen nicht einverstanden ist.

Hinzu kommt, dass man nicht Mitglied der Kirche wird, so wie man in einen Verein oder eine Gewerkschaft eintritt und daher auch austreten kann. In die Kirche komme ich durch meine Taufe, um die bei den allermeisten die Eltern »gebeten« haben – oder man bittet als erwachsener Taufbewerber selber darum. In der Taufe werde ich in eine Gemeinschaft hineingeführt, die unter dem Kreuz Jesu entstanden ist. Der sterbende Jesus vertraut seine Mutter seinem Lieblingsjünger, dem Apostel Johannes, an. Der Alte Bund, die Verheißung vom Kommen des Menschensohnes, die Erwartung des gläubigen Volkes Israel, symbolisiert von der Frau Maria, wird erfüllt und weitergegeben an die neue Gemeinschaft, für die der Jünger Johannes steht. »Frau siehe, dein Sohn; Sohn, siehe deine Mutter!« sagt Christus zu ihnen. In diesem Moment ist seine Sendung erfüllt, alles kommt zusammen in einem großen Pakt des Glaubens: Hier geschieht Kirche! Die Liebesbotschaft Jesu ist ein wunderbares Geschenk, das man sich nicht selbst macht. Geschenke bekommt man immer von anderen. Wie also will man da rauskommen, frage ich mich immer wieder? Aus einer abgabenpflichtigen Vereinigung kann man austreten, klar. Aber Kirche ist jetzt nun mal wirklich was anderes!

Wenn jemand seinen Austritt erklärt, schreibe ich ihm einen Brief, dass es mir wahnsinnig leidtun würde, wenn der Entschluss, die Kirche zu verlassen, etwas mit mir als Pfarrer oder unserer Pfarrei zu tun hätte. Und manch einer überlegt es sich dann zum Glück noch einmal. Entscheidungen im Zorn sind oft nicht das Beste …

FÜR ANDERE

Stephan Maria Alof // Seit Jahrzehnten oder Jahrhunderten überlieferte Gebete im Gottesdienst sind schön und gut – aber es ist auch wichtig, etwas frei zu formulieren, wenn wir mit Gott in Beziehung treten. Denn das klassische Fürbittengebet nach altem Ritus schleift sich ab und rauscht deshalb vielleicht irgendwann bei manchen Gottesdienstteilnehmerinnen und -teilnehmern einfach nur noch vorbei, wenn wir es wieder und wieder sprechen. Woche für Woche, Monat für Monat, Jahr für Jahr. Irgendwann habe ich deshalb damit begonnen, neue Fürbitten zu formulieren, die ganz anders sind. Gebete, die aktuelle Aspekte aufgreifen. Themen, die uns alle beschäftigen. Ein Blick in die täglichen Nachrichten reicht, dass einem heiß und kalt wird. Es treibt mich um, wenn ich sehe, in wie vielen Teilen der Erde die Menschenwürde mit Füßen getreten wird, wie Unruhen und Kriege viele Länder erschüttern und Tausende vor Gewalt und Elend fliehen müssen. Es ist so wichtig, all diese Not vor Gott zu bringen und für die Menschen zu beten, die leiden. Das meint der Begriff »Fürbitte«: für andere beten. Anteil an ihrem Schicksal, ihrem Leid, ihrem Elend nehmen.

Dabei die richtigen Worte zu finden, eine Sprache zu sprechen, die jeder verstehen kann, das ist so wichtig, damit die Botschaft nicht über die Köpfe hinweggeht und ungehört verhallt.

Wir beten:

Worte sind nicht nur Schall und Rauch. Nein, sie können auch erniedrigend und beleidigend sein, den anderen verletzen, verdammt wehtun. Wenn wir jemand sagen: »Hau ab!« oder »Ich brauche dich nicht, du bist nichts, du kannst nichts.«
Lieber Gott, wir bitten dich, lass uns achtsamer mit unserer Wortwahl umgehen, bedachter reden. Schenke uns die richtigen Worte, um einander aufzurichten und zu ermutigen.

Gott unser Vater, wir bitten dich, erhöre uns.

Worte sind nicht nur Schall und Rauch – auch nicht bei unseren politischen Vertretern.
Lieber Gott, schenke unseren politischen Vertretern Worte und Gedanken des Friedens und der gesunden Diplomatie. Lass sie immer wieder nach Lösungen suchen, die ein gelingendes Miteinander ermöglichen. Gib uns allen das Verständnis, dass wir es nur gemeinsam schaffen können, unsere Welt positiv zu gestalten.

Gott unser Vater, wir bitten dich, erhöre uns.

Worte sind nicht nur Schall und Rauch – auch nicht bei den Vertretern unserer Kirche. Der Synodale Weg hatte gerade erst begonnen, als der erste Kardinal schon verkündete, dass alle seine schlimmsten Befürchtungen bereits eingetreten seien. Als Beispiel dafür nannte er, dass beim Eröffnungsgottesdienst Laien und Bischöfe gemeinsam in die Kirche eingezogen waren. Das hatte aus seiner Sicht nichts mit dem zu tun, was katholische Kirche ist und meint. Die Worte des Kardinals waren ein Schlag ins Gesicht all derer, die an eine geschwisterliche Kirche und ein sich Begegnen auf Augenhöhe glauben.

Es gibt genug Menschen, die uns als Kirche eh schon lange nichts mehr glauben, denen wir völlig egal geworden sind.

Guter Gott, bitte schenke uns eine Kirche, die dem Vorbild von Jesus folgt. Eine friedvolle, eine liebevolle, den Menschen zugewandte Kirche. Eine Gemeinschaft, die jeden liebt, der ein Geschöpf Gottes ist. Eine Kirche, die vor allem Gott sucht.

Lass uns ein Licht aufgehen. Schenke uns die Kraft für einen neuen Aufbruch und für Versöhnung. Aufrichtigkeit und Liebe, den Geist der Freiheit – und lass uns nicht aufhören, Gutes zu tun. Mit dir an unserer Seite schaffen wir das.

Gott unser Vater, wir bitten dich, erhöre uns.
Amen.

»GUT KATHOLISCH«

Rainer M. Schießler // Kürzlich fragte mich ein Gast, der mich zum ersten Mal in meiner Amtsstube besuchte, voller Erstaunen: »Das sieht überhaupt nicht nach einem Pfarrbüro aus – was sind das denn alles für Sachen, die Sie hier aufbewahren?« Ja, ich muss zugeben: Ich habe eine freudige Sammelleidenschaft für alles, was des Weges kommt. Und ich tue mich wahnsinnig schwer, Dinge wegzuwerfen, weil ich die Befürchtung habe, sie irgendwann später dann doch vielleicht zu vermissen.

In meinem Büro habe ich in den Regalen, auf der Fensterbank, auf dem Boden und auf jeder ansonsten freien Fläche die schönsten Dinge gestapelt. Manches ist mir total wichtig und ich bin sehr froh, dass ich es aufbewahrt habe. Aber du kannst ja leider nicht alles sammeln …

Ab und zu versuche ich, bei mir im Büro eine gewisse Ordnung herzustellen. Aber nur, weil ich sonst in dem Chaos nichts mehr finde würden – und nicht, damit das Büro irgendwie repräsentativ aussieht. Ich arbeite ja nicht in einem Ausstellungsraum. Denn was kommt da am Ende raus, wenn es im Büro des Pfarrers vor allem schön ordentlich aussehen soll? Glatte Flächen, möglichst keine Punkte, um irgendwie bei irgendjemand anzuecken …

Das eine ist das Bewahren von Dingen, die aufbewahrenswert sind, das andere ist die spielerische Freude am Entdecken und am Neuen, die mich vorantreibt. Ich trage beides in mir: das

Bewahrende, man könnte auch sagen das Konservative, und das Progressive.

Von Zeit zu Zeit überlege ich mir: Wie könnten wir dies und jenes in Zukunft vielleicht besser machen? Und wo hat das eine oder andere, was wir über Jahre in der Kirche gelebt haben, dann noch seinen Platz? Wenn ich alte Erinnerungsstücke betrachte, bringt mich das oft auch auf neue Ideen. Das klingt paradox. Aber oft braucht es, wenn man sich gedanklich festgefahren hat, einfach einen kleinen kreativen Trigger. Ich sehe ein Blechschild im Regal und denke: Das war eine coole Aktion! Und sofort beginnt in meinem Kopf ein Ideenkarussell zu kreiseln, was wir demnächst in der Pfarrei anschieben könnten.

Mein Büro bietet auch für die Besucher unheimlich viele Anknüpfungspunkte. Von den Kuscheltierchen in allen Regenbogenfarben, die sich großer Beliebtheit erfreuen, wenn Eltern mit ihren Kindern zum Gespräch vorbeikommen, über die Wiesn-Andenken bis hin zum Fußball mit den Unterschriften der A-Mannschaft des TSV 1860 München.

Du kannst in diesem Büro echt überall etwas entdecken. Früher gab es in vielen Haushalten einen Setzkasten, in dem man kleine Miniatursachen gesammelt hat. So ähnlich habe ich das hier im Pfarrbüro auch eingerichtet, nur halt in groß.

Wenn meine Besucher noch einen Moment warten müssen, weil ich gerade telefoniere, können sie ihren Blick schweifen lassen und in jeder Ecke etwas Interessantes entdecken.

Hinter allem steckt eine Geschichte. Den Trachtenhut mit dem Adlerflaum habe ich bekommen, als ich vor ein paar Jahren zum Ehrenmitglied der Filser-Buam ernannt wurde. Die Tasche, die Gunda später für mich eingerahmt hat, habe ich damals bei meinem ersten Einsatz auf der Wiesn getragen, wenn ich zum Bedienen gegangen bin. Da waren mein Geldbeutel und alles andere drin, was ich den Tag über brauchte. Die hölzerne Schießscheibe haben mir meine Bedienungskollegen an meinem letzten Tag geschenkt, sie haben sie extra für mich malen lassen. Über meinem Kopf schwebt ein Heiligenschein, im Hintergrund dreht sich das Riesenrad und ich grinse, mit ein paar Maßkrügen in den Händen. Der Heiligenschein ist natürlich lustig gemeint, gerade deswegen mag ich das Bild gern. Weil mir meine Kollegen dieses einzigartige Geschenk gemacht haben, hat es für mich mehr Wert als jede offizielle Auszeichnung!

Auf die *Bairische Sprachwurzel*, die ein wenig ausschaut wie so ein Eisstock, bin ich ganz besonders stolz. Ich habe sie in Straubing während des berühmten Gäubodenfestes verliehen bekommen, weil ich als Seelsorger und Prediger auf originelle und authentische Weise in bayerischer Mundart das Evangelium verkünde. Ich sei ein »dialektaler Menschenfischer«, hieß es in der Laudatio damals. Sonst wurden bislang vor allem Schauspieler und Kabarettisten ausgezeichnet – aber auch schon Papst Benedict XVI. hat die *Bairische Sprachwurzel* verliehen bekommen.

Nach meiner Dankesrede bei der Preisverleihung durfte ich zum ersten Mal in meinem Leben eine Blaskapelle dirigieren. Man hat mir gesagt: »Die Musiker spielen seit Jahren gut zusammen, du musst nur so tun, als würdest du dirigieren, und die Arme mit dem Taktstock im Rhythmus bewegen.« Und es hat tatsächlich sehr gut geklappt. Es war eine Riesengaudi!

Einmal, ganz am Anfang meiner Zeit in St. Maximilian, war Kardinal Wetter anlässlich einer Firmfeier bei uns in der Pfarrei zu Gast. Vor dem Gottesdienst kam er hierher, um sich im Gemeindehaus umzuziehen. Damals war dies noch ein Besprechungsraum mit dunklen Tischen und Stühlen. Als ich den Kardinal abholen wollte, stand er da, mit seinem Bischofsstab in der Hand, und betrachtete ein Bild, das ich heute noch hier hängen habe. Es zeigte mich im Outfit eines Eishockeyspielers mit dem Schläger in der Hand. Ich war erst kurz zuvor bei Freunden in Amerika zu Gast gewesen und hatte mir einen Traum erfüllt: Ich ging zum Training der Los Angeles Kings und besorgte mir anschließend das Trikot der Mannschaft. Der Eishockeyschläger stammt aus Rosenheim, ich bekam ihn zum Abschied aus der Rosenheimer Pfarrei mit den Unterschriften der ersten Mannschaft drauf. Eine wunderbare Erinnerung!

Das Foto im Eishockey-Outfit hatte ich damals frech in die Bildergalerie mit all meinen Vorgängern in St. Maximilian eingereiht. Alle anderen Priester waren ordentlich im schwarz-weißen Outfit abgelichtet worden – und ich tanzte aus der Reihe.

Was hat sich der Kardinal wohl gedacht?

*

Auf meinem Facebook-Kanal schreibt jemand unter einen meiner Beiträge: »Ein Pfarrer, der tut, was er nicht tun darf, ist der noch katholisch?«

Ich antworte: »Und wie!«

Und ich denke für mich: Da würdest du dich umschauen, wenn du wüsstest, was katholisch auf Deutsch heißt. Der Begriff stammt aus dem Griechischen und bedeutet »allumfassend, total, universell«. Und genau so verstehe ich den Glauben und meine Aufgabe als Pfarrer. Für mich ist da keine Enge, sondern eine große Weite.

Der Pfarrer tut nichts, was andere nicht tun dürfen. Aber er tut das, was er tun muss.

Selbst zu wissen, wo man steht, ist wichtig. Dass andere zu wissen glauben, dass ich nicht mehr katholisch sein darf, weil ich irgendetwas gesagt oder getan habe, was nicht in deren Weltbild passt, ist ein dickes Ding. Stellen Sie sich vor, dass

Ihnen jemand plötzlich sagt: »Aus meiner Sicht sind Sie kein guter Christ, keine gute Christin; oder kein guter Staatsbürger – ich spreche Ihnen das Recht ab, sich in der Öffentlichkeit zu äußern, weil Sie in der letzten Woche gesagt haben …«

Wo kämen wir denn hin, wenn wir uns alle wechselseitig mitteilen, was wir sein dürfen und was nicht? Und wer definiert eigentlich im Detail, wer katholisch sein darf? Oder evangelisch, jüdisch, muslimisch, buddhistisch? Es braucht den Respekt vor den anderen Religionen.

Wenn mich Menschen fragen: ›Kommt man nur über Jesus zu Gott?‹, dann antworte ich: »Wenn du einst vor Gott stehst, wird er nicht fragen: ›Auf welchem Weg bist du gekommen?‹ Der Mensch ist und bleibt ein Suchender.«

Dass gegen bestimmte Personen im Internet eine Art Vernichtungsfeldzug geführt wird, ist leider keine Seltenheit. Dass jemand mit Worten kleingemacht oder ihm der Glauben abgesprochen wird, ist durchaus weitverbreitet. Gerade in den sogenannten sozialen Medien nehmen sich manche das Recht dazu heraus, auf übelste Weise über ihnen kaum bekannte Menschen zu urteilen, Andersdenkende zu beschimpfen und zu bedrohen. Da heißt es beispielsweise: »Wer die kirchlichen Weiheämter für Frauen öffnen möchte, soll doch bitte zum evangelischen Glauben konvertieren.« Oder: »Menschen wie Sie, die die Unfehlbarkeit des Papstes anzweifeln, sollten überhaupt kein Recht haben, ihre Meinung zu äußern. Man sollte Ihnen den Hahn abdrehen …« Solche und ähnliche Aussagen finden sich im Internet leider immer wieder.

Einige werden, weil sie Kritik an der Kirche äußern, als Nestbeschmutzer bezeichnet. Dabei klebt am Nest der Kirche – um das Bild zu benutzen – doch schon genug Dreck.

Sehr verstörend bleibt es aber für mich, wenn man gerade

von solchen Menschen derart beleidigende Kommentare und Beschimpfungen bekommt, die sich selber als »gut katholisch«, oder »schwer gläubig« bezeichnen. Toleranz, das Aushalten-können des anderen, gehört dazu scheinbar nicht.

Wir leben in einer Zeit des Durcheinanders. Manche blicken scheinbar kaum noch durch.

Sogenannte Querdenker fühlen sich ihrer Freiheit beraubt, weil sie in Pandemie-Zeiten von der Politik dazu gezwungen werden, im öffentlichen Raum eine FFP2-Maske zu tragen, um andere Menschen und sich selbst vor einer Ansteckung mit dem Covid-19-Virus zu schützen. Oder dass in bestimmten Bereichen die »2G-Regel« gilt und man ohne den Nachweis einer doppelten Impfung keinen Zutritt bekommt. Bei Theateraufführungen, Konzerten und in bestimmten Restaurants müssen Ungeimpfte draußen bleiben, um andere Besucher nicht zu gefährden.

Ein Impfgegner hat mir ein E-Mail geschickt: »Haben Sie sich schon einmal gefragt, ob sich Jesus hätte impfen lassen?«

Was soll ich sagen? – Ich antworte kurz und knapp: »Das ist mir völlig egal!«

Natürlich sollte man sich gegen Covid-19 impfen lassen, um sich selbst und andere zu schützen. Jesus hat damals zu seiner Zeit ganz andere Themen gehabt. Aber er hätte sich immer für die Nächstenliebe und den Schutz anderer entschieden.

Auch in Glaubensfragen ist es scheinbar so wie bei der Impffrage. Wir haben in Deutschland inzwischen nicht nur dreiundachtzig Millionen Virologinnen und Virologen, sondern auch Massen von »Obertheologen und -theologinnen«. Scheinbar kennt sich fast jede und jeder damit aus, was falsch oder richtig ist. Was krank macht und was noch gesund ist. Welche Glaubenslehre das Heil bringt – und welches Handeln in die Verdammnis führt.

Bei einer Bergmesse auf einer Höhe von über zweitausend Metern habe ich einen meiner Lieblingstexte aus der Bibel vorgelesen. Er erzählt davon, wie Jesus die Fischer am See Genezareth fragt, ob sie mit ihm gehen wollen. Die Menschen lassen alles stehen und liegen und folgen ihm – aus freien Stücken. In Psalm 31 heißt es: *Du stelltest meine Füße in weiten Raum.* Da ist keine Rede von bestimmten Wegen, die wir nicht verlassen dürfen…

Freiheit ist für mich ein Schlüsselwort, wenn es um den Glauben geht.

Ein sehr wichtiger Kollege und Mitbruder ist für mich der Jesuitenpater Karl Kern, der in der Münchner Pfarrei St. Michael als Seelsorger tätig ist. Mit ihm habe ich auch schon einiges zusammen gemacht. Es ist für mich hochinteressant, wie er als Germanist die Evangelien entschlüsselt. Das gefällt mir sehr gut. Auch Karl Kern spricht immer wieder über die Freiheit des Glaubens. Mit Blick auf die Botschaft Jesu sagt er: »Denkt größer von Gott! Denkt weiter. Das ist seine neue Botschaft.«[3]

Im Johannesevangelium heißt es: *»Die Wahrheit wird euch frei machen«*. Roland Breitenbach (1935 – 2020), katholischer Priester, Pfarrer in Schweinfurt und Schriftsteller, war ich sehr freundschaftlich, ja brüderlich verbunden. Er hat diesen Satz einmal umgekehrt und gesagt: »Die Freiheit macht euch wahr.« Und es stimmt: Die Wahrheit des Glaubens, von der wir sprechen, macht nur Sinn, wenn du auch wirklich frei agierst. Das ist eine meiner wichtigsten und größten Erfahrungen.

Wenn wir merken, dass unser Angebot immer weniger Menschen anspricht, sollten wir die Leute fragen, wie sie sich Kirche im Sinne Jesu vorstellen. Und dann können wir alles dafür tun, damit es so wird, dass sich möglich viele in der Kirche wieder wohlfühlen. Damit die Menschen gerne zu uns kommen. Aber zu fragen, was anders werden müsste, damit es am Ende gut wird – genau das trauen wir uns oft nicht.

Es tut mir leid, das so sagen zu müssen, aber so, wie wir momentan die Kirche vielerorts präsentieren, locken wir keinen Hund mehr hinter dem Ofen hervor. Echt nicht.

Immer wieder melden sich Eltern bei uns in der Pfarrei und bitten uns, ihr Kind zu taufen, weil das in ihrer Gemeinde nicht möglich sei. Der Pfarrer habe keine Zeit, es gebe keine freien Tauftermine, die Paten seien nicht katholisch oder die Eltern aus der Kirche ausgetreten. Geht's noch, frage ich mich? Wie lange wollen wir die Leute noch wegschicken?

Brautpaare suchen verzweifelt einen Pfarrer, der sie trauen würde, weil die eigene Pfarrei das nicht macht: »Keine Trauungen außerhalb der Wohnortpfarrei«, heißt es knallhart. Fertig. Definieren wir uns also wirklich nur vom Wohnsitz her? Dabei ist das alte Territorialprinzip, das unsere Seelsorge noch organisiert, bei dem Personalmangel ohnehin bald Vergangenheit.

Die Menschen gehen dorthin, wo sie eine geistliche Heimat verspüren. Das muss nicht der Wohnort sein.

Christin oder Christ zu sein, heißt für mich, auch immer wieder Position zu beziehen. Als im vergangenen Jahr das päpstliche Schreiben kam, mit dem klargemacht wurde, dass die katholische Kirche keine homosexuellen Paare segnen soll, waren viele entsetzt. Es verträgt sich aus meiner Sicht auch schlecht mit dem Evangelium – denn da steht nichts davon, dass wir Menschen, die sich lieben, den Segen verweigern sollen.

Die Aktion *Liebe gewinnt,* bei der viele katholische Priester schwule und lesbische Paare gesegnet haben, war eine der Antworten auf das Sendschreiben. Und wir haben damals eine Regenbogenfahne vom Kirchturm von St. Maximilian wehen lassen und damit ein Zeichen gesetzt. Stephan Maria Alof hatte mich gefragt, was ich von dieser Idee halte und ob er eine Fahne aus dem Dachfenster hängen kann – ich habe direkt Ja gesagt. So eine Fahne schaut ja schön aus – und nicht nur das: Der Regenbogen ist ein Zeichen des Bundes zwischen Gott und den Menschen. Die Sintflut geht zurück. Alles wird gut. Was für eine tolle Nachricht! Mir gefällt das.

Natürlich weiß ich, was es bedeutet, wenn wir eine Regenbogenfahne vom Kirchturm hängen. Dass es Ärger geben kann – und vermutlich auch so sein wird. Aber ich wüsste trotzdem nicht, warum ich mich an dieser Stelle zurückhalten sollte.

Natürlich haben uns ein paar Leute Mails geschickt, uns beschimpft und uns dazu aufgefordert, dass wir das Teil wieder abhängen sollen. Aber es war für uns wichtig, dass wir im wahrsten Sinne des Wortes an dieser Stelle Flagge gezeigt haben. Es war für viele Menschen in unserem Stadtviertel und darüber hinaus ein wichtiges Zeichen.

Auch als ich im Oktober 2020 für Patrick Lindner und seinen Lebenspartner Peter Schäfer den Segen gespendet habe, gab es in bestimmten konservativen Kreisen direkt einen Aufschrei. Damit hatte ich gerechnet. Doch warum sollte ich Menschen, die einander lieben und es sich wünschen, als Paar unter dem Segen Gottes zu stehen, diese Bitte nicht erfüllen?

Im Rahmen einer Gedenkmesse für die vier Jahre zuvor verstorbene Mutter von Patrick Lindner habe ich am Ende des Gottesdienstes die Ringe der beiden Männer gesegnet. Danach ist Patrick Lindner in den Chorraum gekommen, hat Worte des Dankes an die Gäste gerichtet und seinen Partner zu sich gebeten. Die beiden haben sich die Ringe wechselseitig an den Ringfinger gesteckt. Es gab keinen Trauspruch und kein Versprechen. Aber das Segensgebet am Schluss habe ich der Festgemeinde und in besonderer Weise auch den beiden Männern gewidmet. Das war alles. Mein Handeln lag damit auf der von

Kardinal Reinhard Marx und der Amtskirche vorgegebenen Linie. Denn homosexuelle Paare können in der katholischen Kirche durchaus einen Segen im Sinne einer seelsorgerlichen Begleitung bekommen. Sakramental trauen kann ich die Paare natürlich nicht – denn nach katholischer Lehre ist die Ehe ausschließlich zwischen einem Mann und einer Frau möglich.

Aber jeder Mensch, der zu uns kommt, wird gesegnet! Zumindest hat das Kardinal Marx so festgestellt.[4] Gott sei Dank! Nein, ich habe weder das Recht noch den Auftrag, diese Menschen abzuweisen, genauso wenig wie ich nicht über ihre Liebe urteilen will und darf. Wenn diese Paare den Begriff »Ehe« für sich verwenden wollen, muss mich das nicht erschrecken. Die ehemalige evangelische Bischöfin und EKD-Ratsvorsitzende Margot Käßmann drückt dies treffend aus, wenn sie sagt: »Wir können homosexuellen Paaren eigentlich dankbar sein, dass ihnen so sehr daran liegt, offiziell eine Ehe eingehen zu können. Sie zeigen für die Institution Ehe damit Respekt und Wertschätzung, die gesamtgesellschaftlich oft gar nicht mehr existieren.«

Natürlich bekomme ich immer wieder Ärger, wenn ich in solcher Weise Grenzen auslote. Dann wird sich über mich im Ordinariat beschwert. Meistens bleiben die Kritiker und Kritikerinnen im Schutz der Anonymität, das sehe ich, wenn ich die Briefe und E-Mails dann weitergeleitet bekomme. Und wenn jemand auf meiner Facebook-Seite einen bösen Kommentar hinterlässt, hat die Person oft einen Fantasienamen.

Ich würde diese Leute gerne einmal zu sehen bekommen. Wer sind die Menschen, die so heftig über andere herziehen und üble Dinge verbreiten? Ich möchte sie fragen: »Ist dir schon mal aufgefallen, wie du über andere sprichst und wie hart du urteilst?«

Wenn sich mir jemand entgegenstellt und eine andere Meinung zu einer Sache hat, dann können wir darüber reden. Ich möchte die Kritik direkt hören. Und dann sprechen wir darüber. Ich rede mit jeder und jedem. Etwas dogmatisch abzuhandeln, dafür bin ich nicht gescheit genug. Aber es reicht aus, seinem Herzen zu folgen.

Es gibt Menschen, die können eine halbe oder eine ganze Stunde über etwas reden und am Ende weiß man trotzdem nicht so ganz genau, was er eigentlich gesagt hat.

Hü oder hott? Das sind zwei entscheidende Befehle, die jemand, der ein Pferdefuhrwerk lenkt, können muss. Rechtsrum – oder links? Wenn wir uns nicht entscheiden, passiert entweder gar nichts – oder, wenn wir zu wild agieren, ein Unglück.

Es gilt Entscheidungen zu treffen. Wenn wir nichts entscheiden, kommen wir nicht voran. Und oft ist es besser, sich in Bewegung zu setzen, als stehen zu bleiben, nur weil man sich nicht sicher ist, ob man wirklich losziehen soll.

Wir müssen feststellen, dass überhaupt keine Gefahr besteht, wenn wir aus dem christlichen Glauben heraus aufbrechen und auf Menschen neu zugehen. Sie fragen, wonach sie sich sehnen. Wenn wir permanent darüber nachdenken, ob sich jemand über unser Tun aufregen könnte – dann passiert immer weniger.

ANDERS SEIN

Stephan Maria Alof // Mit fünfzehn Jahren habe ich mich in ein hübsches Mädchen aus meinem Heimatort verliebt. Sie war ein Jahr jünger als ich und in unserer Kirchengemeinde Messdienerin. Der erste Kuss, den wir getauscht haben, war natürlich unheimlich aufregend, das miteinander Schmusen einfach nur schön. Ein paar Wochen sind wir »zusammen gegangen«, bevor wir uns wieder getrennt haben.

Tief in mir habe ich damals gespürt, dass ich mich eher zu Jungs hingezogen fühle. Einordnen konnte ich dieses Gefühl noch nicht und habe deshalb den Gedanken erst einmal zur Seite geschoben und mit niemandem darüber gesprochen. Schwulsein – dass gehört sich nicht, so war mein Empfinden. Über schwule Jungs wurden in der Schule Witze gerissen. Es schien jedenfalls nicht normal zu sein, Männer zu mögen.

Später war ich eine Weile lang mit einem anderen Mädchen zusammen, das total in mich verliebt war. Auch das hatte seine schönen Seiten, aber tief in mir spürte ich: Das war nicht die Beziehung, die ich suchte. Lange habe ich mit mir gerungen und dem Mädchen schließlich beim Tanz in den Mai schweren Herzens gestanden, dass ich glaube, dass ich schwul bin. Das konnte sie überhaupt nicht verstehen! Und sie hat alles versucht, um mich davon zu überzeugen, dass dies Unsinn ist und wir zwei füreinander bestimmt sind.

Aber das Gefühl: Das passt nicht, das ist für mich nicht das Richtige, war stärker.

Mein eigentliches Coming-out hatte ich dann nach langem innerem Ringen ein paar Monate später bei uns zu Hause auf der Terrasse. Inzwischen war ich mir sicher, was ich wollte und was nicht. Ich fasste mir ein Herz und sagte: »Mama, ich muss mit dir reden – ich glaube, ich bin homosexuell.« Sie schaute mich lange an und sagte dann: »Deshalb bist du für mich immer noch min Jung.« Das zu hören tat einfach gut.

Mein Vater hat mit mir nie über mein Schwulsein gesprochen, mir aber zu erkennen gegeben, dass er akzeptiert, was ich für richtig halte. Als ich eines Tages ankündigte, dass ich mit meinem Freund verreisen möchte, fragte er interessiert: »Wo wollt ihr denn hin?« Das war seine Art, mir zu zeigen, dass er mich versteht und meine Neigung akzeptiert.

Auf dem Land zu leben, in einem Ort, wo einen jede und jeder kennt, war in den 80er-Jahren als homosexueller Mensch eine Herausforderung. Als ich Jahre später nach meiner Ausbildung im Westerwald mein Heimatdorf endgültig verlasse und nach München gehe, kann ich dort wesentlich freier agieren. Aber es bleibt ein Thema, dass ich anders bin.

Es war als Jugendlicher und junger Mann mein Traum, katholischer Priester zu werden. Doch daraus wurde nichts. Zum einen, weil ich durch eine schwere Erkrankung, die mich als Kind und Jugendlicher lange Zeit ausgebremst hatte, und die damit verbundenen langen Fehlzeiten in der Schule kein Abitur machen konnte. Aber vor allem wurde aus meinem Traum, Priester zu werden, nichts, weil ich seit jenem Nachmittag bei uns zu Hause auf der Terrasse offen über meine Homosexualität spreche. Das Abitur hätte ich sicher nachholen können, nachdem die epileptischen Anfälle durch die medikamentöse Behandlung aufhörten. Damit wäre es möglich gewesen, katholische Theologie zu studieren. Doch es gab noch ein zweites, unüberwindbares Hemmnis: Homosexuell veranlagte Männer werden keine Priester, jedenfalls nicht, wenn sie sich dazu bekennen. Wenn es um das Thema Sexualität geht, ist deshalb Schweigen angesagt. Und das wollte ich nicht!

Sicher gibt es im Priesterseminar und auch in zahlreichen Pfarreien in ganz Deutschland und natürlich auch weltweit Männer mit homosexuellen Neigungen. Und ordinierte Priester leben mit Frauen oder Männern als Paar zusammen. Aber gesprochen werden darf darüber höchstens hinter vorgehaltener Hand – oder am besten gar nicht. Wer wie ich offen über sein Schwulsein redet, wird kein Priester. Punkt.

Wie heißt es im Sprichwort: »Reden ist Silber, Schweigen ist Gold …«

Zu diesem Thema habe ich auch Erfahrungen gesammelt. In Köln lernte ich als Anfang Zwanzigjähriger einen Priesteranwärter kennen. Wir liefen aneinander vorbei, merkten das gegenseitige Interesse und verliebten uns. Eine Weile lang trafen wir uns heimlich. Aber wir konnten nicht zusammenbleiben, unsere Beziehung hatte auf Dauer keine Chance, weil Michael unbedingt Priester werden wollte und ich nicht bereit war, meine Sexualität zu leugnen. Schweren Herzens trennten wir uns. Michael machte in der Kirche Karriere und ich wurde Krankenpfleger. Seinen Namen habe ich geändert, er muss inkognito bleiben, damit er keinen Ärger bekommt.

Später habe ich noch einen weiteren Anlauf genommen, meinen Traum vom »Leben als Mann Gottes« zu realisieren, und versucht Benediktinermönch zu werden. Alles ließ sich zunächst recht gut an, ich wurde als Gast im Kloster Sankt Bonifaz in München aufgenommen. Einige Wochen dachte ich, mein Traum geht in Erfüllung. Doch dann steckte jemand aus dem Konvent dem Abt, dass ich schwul bin – und das war's.

Besonders perfide: Der Denunziant, Benediktinermönch und selbst schwul, hatte versucht, mit mir eine Liebesbeziehung zu beginnen. Als ich ihn abwies, setzte er alles daran, dass ich das Kloster auf dem schnellsten Wege verlassen muss. Vermutlich konnte er meine Anwesenheit nicht mehr ertragen, weil ich seine Hoffnungen enttäuscht hatte. Auch er hielt natürlich geflissentlich seinen Mund und sagte niemandem, was eigentlich Sache ist.

Die verlogene Doppelmoral in manchen heiligen Hallen kotzt mich jedenfalls einfach nur an.

*

Rainer M. Schießler hat mir vor einiger Zeit vorgeschlagen, Diakon zu werden. Ich habe mich für den Kurs angemeldet und das erste Seminar besucht. Dann habe ich gemerkt, dass ich dort falsch bin. Es war nicht meine Welt, zu viel Theorie, zu wenig Praxis. Und ich hatte natürlich auch Angst, dass man mich am Ende zurückweist. Ein drittes Mal wollte ich mir das nicht antun.

Rainer hatte mir von Anfang an gesagt: »Du wirst als homosexuell veranlagter Mensch in der Diözese München vermutlich nicht als Diakon geweiht – das trauen sich die Verantwortlichen wahrscheinlich nicht –, aber versuchen solltest du es trotzdem.« Er fand, dass es ein wichtiges Zeichen ist, wenn Menschen wie ich ihren Weg gehen und an die Tür klopfen, damit sich etwas ändert. Und ja, Rainer hatte vermutlich recht.

Während ich diese Zeilen schreibe, hat sich gerade eine Gruppe von hundertfünfundzwanzig Menschen, die für die katholische Kirche arbeiten bzw. gearbeitet haben, geoutet. Sie sagen: »Wir identifizieren uns unter anderem als lesbisch, schwul, bi, trans*, inter, queer und non-binär«. Sie sind mit einer eigenen Homepage *www.outinchurch.de* an die Öffentlichkeit gegangen und rufen dazu auf, eine Petition zu unterzeichnen, in der sie eine »Änderung des diskriminierenden kirchlichen Arbeitsrechts einschließlich aller herabwürdigenden und ausgrenzenden Formulierungen in der Grundordnung des kirchlichen Dienstes« fordern. Innerhalb weniger Tage hatten bereits fast 75 000 Unterstützer*innen die Petition unterzeichnet.

Einige der kirchlichen Mitarbeiter*innen, unter anderem Kindergärtnerinnen, Ordensleute, Priester und Diakone, kommen in einem Film mit dem Titel »Wie Gott uns schuf« zu Wort, der am gleichen Tag, als die Homepage online ging, abends in der ARD gezeigt wurde.

Alle, die sich mit der Aktion zu ihrer sexuellen Orientierung bekennen, tun dies, obwohl sie wissen, dass sie als kirchliche Mitarbeiter nicht nur Ärger bekommen können, sondern vielleicht sogar ihre Stelle verlieren. Es ist erschütternd zu hören und zu sehen, dass viele ihr ganzes Leben lang unter dem Versteckspiel gelitten haben. Einige haben den Schritt in die Öffentlichkeit auch erst gewagt, nachdem sie in Rente gegangen sind.

*

Im Münchner Glockenbachviertel bin ich bekannt wie ein bunter Hund. Die meisten kennen mich, weil ich mich nicht nur als Gastronom und Bestatter, sondern auch in der Lokalpolitik engagiert habe. Wenn mein Mann Alexander und ich mit unserem Hund Luky durch die Straßen des Viertels laufen, werden wir immer wieder freundlich angesprochen und gegrüßt. Das »anders sein«, Homosexualität, ist hier kein Thema – weil es normal ist, dass Frauen andere Frauen lieben – und Männer mit Männern liiert sind. Alexander und ich haben vor einigen Jahren geheiratet, wir sind glücklich miteinander.

Aber es gibt sie trotzdem immer noch in meinem Leben, die kleinen Nadelstiche. Momente, in denen ich spüre, dass mein Gegenüber ein Problem mit gleichgeschlechtlicher Liebe hat.

Einmal bekam ich digitale Post, in der jemand meinte, »dass der Heiland aus dem Tabernakel herausspringen müsste«, weil ich als Homosexueller im Gottesdienst die Kommunion austeile. Aber ich kann jeden beruhigen: Jesus ist noch da. Und er ist dabei, wenn wir in Erinnerung an sein Liebesmahl miteinander Eucharistie feiern. Das spüre ich.

Gerade in kirchlichen Kreisen geistert das Wort »Sünde« durch die Köpfe, wenn davon die Rede ist, dass eine Beziehung nicht der vermeintlichen Norm entspricht. Aber sag mir mal einer, wo geschrieben steht, dass Jesus die Liebe zwischen zwei Männern abgelehnt hat? Und wer hat eigentlich das Recht zu behaupten: »Das mit der Homosexualität ist nicht gottgewollt.«

Was haben Menschen, die so etwas sagen, denn für ein Gottesbild?! Wenn es nicht Gottes Wille wäre, dass es Homosexualität – gleichgeschlechtliche Liebe – gibt, würde es doch überhaupt keinen Sinn machen, dass er mich und jede Menge andere Menschen mit einer derartigen sexuellen Veranlagung auf die Welt kommen lässt. Ich habe mir das doch nicht ausgesucht!

Mit einem großen, weitherzigen Gott an meiner Seite kann ich all denen gelassen entgegentreten, die mir sagen, dass ich endlich normal werden und mich heilen lassen soll, weil mir sonst ewige Verdammnis droht. Denen, die so etwas behaupten, sage ich, dass alles, was aus Liebe geschieht, nicht falsch sein kann. Vor Gott darf ich so sein, wie ich bin. In seinen Augen bin ich ein geliebtes und gewolltes Geschöpf.

Ein sinnentleertes, unerfülltes Leben zu führen, das ist für mich »Sünde«. Und »Hölle« ist das, was die Menschen sich immer wieder selbst bereiten, indem sie ein Leben leben, das nicht das ihre ist. Das will ich nicht!

Auch über Jesus haben die religiösen Meinungsführer seiner Zeit den Stab gebrochen. Die Hohenpriester fanden es geradezu absurd, dass da einer in ganz normalen Straßenklamotten daherkam, von Almosen lebte, seine Habe teilte und auch andere dazu aufforderte. Dass in seinen Augen jede und jeder liebenswert war, ganz egal woher er kam und was er dachte. Dass Gott außer dem Liebesgebot keine Bedingungen stellte – das war den religiösen Anführern ein Dorn im Auge. Denn wenn alle von Gott geliebt und angenommen sind, wenn Besitz und Macht in seinem Reich nicht wichtig sind, dann schwindet die Bedeutung der religiösen Oberhirten.

Als Jesus von den Pharisäern aufgefordert wird, über eine vermeintliche Ehebrecherin zu urteilen, zieht er nachdenklich mit einem Stock Kreise in den Sand und sagt dann zu den Umstehenden: Wer von euch ohne Sünde ist, der werfe den ersten Stein.

In vielen Begegnungen, über die in den biblischen Erzählungen berichtet wird, trifft Jesus gerade die Ausgegrenzten seiner Zeit: den verhassten Zöllner, die Ehebrecherin, Kranke, Aussätzige. Und er geht allen mit offenen Armen entgegen, er hilft ihnen auf, er heilt die Verletzten. Er teilt Liebe aus. Damit ist er für uns ein großes Vorbild.

Ich habe mir jedenfalls fest vorgenommen, die fiesen, leisen Untertöne geflissentlich zu überhören, die mir sagen sollen, dass mein Leben nicht in Ordnung ist. Mich nicht von irgendjemand oder irgendetwas ausbremsen zu lassen. Ich spreche offen über die Liebe meines Lebens und über mein Anderssein. Und ich erzähle gerne von einem Gott, der jenseits vieler Vorstellungen von Sünde und rechtem Glauben agiert. Auf jeden Fall versuche ich immer nach vorne zu schauen, mich nicht von dem lähmen zu lassen, was mich in der Vergangenheit verletzt hat. Und ich versuche, aus allem das Beste zu machen, damit es vorangeht.

Generell ist Trübsal nicht mein Ding. Es gibt zwei Arten, mit Konflikten und schwierigen Situationen im Leben umzugehen: Die einen haben immer den Eindruck, dass man ihnen übel mitspielen will. Oder dass sie grundsätzlich beim Spiel des Lebens schlechte Karten haben – und keine Chance, das Blatt zu wenden. Und dann gibt es die anderen, die in schwierigen Zeiten eher dazu neigen, selbst anzupacken und zu versuchen, was geht. Den unerwarteten Ereignissen, wann immer es möglich ist, eher positiv gegenüberstehen und selbst in schlimmen Momenten ihren Humor nicht ganz verlieren. Zu diesen Menschen zähle ich mich. Klar, ich werde auch mal grantig, richtige böse, wenn man mir übel mitspielt. Und es gibt Situationen, in denen ich tief enttäuscht bin. Wenn etwas lange und gut Geplantes trotzdem schiefgeht. Wenn mich Menschen verraten oder für dumm verkaufen wollen. Aber dann schüttele ich mich irgendwann und überlege, wie ich aus dem ganzen Gelump doch noch etwas Vernünftiges machen kann. Und ich schaue auf das, was funktioniert, konzentriere mich auf die Dinge, die Spaß machen. Es ist ja nie alles schlecht.

VOLLE KANNE

Stephan Maria Alof // Sich klarzumachen, wozu man hier auf Erden ist, welchen Sinn alles hat, das ist der Schlüssel für ein gelingendes Leben. Denn indem wir Berufe wählen, die wir eigentlich gar nicht ausüben wollen, bestimmte Erwartungen unserer Eltern erfüllen, irgendwie funktionieren, ohne hinter dem zu stehen, was wir tun, manövrieren wir uns selbst ins Aus.

Das Gleiche gilt für das Verheimlichen von Dingen, weil man sich nicht traut zu sagen, dass man »jenseits der Norm« unterwegs ist. Darüber habe ich schon genug geschrieben.

Ebenso fatal ist das endlose »immer mehr wollen«, ohne auf die eigenen Kräfte zu achten. Denn dann brennen wir innerlich aus oder bekommen auf die eine oder andere Art und Weise zu spüren, dass wir über unsere Verhältnisse leben.

Ich weiß, wovon ich rede. Nach einer ersten Herzattacke, die ich nicht ernst genommen habe, kam zehn Monate später ein Herzinfarkt. Zum Glück wusste ich direkt, was Sache ist, und habe einen Notruf abgesetzt. Nach einer Operation und der anschließenden Reha lasse ich es etwas ruhiger angehen – soweit möglich. Denn: Man nimmt sich ja immer selbst mit. Aber zumindest esse ich vernünftiger und bewege mich mehr.

Die Frage, warum etwas passiert ist, hilft meist nicht weiter. Aber die Wozu-Frage macht Sinn. Beispielsweise: Wozu ist es gut, dass ich gesundheitlich derart aus der Kurve getragen wurde? Oder dass ein bestimmtes Projekt, das mir total wichtig war, nun doch nicht weitergeht? Wozu ist es vielleicht auch gut, dass andere, die daran mitwirken wollten, ihre Bereitschaft ganz am Ende, kurz vor dem Start, zurückgezogen haben?

Stück für Stück beleuchte ich die verschiedenen Aspekte, denn ich merke, dass mich die Wozu-Frage an den Kern eines Grundproblems führt. In meiner Begeisterung bin ich stets vorangestürmt und habe, wenn es kompliziert wurde, alle Haltesignale und Warnlampen auf dem Weg missachtet. Auch die Ratschläge von Menschen, die mich freundlich darauf hingewiesen haben, dass das doch alles viel zu anstrengend und am Ende zum Scheitern verurteilt sei, wollte ich nicht hören.

Ich habe auch die heftigen Herzrhythmusstörungen, die mich im Dezember vor zwei Jahren nachts überfielen und mir Todesangst einjagten, schnell wieder vergessen. Am nächsten Morgen das Krankenhaus verlassen, all denen, die mir sagten »mach Pause, nimm das ernst« ein fröhliches »Geht scho …« entgegnet und weitergemacht wie bisher.

Statt mich regelmäßig und gründlich ärztlich untersuchen zu lassen, gesünder zu essen, mich öfter und mehr zu bewegen und Stress zu reduzieren, habe ich weiterhin das getan, was ich immer gemacht hatte, und Vollgas gegeben.

*

Meistens überlege ich, wenn die Idee richtig gut ist, überhaupt nicht, wie viele Kräfte das Vorhaben binden könnte. Auf den ersten Blick ist alles einfach. Dann wird das Projekt größer und größer, weil immer noch jemandem etwas Gutes einfällt, was dazu passt.

Ein gutes Beispiel ist *AdventCULTure.* Mir kam der Gedanke, dass es schön wäre, Künstlerinnen, Künstlern und Musikern unsere Kirche kostenlos als Veranstaltungsort zur Verfügung zu stellen – egal ob sie bayerische Volksmusik, Jazz oder klassische Stücke spielen. Denn wir alle brauchen Kunst und Musik, gerade dann, wenn es schwierig ist. In der Pandemie-Zeit mussten fast alle Künstler wirtschaftliche Einbußen verkraften. Konzerthallen und Theater haben wegen der Pandemie geschlossen – aber wir dürfen in der Kirche zusammenkommen. Adventskonzerte wären schön und würden sicherlich auch vielen Menschen in der Kirchengemeinde und aus dem ganzen Viertel Freude machen. Zunächst ist *AdventCULTure* nur für ein Wochenende geplant. Dann gibt es den Gedanken, das Ganze coronabedingt zu entzerren und über mehrere Wochen hinweg zu kleineren Veranstaltungen einzuladen. Das lässt sich doch einfach umsetzen, sage ich. Letztlich wird daraus dann eine Veranstaltungsreihe mit fünfunddreißig musikalisch umrahmten Gottesdiensten von Ende November bis Heilige Drei Könige am 6. Januar. Tolle Musikerinnen und Musiker, die Fany Kammerlander anfragt, sagen zu. Gemeinsam mit ihr und Monsignore Siegfried Kneißl bereite ich alles vor. Den Auftakt macht Konstantin Wecker mit Band, aber auch das junge Blechbläser-Quartett Munich Tetra Brass, jede Menge Solisten und sogar kleine Orchester treten auf.

Von Anfang an ist klar: Es braucht eine vernünftige Bühne und Tontechnik vom Feinsten. Ein Videomitschnitt wäre prima, damit neben den hundertvierzig Leuten, die in Pandemie-Zeiten in die Kirche hineindürfen, noch möglichst viele andere teilhaben können. Für den Videodreh muss natürlich die Beleuchtungssituation komplett neu überdacht werden. Kleine Scheinwerferchen taugen nicht, es braucht schweres Gerät. Aber das lässt sich machen.

Hinten an der Altarwand – so schwebt es mir vor – könnte eine Reihe von Tannen für weihnachtliche Atmosphäre sorgen. Dabei denke ich nicht an ein paar Bäumchen. Die Menschen sollen vielmehr das Gefühl haben, dass sie einen kleinen Wald vor sich haben. Und es soll nach Tanne duften! Als ich dem Pfarrer von all dem erzähle, ist er direkt begeistert.

Ich telefoniere zwei Stunden am Stück und schaffe es unter anderem den Leiter des Forstamtes zu überzeugen, dass wir fünfundsiebzig Tannen, einige davon mit einer Länge von sechs bis acht Metern, umsonst bekommen. Nur den Transport vom Forst in der Nähe des Ammersees in die Münchner Innenstadt müssen wir bezahlen. Den netten Förster habe ich noch gebeten, uns nicht nur die schönen Bäume mitzugeben, sondern auch die verwachsenen und krummen, denn es soll am Ende nicht künstlich oder gar kitschig wirken.

Wie viel wiegt ein acht Meter langer Baum und wer kann alles dabei helfen, die Bäume vor der Kirche auszuladen und hineinzuschleppen? Wie können wir die Bäume im Altarraum der Kirche sicher aufstellen, damit sie nicht aus Versehen während einer Veranstaltung umkippen? Braucht es eine feuerpolizeiliche Abnahme oder die Zustimmung irgendwelcher anderer Behörden? Ich telefoniere weiter. Eine Frage jagt die nächste.

Die Musiker sollen alle eine angemessene Gage bekommen, nachdem sie in den letzten Monaten wegen der Pandemie-Situation nur selten oder gar nicht auftreten konnten und erhebliche finanzielle Einbußen hatten. Und die Technik kostet richtig Geld.

Zum Glück können wir die Augustinerstiftung als Sponsor gewinnen. Und viele Einzelne spenden Geld, damit das Projekt gelingen kann. Das Ganze nimmt weiter Fahrt auf.

Irgendwann merke ich, dass es zeitlich für mich völlig aus dem Ruder läuft. Insbesondere an dem Tag, an dem die Tannenbäume mit dem Lkw vor St. Maximilian angeliefert werden, habe ich alles viel zu knapp terminiert. Der Fahrer hat sich gestern telefonisch bei mir gemeldet, er will heute um 9 Uhr vor

Ort sein. Um 10 Uhr treffe ich eine Journalistin, mit der ich schon länger zum Interview verabredet bin, um über unsere Veranstaltungsreihe zu sprechen. Zwischendurch muss ich kurz in meine Bäckerei, um einen Korb mit belegten Brötchen abzuholen, denn um 12 Uhr ist eine Mitarbeiterbesprechung angesetzt. Das Handy klingelt munter weiter. Eine Nummer kenne ich nicht, da gehe ich besser ran, falls es nochmals der Fahrer ist. Stattdessen habe ich eine Frau am Telefon, die fragt, ob wir vom »Josephs« aus ein Weihnachtsmenü für die Mitarbeitenden ihrer Firma organisieren können. Vierzig Personen sollen es mit einem netten Gruß in der dritten Dezemberwoche jeweils zu sich nach Hause geliefert bekommen. Klar geht das! Ich notiere mir kurz die Wünsche und verspreche zeitnah einen Rückruf. Es klingelt direkt wieder. Eine Gruppe von Musikern will am frühen Nachmittag vorbeikommen, um sich die Gegebenheiten vor Ort anzuschauen und über die Technik zu sprechen. Ich muss kurz nachdenken und sage dann für 16:30 Uhr zu.

Um 14 Uhr soll ich auf dem Friedhof sein, wo ich eine Trauerrede für eine verstorbene Frau halte. Für die Fahrtstrecke benötige ich mit dem Auto knapp zwanzig Minuten. Vorher muss ich noch einen befreundeten Musiker, der bei der Beerdigungsfeier spielt, mit seinem Instrument zu Hause abholen. Ich kann nur hoffen, dass es unterwegs keinen Stau gibt.

Seit einiger Zeit bin ich an einem Bestattungsunternehmen beteiligt. Dadurch ergeben sich oft kurzfristig Termine. Beim Ausladen der Bäume bin ich knapp eine Stunde dabei, dann steht die Journalistin in der Tür und wir gehen zusammen ins Gemeindehaus, wo wir für das Gespräch mehr Ruhe haben. Die fünf Helfer machen ohne mich weiter, die Hälfte der Bäume liegt bereits im Altarraum, wo sie aufgestellt werden sollen. Für die kleineren Tannen haben Menschen aus der Gemeinde Christbaumständer mitgebracht, die sie noch auf dem Speicher oder im Keller hatten. Zum Glück arbeitet das bewährte Team von Mitarbeiterinnen und Mitarbeitern in Sankt Max Hand in Hand. Aber zuweilen höre ich trotzdem einen leisen Seufzer ob der ganzen Arbeit. Eigentlich war das absehbar, sagt Alex. Und ja, er hat recht. Aber diesen Gedanken lasse ich nicht allzu nahe an mich heran, sondern freue mich stattdessen auf das erste Konzert, den Eröffnungsabend.

Den Altarraum der Kirche haben wir mit jeder Menge Tannenbäumen tatsächlich in einen kleinen Wald verwandelt, so wie ich es mir vorgestellt habe. Eine fantastische Lichtinstallation taucht alles in traumhafte Farben. Die Besucherinnen und Besucher des Gottesdienstes sitzen erwartungsfroh – mit reichlich Abstand – auf Stühlen in der großen Kirche verteilt und freuen sich auf den Beginn. Rainer M. Schießler eröffnet den Gottesdienst mit den Einsetzungsworten. Danach hören wir ein erstes Musikstück.

In den nächsten Wochen haben wir ein illustres Programm: Solisten an Harfe und Flügel, Akkordeonspieler, Geiger und Trompeter, Sängerinnen und Sänger machen wunderbare Musik. Ein Musikhaus hat der Pfarrei für die Aktionen extra einen Flügel ausgeliehen. Nach jeder Messe packen wir das Instrument wieder sorgsam in Decken ein, damit es sich in der Kälte nicht verstimmt.

Am 24. Dezember gibt es anstatt der sonst üblichen drei Gottesdienste durchgehend von 12 bis 24 Uhr jede Stunde eine Veranstaltung, damit trotz der coronabedingten Einschränkungen möglichst viele Menschen mit gebührendem Abstand Weihnachten in der Kirche feiern können. Hundertvierzig Menschen dürfen wir einlassen. Das Angebot wird sehr gut angenommen.

Bewusst haben wir nichts ausfallen, sondern uns etwas einfallen lassen. Es war eine tolle Zeit und wir haben viele begeisterte Rückmeldungen bekommen. Zahlreiche Medien, beispielsweise auch die *Süddeutsche Zeitung*, haben über die Veranstaltungen berichtet. Aber jetzt, wo ich das alles noch einmal Revue passieren lasse, sehe ich erst, was ich mir und allen anderen Mitwirkenden damals zugemutet habe. Knapp eine Woche nach der ersten Veranstaltung bekomme ich heftige Herzrhythmusstörungen und rufe mitten in der Nacht einen Krankenwagen, der mich in die Klinik bringt …

Aber mich hält es dort nicht, es geht mir wieder besser und es gibt viel zu tun. Schon am nächsten Tag bin ich wieder recht quirlig im Viertel unterwegs. Geht schon!

»Der Arzt in der Klinik hat dir gesagt, du sollst dich schonen.«

Mit einem Lächeln sage ich Alexander, der dies gerade anmahnt, dass ich gar nicht weiß, wie man das Wort schonen schreibt …

*

Zum Glück habe ich den Herzinfarkt, der sich zehn Monate später ereignet, ohne größere Nachwirkungen überlebt. Dafür bin ich dankbar und am Ende fast ein wenig froh, dass ich derart ausgebremst worden bin. Mein Lebensgefährte Alexander hatte schon früher geblickt, was Sache ist, aber auf seinen Rat wollte ich nicht hören.

Es war nicht das erste Mal, dass ich mich übernommen habe. Irgendwie tapst man immer wieder in ähnliche Situationen hinein, obwohl man sich so fest vorgenommen hatte, das nächste Mal achtsamer zu sein.

SAUBER!

Rainer M. Schießler // »Nein! Doch! Ohh!« – wenn man diese drei Worte aufzählt, haben einige direkt Kopfkino. In meiner Generation kennt eigentlich jeder den französischen Schauspieler Louis de Funès. Er spielt in zahlreichen Filmen einen Gendarm, der es liebt, Strafzettel zu verteilen. In einer besonders lustigen Szene, an die ich mich gerne erinnere, ist er in Zivil mit dem Auto auf einer Landstraße an der Mittelmeerküste unterwegs und provoziert durch seine extrem langsame Fahrweise die Nachfolgenden dazu, ihn trotz durchgezogener Linie mit hoher Geschwindigkeit zu überholen – nur damit sie seinen Kollegen in die Falle gehen. Er lacht fröhlich, winkt seinen Hintermann mit dem linken Arm vorbei und ruft »Hol über!«. Und tatsächlich dauert es nicht lange, bis ihn einige überholen …

Auch mir passiert es leider gelegentlich, dass ich etwas zu schnell unterwegs bin und dafür einen Strafzettel kassiere. Wir sprechen in Deutschland von der »Verkehrssünderkartei« und meinen damit das Verkehrszentralregister in Flensburg. Wer zu viele Punkte gesammelt hat, verliert für einige Zeit seinen Führerschein. Auf jeden Fall wird's teuer. Man ärgert sich tierisch, wenn man geblitzt wird und dann per Post ein amtliches Schreiben ins Haus flattert. Eine Verkehrssünde ist immer situations- und ortsabhängig. Innerhalb einer Ortschaft wird es in der 30er-Zone teuer, wenn du 10 Kilometer zu schnell fährst. Bist du auf einer Autobahn mit Tempo 130 unterwegs und 10 Kilometer zu schnell, fällt es vermutlich unter die Toleranzgrenze. Es gibt einiges zu beachten. Wir sprechen auch von Parksündern, die gibt's vor allem in größeren Städten zuhauf.

Wenn es keine Regeln gäbe, würde es vermutlich an vielen Stellen drunter und drüber gehen. Man denke nur, jeder könnte seinen Wagen einfach irgendwo, wo es ihm gerade passt, abstellen. Dann würde in einer dicht besiedelten Stadt wie München das reinste Chaos herrschen. Und auch viele andere Regeln, die wir haben, machen total Sinn.

Die Zehn Gebote sind aus meiner Sicht eine gute Handlungsanweisung für ein gelingendes Leben, eine Richtschnur, an der wir uns für unser Handeln orientieren können. Dem Leben eine Richtung zu geben, sich am Guten auszurichten, darum geht es, wenn Mose in der biblischen Erzählung aus der Hand Gottes die Zehn Gebote auf zwei Steintafeln ausgehändigt bekommt.

Das Erste, was ein Maurer macht, der eine neue Arbeit beginnt, ist, dass er einen dünnen Draht spannt, damit er eine Richtung hat. Dann erst fängt er an, Stein auf Stein zu mauern. Er weiß: Es genügt eine kleine Abweichung, am Anfang sind es vielleicht nur wenige Millimeter, dann wird am Ende die ganze Wand schief.

Seit dem frühen Mittelalter spricht man von sieben schlechten Charaktereigenschaften, die Auslöser für viele Fehlentwicklungen sind: Habgier, Rache, Neid, Wollust, Völlerei, Faulheit und Eitelkeit. Andere nennen dies »die sieben Todsünden«. Auch die Tradition der römisch-katholische Kirche kennt die Todsünde – wenn jemand gegen die Zehn Gebote verstößt, beispielsweise Ehebruch oder Mord begeht.

Diebstahl, Veruntreuung, Betrug und Gewaltverbrechen werden nach den geltenden Gesetzen unseres Landes geahndet.

Ehebruch gilt als moralisch verwerflich, bleibt aber nach dem Gesetz im europäischen Kulturraum straffrei.

Aber auch jenseits von Gesetzen und allgemeingültigen Verhaltensregeln neigen manche heute dazu, das Handeln anderer zu verurteilen, auch in religiösen Fragen.

*

Einige Fromme sprechen davon, andere mit ihren »Hinweisen« warnen und retten zu wollen. Aber wovor eigentlich? Vor Fegefeuer, Verdammnis und Hölle?

Jemand anderem zu sagen: Wenn du dies oder das tust, dann kommst du in die Hölle, ist aus meiner Sicht ein dickes Ding. Es ist dreist, anmaßend und dumm. Wo kommt so ein Denken her, dass man glaubt, man könnte Menschen vorschreiben, wie sie zu denken, zu fühlen und zu sein haben – und dann regelmäßig zu überprüfen, ob es so ist.

Wenn beim Glauben an Gott der Fokus auf der Äußerlichkeit liegt, wenn es nur noch um das Bewahren des Gesetzes geht, wird es schief. Man packt Gott in ein Gesetz hinein – und das wird dann klein-klein befolgt. Wenn du alles richtig machst, bist du sozusagen gereinigt und stehst vor dem lieben Gott sauber da. Aber es geht eben nicht um die Äußerlichkeiten, sondern um die innere Freiheit, die du lebst.

Gesetze sollen dazu dienen, dass der Mensch in guter Weise leben kann. Wenn Glaubensgesetze die Rechte der Menschen so weit beschränken, dass das Leben erstickt, dann haben sie aus meiner Sicht ausgedient. Und eine Kirche, die sich in ihrem Handeln immer wieder hinter Gesetzen versteckt, hat keinen Wert mehr für die Menschen unserer Zeit. Mit den Augen der Liebe sollten wir darauf schauen, ob ein Gesetz dazu dient, dem Menschen zu helfen, ein gutes Leben zu führen.

Man sagt auch mir zuweilen: »Sie versündigen sich, Pfarrer Schießler, wenn Sie dies oder jenes machen … – oder unterlassen.« Wenn ich beispielsweise homosexuelle Paare segne, gleichgeschlechtliche Liebe nicht verurteile, Tiere in die Kirche lasse oder als Bedienung auf der Wiesn Alkohol ausschenke, so wie ich es jahrelang getan habe …

Als wir die Viecherlmesse eingeführt haben, gab es zuerst Widerstand, nach dem Motto »Die Tiere entweihen das Haus«. Und es wurde gefragt: »Ist das überhaupt noch ein richtiger Gottesdienst?«

Tiersegnungen darf es natürlich geben – aber bitte nicht in der Kirche. Der hl. Franziskus soll der Legende nach den Tieren gepredigt haben. Sie sind Teil der Schöpfung Gottes. Aber sie sollen bitte schön draußen bleiben und nicht in sein Haus kommen. Was für ein Unsinn!

Die Viecherlmesse ist ein Ereignis. Da kommen Kinder und Erwachsene mit ihren Hunden, Katzen, Meerschweinchen, Hamstern und Wellensittichen und lassen sie in der Messe segnen. Manche Kinder bringen auch ihre Lieblingsstofftiere mit. Warum denn nicht? Es ist doch herrlich, wenn die Kinder möchten, dass ihr Liebling Gottes Segen bekommt. Das Ganze kommt unglaublich gut an. Neben dem Weihnachtsfest ist es bei uns in Sankt Max vermutlich der bestbesuchte Gottesdienst.

Ich habe den Kritikern, die mit Blick auf die Tiere im Haus Gottes von »entweihen« gesprochen haben, mit ironischem Unterton gesagt: »Dann haben wir ja Glück, dass der Herr Jesus im Stall geboren wurde und nicht der Stall zum Herrn Jesus kam …«

»Sich versündigen«, das wird dann bei solchen Gelegenheiten gerne unterstrichen, bedeutet natürlich, dass ich irgendwann vor dem Jüngsten Gericht stehe und mich für meine Taten verantworten muss. Aber das mache ich dann mit dem Herrgott alleine aus – und nicht mit all denen, die mich jetzt schon warnen, was mit mir am Jüngsten Tag geschehen wird. Angst habe ich persönlich eigentlich nur vor dem Zahnarzt.

Keiner ist ohne Schuld, auch ich nicht. Aber um das eigene Versagen an der einen oder anderen Stelle zu wissen, bedeutet nicht, dass wir den ganzen Tag mit hängendem Kopf herumlaufen müssen. Wenn ich einen Fehler gemacht und andere Menschen verletzt habe, bitte ich um Vergebung. Manches lässt sich auch nicht einfach wieder aus der Welt schaffen, es braucht Zeit, damit Wunden heilen. Aber ich darf gewiss sein, dass ich von Gott nicht mit meiner Schuld alleingelassen werde. In ihm habe ich einen Beistand. Wie heißt es in der Bibel: »Glaube kann Berge versetzen.« Und dort, wo wir mit unserem Latein am Ende sind, wo uns selbst nichts Gescheites mehr einfällt, dürfen wir gewiss sein, dass dies nicht das Ende ist.

*

Manchmal bin ich richtig wütend. Zum Beispiel, wenn ich daran denke, wie die Kirche mit meiner Stieftante Hanni, die Stiefschwester meiner Mama, umgegangen ist.

Ich kannte Hanni von klein auf, als Kind hat sie mich gewickelt. Der Kontakt ist auch nie abgerissen. Immer wieder hat Hanni uns davon erzählt, wie es ihr damals mit der katholischen Kirche ergangen war, als sie – es war die Zeit noch lange vor dem letzten Konzil, dem Vatikanum II – von ihren Hochzeitsplänen erzählte. Man hatte ihr unmissverständlich klargemacht, dass es in den Augen der Kirche ein schweres Vergehen ist, wenn sie einen protestantischen Christen heiratet. Ihr Verlobter war – wie wohl die meisten von uns – in diese Konfession hineingeboren worden. Hanni musste das ausbaden und die

Kirche, in der sie groß geworden war, verlassen. Sie ist damals als Katholikin exkommuniziert worden und später in die evangelische Kirche eingetreten.

Der Ausschluss hat sie ihr Leben lang geschmerzt – und zwar mit einer Wucht, die bis zur Todesstunde anhielt. Bis zum Schluss hatte Hanni eine diffuse Angst, dass ihr durch den Rauswurf aus der Kirche der Weg in den Himmel verwehrt sein könnte, das spürte ich ganz deutlich. In diesem Moment ist in mir der Zorn hochgestiegen! Da wird ein Mensch über Jahrzehnte und bis in seine Todesstunde von einem schlechten Gefühl geplagt, weil die Kirche ihn behandelt hat, als ob er etwas Böses getan hätte.

Natürlich habe ich damals – mittlerweile war ich Priester – meine Stieftante Hanni immer beruhigt und ihr versichert, dass Gott sie mit offenen Armen empfängt, weil er sie liebt. Und bei ihrer Beerdigung habe ich mich im Namen der Kirche bei Hanni für das Unrecht entschuldigt. So ein Angstgebäude aufzubauen – das ist eines der größten Verbrechen, die man einem Menschen antun kann!

Wenn ich von ganzem Herzen Katholik bin, dann kann ich nicht anders als katholisch sein. Das heißt, ich kann nicht einfach hergehen und sagen: »Das ist mir einerlei, ob mein Kind evangelisch oder katholisch getauft wird.«

Aber das bedeutet nicht, dass es nicht lösbar wäre, wenn ein Protestant und eine Katholikin heiraten und dann zusammen entscheiden, wie ihr gemeinsames Kind religiös erzogen werden soll. Im »Ehevorbereitungsprotokoll« heißt es bis heute bei der Frage nach der Taufe der Kinder, die dieser Ehe entstammen können, dass der katholische Partner die sittliche Pflicht besitzt, diese katholisch zu taufen und zu erziehen. Viele erschrecken, wenn ich den Satz so vorlese, aber ich mache gleich deutlich, wie er zu Ende geht, nämlich mit den Worten »soweit das in Ihrer Ehe möglich ist.« Das heißt doch: »Ihr beide entscheidet, ihr seid verantwortlich dafür. Und eure Entscheidung ist die richtige.«

Ich gehe an dieser Stelle sogar noch einen Schritt weiter: Eine solche »konfessionsverbindende« Ehe (den Ausdruck »konfessionsverschieden« lehne ich ab, weil er mir zu negativ ist; die Ehe verbindet und trennt nicht!) ist eine sehr große Aufgabe. Diese beiden Eheleute bilden sozusagen eine urchristliche Gemeinschaft, sie tragen die Last der Trennung beider Kirchen auf ihren Schultern, entscheiden, welche Taufe ihre Kinder erhalten, gestalten die Erziehung, verbinden unterschiedliche konfessionelle Ansätze. Ich begegne solchen Familien mit großem Respekt und versuche, ihnen jede Unterstützung zuteil werden zu lassen, die sie benötigen. Namhafte Kirchenrechtler haben bei der letzten Revision des Kirchenrechts darauf hingewiesen, dass es wichtig ist, diesen einen Passus an die Realität anzugleichen und es zukünftig nicht mehr als Straftat einzustufen, wenn die Kinder aus einer konfessionsverschiedenen Verbindung nicht katholisch getauft werden. Aber das Kirchenrecht ist an dieser Stelle leider nicht revidiert worden. Eltern, die ihre Kinder nicht katholisch taufen lassen, begehen – kirchenrechtlich betrachtet – immer noch quasi eine Straftat.

*

Wir brauchen keine erhobenen Zeigefinger, sondern offene Türen. Moral zu predigen hilft nicht weiter. Jesus spricht von einem liebenden Vater und nicht von einem strafenden Gott. Als Pfarrer soll ich die Herde führen, sonst gar nichts. Ich habe eine Verantwortung für das Leben vor dem Tod, für nachher ist schon alles geregelt.

Wenn manche behaupten: »Du kommst in den Himmel, wenn du dein Leben innerhalb bestimmter Schranken lebst« – und auch genau sagen können, was die Voraussetzungen sind, dann bin ich für einen Moment sprachlos. Dann denke ich: Die tun so, als wenn sie schon dort gewesen wären und ein Rückfahrtticket gehabt hätten.

Das ganze Gerede, was es braucht, um in den Himmel zu kommen, die Blicke ins Jenseits – das finde ich total anstrengend und unnötig. Vielleicht ist diese Denkweise so weit verbreitet, weil es sicherer ist – und so schön überschaubar. Wenn du Leute mit Gesetzen und Verboten dirigierst, lässt sich natürlich vieles einfacher regeln. Mit einer bestimmten Art von Angstmacherei kannst du auch größere Massen leichter lenken. Es ist viel schwieriger, aus dem Geist des Evangeliums heraus mit einer gewissen Weite das Leben zu gestalten und Entscheidungen zu treffen.

Doch Jesus steht für die Freiheit – und es ist schrecklich zu sehen, wie an manchen Stellen vermeintlich »im Auftrag des Herrn« agiert wird. In dem Moment, wo die Angst anfängt, unser Leben zu beherrschen, ist die Freiheit weg. Wenn wir uns fragen: »Was werden die Leute sagen?« oder »Was wird der Bischof sagen, was wird der Papst sagen … und so weiter.« Ist es das, worum es in der Kirche als der Gemeinschaft der Glaubenden geht?

Das Rettende ist aus meiner Sicht, einem Menschen die Augen zu öffnen, wie schön es auf der Welt ist. Das ist *die* Rettung schlechthin!

Aber natürlich ist nicht alles eitel Sonnenschein und auch ich selbst habe manche Fragen. Zum Beispiel warum es so viel Leid auf der Welt gibt. Oder warum das Glück so ungleich verteilt ist? Ich kann es nicht erklären und bin gespannt, irgendwann

Antworten auf meine Fragen zu bekommen. Auch darum wird es am jüngsten Tag gehen, von dem die Bibel spricht.

Was wir selbst tun können, um die Welt ein wenig besser zu machen, ist eine wichtige Frage.

Anregungen finden sich im Matthäusevangelium im 25. Kapitel, wo Jesus ein Gleichnis über die sogenannten *Sieben Werke der Barmherzigkeit* erzählt. Dort heißt es: *Kommt her, die ihr von meinem Vater gesegnet seid, empfangt das Reich als Erbe, das seit der Erschaffung der Welt für euch bestimmt ist! Denn ich war hungrig und ihr habt mir zu essen gegeben; ich war durstig und ihr habt mir zu trinken gegeben; ich war fremd und ihr habt mich aufgenommen; ich war nackt und ihr habt mir Kleidung gegeben; ich war krank und ihr habt mich besucht; ich war im Gefängnis und ihr seid zu mir gekommen. Dann werden ihm die Gerechten antworten und sagen: Herr, wann haben wir dich hungrig gesehen und dir zu essen gegeben oder durstig und dir zu trinken gegeben? Und wann haben wir dich fremd gesehen und aufgenommen oder nackt und dir Kleidung gegeben? Und wann haben wir dich krank oder im Gefängnis gesehen und sind zu dir gekommen? Darauf wird der König ihnen antworten: Amen, ich sage euch: Was ihr für einen meiner geringsten Brüder getan habt, das habt ihr mir getan (Mt 25, 34-40).*

Auf den Punkt gebracht: Immer dann, wenn wir auf andere zugehen, sie einladen, ihnen zu essen und zu trinken geben, sie aufnehmen, wenn sie unsere Hilfe brauchen – dann nehmen wir Christus selbst auf. Traurige trösten, Hungernde mit Essen versorgen, Gefangene besuchen – das muss ich *jetzt* machen, weil es als ein Werk der Barmherzigkeit unersetzbar wichtig ist. Es geht eben nicht um schöne Predigten oder gute Andachten, sondern darum, dass wir bei den Menschen sind. Ihnen in ihren Nöten und Sorgen zur Seite stehen. Christus hat keinen aufgegeben!

Liberté, Égalité, Fraternité – Freiheit, Gleichheit, Brüderlichkeit – da steckt der Geschmack des Evangeliums drin.

Dass die Kirche bis heute die *Charta der Menschenrechte* immer noch nicht unterschrieben hat, ist aus meiner Sicht ein Skandal! Überall dort, wo wir andere ausgrenzen, sie zurückweisen, dort verleugnen wir auch unseren christlichen Glauben. Denn Jesus ist gerade mit den Schwachen, den Armen, den vermeintlichen Sündern, denen, die irgendwie anders sind, als es die Norm erlaubt, unterwegs. Er macht seine Arme weit auf und sagt den Menschen: »Willkommen!«

Jesus steht für die Weite, den Neuanfang. Die Enge ist ihm fremd. Wo sein Reich anbricht, wird alles anders. Glaube braucht frische Luft.

Jesus sagt nicht: »Wir ordnen das alles schön, ich sage euch, wie es geht. Und so behalten wir es dann für alle Zeiten bei.« Sondern er prophezeit: Im Tempel wird kein Stein auf dem anderen bleiben.

GESUND?!

Rainer M. Schießler // Viele Rechtgläubige haben es leider immer noch nicht begriffen: Gott liebt uns, ohne Wenn und Aber. Er will als guter Hirte die Herde sammeln und kann auf die Eiferer verzichten, die immer wieder versuchen, alles auseinanderzutreiben.

Gott braucht auch keine frommen Perfektionisten. Christus selbst hat nie von Perfektion gesprochen, sondern von der Fülle des Lebens und der Schönheit des Daseins. Und er sagt: *Nicht wegen der Gesunden bin ich gekommen, sondern um der Kranken willen. Das* ist übrigens einer der schönsten Sätze, die ich in meiner Rolle als »Glauben« im Theaterstück »Jedermann« zu sagen habe. Damit bin ich zuletzt im September 2021 bei der *Biennale Bavaria International* im Rathaus in Wasserburg aufgetreten. Die beiden Jahre davor hatten wir das Stück in Kelheim und in meiner Pfarrkirche St. Maximilian gespielt.

Keiner ist frei von Makeln, auch die »heilige Kirche« ist nicht vollkommen. Sie ist höchstens voll von Menschen, die alle ihre Schattenseiten haben. Deshalb muss man auch in der Gemeinschaft der vermeintlich Gläubigen mit allem rechnen.

Im vergangenen Jahr habe ich wieder einmal an einer Diskussion teilgenommen, bei der es um das Thema Homosexualität ging. Eine Frau hat immer wieder die gleichen Argumente gebracht und davon gesprochen, dass derart veranlagte Menschen ihre Neigungen doch irgendwie in den Griff bekommen müssten. Denn für sie stand fest, dass Homosexualität eine schreckliche Sünde ist. Irgendwann habe ich zu ihr gesagt: Sagen Sie mal, wieso beurteilen Sie andere vor allem mit Blick auf ihre sexuelle Orientierung, die Sie für pervers halten? Ich sehe zuerst immer nur den einzelnen Menschen. Und ich weiß ja auch gar nicht, wie jemand seine Sexualität lebt. Eines steht fest: Man sucht sich seine sexuelle Veranlagung nicht aus. Wieso sollten Menschen, die nicht in der Lage sind, in heterosexuellen Beziehungen zu leben, ihre Sexualität nicht entfalten können. Ich finde, das ist nicht gerecht!

Aber die Frau blieb felsenfest bei ihrer Meinung und erklärte allen Ernstes: »Das muss man doch schaffen, von der Homosexualität wegzukommen …« Und dann verlangte sie: »Die Kirche muss an dieser Stelle klar Position beziehen.«

Ich habe erwidert: »Nein, das ist doch gar nicht unser Auftrag!«

Die Forderung, jemanden ausgrenzen zu müssen, damit »der Laden sauber bleibt«, hört man von etlichen konservativen Christen immer wieder. Es klingt verlockend, dass alles am Ende schön einheitlich ist. Aber das finde ich ehrlich gesagt gar nicht verlockend. Denn Vielfalt tut gut, das Leben hat so viele wunderbare Facetten.

*

Immer wieder werden in derartigen Diskussionen bestimmte Bibelstellen zitiert, um zu unterstreichen, dass sich christlicher Glaube und gleichgeschlechtliche Beziehungen ausschließen. Aber die theologischen Begründungen sind aus meiner Sicht nicht stichhaltig. Ja, im 3. Buch Mose (Kapitel 20,13) steht: *Schläft einer mit einem Mann, wie man mit einer Frau schläft, dann haben sie eine Gräueltat begangen; beide haben den Tod verdient; ihr Blut kommt auf sie selbst.* Aber im 3. Buch Mose geht es auch um Opferriten, die für uns zum Glück keine Bedeutung mehr haben. Und es gibt in den Texten jede Menge Speisevorschriften, an die wir uns nicht halten: Muscheln, Scampi und andere Wasserlebewesen ohne Schuppen und Flossen, Wildschwein, Hase, Blutwurst und anderes sind beispielsweise laut den alttestamentarischen Texten strikt verboten (»Ein Greuel!«). Das kümmert uns wenig.

Manche glauben, die Bibel wirklich wörtlich nehmen zu müssen. Gerade wenn es um Themen wie Homosexualität oder Frauen in geistlichen Ämtern geht. Aber was wäre, wenn wir die ganzen Vorschriften des Alten Testaments – Reinigungsgebote, Speisevorschriften, Opferrituale oder die Beschneidung von Jungen – heute in unseren christlichen Gemeinden, wortwörtlich bis ins Detail, »gesetzestreu« umsetzen würden? Das passt doch hinten und vorne nicht mehr! Denn die mehr als zweitausend Jahre alten Texte sind alle im Kontext ihrer Zeit zu betrachten! Die Aussagen zur Sexualität zwischen Männern wurden beispielsweise vor dem Hintergrund von Tempelprostitution, Knabenliebe und Vergewaltigungen geschrieben.

Der Apostel Paulus geht davon aus, dass Menschen sich aus Gottlosigkeit dem eigenen Geschlecht zuwenden. Davon spricht er im Römerbrief (Kapitel 1, 26). Aber auch das ist nicht das Thema, wenn wir heute über Homosexualität debattieren. Wenn sich zwei Frauen oder zwei Männer lieben, wenn sie in Treue zueinanderstehen – warum sollte dies in Gottes Augen Sünde sein?

Wenn ich im Winter mit Sandalen durch die Gegend laufen würde, wäre ich kein besserer Jesusversteher. Wir haben die Bibel ernst und nicht wörtlich zu nehmen! Wir müssen sie ernst nehmen – in ihrer ganzen Konsequenz.

Immer wieder sprach Jesus davon, dass Gott die Liebe ist. Dass er keine Bedingungen stellt als die, seinen Nächsten und sich selbst zu lieben. Im Brief des Paulus an die Gemeinde in Korinth heißt es: *Wenn ich in den Sprachen der Menschen und Engel redete, hätte aber die Liebe nicht, wäre ich dröhnendes Erz oder eine lärmende Pauke. Und wenn ich prophetisch reden könnte und alle Geheimnisse wüsste und alle Erkenntnis hätte; wenn ich alle Glaubenskraft besäße und Berge damit versetzen könnte, hätte aber die Liebe nicht, wäre ich nichts. (...) Die Liebe ist langmütig, die Liebe ist gütig. Sie ereifert sich nicht, sie prahlt nicht, sie bläht sich nicht auf. Sie handelt nicht ungehörig, sucht nicht ihren Vorteil, lässt sich nicht zum Zorn reizen, trägt das Böse nicht nach. Sie freut sich nicht über das Unrecht, sondern freut sich an der Wahrheit. Sie erträgt alles, glaubt alles, hofft alles, hält allem stand. Die Liebe hört niemals auf. (...) jetzt bleiben Glaube, Hoffnung, Liebe, diese drei; doch am größten unter ihnen ist die Liebe. (1. Kor 13,1-2, 4-8, 13)*

Als nach Jesu Tod die ersten Gemeinschaften von Christinnen und Christen entstanden, nannte man die Bewegung »Der neue Weg«. Denn das, was die Christen auszeichnete, war, dass nicht mehr von Gesetzen die Rede war, sondern von einer Gemeinschaft im Zeichen der Liebe. Die ersten Christen waren Vordenker einer neuen Zeit. Sie haben ungeahnte Kräfte freigesetzt und das Denken nachfolgender Generationen nachhaltig beeinflusst.

Jesus steht für die Freiheit. Seine Botschaft lautet: Egal, in welcher schlimmen Lage ihr gerade steckt, innerlich seid ihr frei. Ihr sollt euch nicht ständig von irgendwas niederdrücken lassen, ihr seid geliebt!

Christus hat eine Bewegung gegründet, zu der jede und jeder dazugehören darf – und eben keinen elitären Club, einen Zusammenschluss der Oberfrommen und Perfekten. Er benutzt das Bild des guten Hirten, der mit seiner Herde draußen unterwegs ist und darauf aufpasst, dass keiner verloren geht. Ein Hirte, der die Herde um sich sammelt.

*

Die Bibel ist kein Geschichtsbuch, sie liefert nicht einmal eine Biografie dieses Jesus von Nazareth. Die Evangelien berichten nicht, was er an diesem oder jenem Tag getan hat. Sie beschreiben Jesus Christus als jemand, durch den sich unsere Hoffnung erfüllt.

Lukas gilt mit seinen Berichten über die Geburt Johannes des Täufers, die Verkündigungsszene und die Geburt Jesu in Bethlehem als der Historiker unter den vier Evangelisten. Aber auch das Lukasevangelium ist kein geschichtliches Traktat, keine Abhandlung über irgendein Ereignis der damaligen Zeit. Es ist ein kunstvoll gestalteter Text, der in jeder Zeile darlegt, dass sich in der Person des Jesus von Nazareth und durch ihn genau das erfüllt, was die Propheten des Volkes Israel vorausgesagt haben. Wenn Lukas ganz am Anfang sagt, dass er allem von Grund auf nachgehen möchte, sucht er keine historischen Fakten, sondern die religiös fundierte Begründung dafür, dass Jesus Christus tatsächlich die Erfüllung der Verheißung ist, die Gott von Anfang an den Menschen mitgegeben hat. Es ist der gleiche Gott, der die Menschen von Beginn der Schöpfung an begleitet, sein mit Abraham begonnenes Offenbarungswerk weiterführt und nun in Christus zur Vollendung bringt.

Ein Evangelium sucht nicht Gründe, sondern Begründungen des Glaubens, die verwurzelt sind im Offenbarungsglauben des Alten Testamentes und die den Grund dafür liefern, dass es vernünftig ist, an diesen Jesus Christus als die Erfüllung der Hoffnungen der Menschen zu glauben. Diese Wirklichkeit des

Glaubens reicht weit tiefer als reine historische Faktizität. Geschichtliche Begründungen stehen daher nie über theologischer Wirklichkeit, auch wenn es um rein strukturelle Fragen in der Kirche geht wie Zölibat oder Priestertum der Frau. Es geht immer nur um die Verwurzelung der Wirklichkeit im Glauben. Lukas fragt: *Hat das, was von Christus gesagt wird, eine Bedeutung für mich? Ist da eine erlösende, heilende und befreiende Bedeutung für die Menschen spürbar?*

*

Als Christen haben wir die Aufgabe, die Menschen zu begleiten und nicht zu gängeln.

Ich bin Seelsorger und Begleiter, kein Moralist. Deshalb ist es auch nicht meine Aufgabe als Pfarrer, den Menschen zu sagen, ob sie richtig oder falsch unterwegs sind. Es gibt auch keinen richtigen Glauben! Ich bestimme selbst darüber, was und wie ich glaube. Das schöne bayerische Lebensprinzip: Leben und leben lassen, das sollte man gelten lassen.

Und der dümmste Satz, den mir jemand sagen kann, lautet: »Wenn ich an deiner Stelle wäre, würde ich Folgendes tun ...«

Ich bin nie an der Stelle eines anderen. Denn ich kann nicht fühlen wie er, an seiner statt irgendetwas als gegeben annehmen. Nichts kann ich an der Stelle eines anderen betrauern oder etwas Bestimmtes erhoffen. Jeder geht seinen eigenen Weg. Und ich begleite die Menschen gerne ein Stück. »Ich bin an deiner Seite« – das kann ich sagen – und das ist so wichtig.

Den Leuten im Namen des Glaubens Angst zu machen, das finde ich ganz schrecklich. Und an dieser Stelle kann ich auch sehr viel Mist bauen. Weil ich jemandem einen falschen Glauben einreden kann.

Oft stecken wir in kirchlichen Geboten fest, aber Gott ist dann sehr weit fern. Denn der Glaube, den Jesus von Nazareth verkündet hat, ist durchwebt von der Botschaft der Freiheit.

Als sich die Pharisäer, die geistliche Elite dieser Zeit, bei Jesus beschwerten, dass dessen Jünger sich nicht nach dem üblichen Ritus die Hände waschen, zitierte dieser einen Text aus dem Alten Testament und machte deutlich, worauf es aus seiner Sicht wirklich ankommt. Die Geschichte findet sich im 7. Kapitel des Markusevangeliums (ab Vers 6). *Er antwortete ihnen: Der Prophet Jesaja hatte recht mit dem, was er über euch Heuchler sagte, wie geschrieben steht: Dieses Volk ehrt mich mit den Lippen, sein Herz aber ist weit weg von mir. Vergeblich verehren sie mich; was sie lehren, sind Satzungen von Menschen. Ihr gebt Gottes Gebot preis und haltet euch an die Überlieferung der Menschen. (...) Dann rief er die Leute wieder zu sich und sagte: Hört mir alle zu und begreift, was ich sage! Nichts, was von außen in den Menschen hineinkommt, kann ihn unrein machen, sondern was aus dem Menschen herauskommt, das macht ihn unrein.*

Das Wort Sünde kommt in meinem Alltags-Sprachgebrauch eigentlich überhaupt nicht vor. Der Begriff kommt von Absondern und bedeutet, dass es etwas in meinem Leben gibt, was mir nicht guttut, weil es mich isoliert – von anderen, und von Gott.

Ich muss keinem klarmachen, dass er ein Sünder ist. Den meisten ist durchaus bewusst, dass sie in ihrer selbst gewählten Isolation nicht überleben können, dass sie die Gemeinschaft mit anderen und mit Gott brauchen. Auch Simon und seine Begleiter erkannten nach dem wunderbaren Fischfangwunder, dass sie Sünder sind. So berichtet es der Evangelist Lukas in der Berufungserzählung: *Als Simon Petrus das sah, fiel er Jesus zu Füßen und sagte: Geh weg von mir; denn ich bin ein sündiger*

Mensch, Herr! Denn Schrecken hatte ihn und alle seine Begleiter ergriffen über den Fang der Fische, den sie gemacht hatten; ebenso auch Jakobus und Johannes, die Söhne des Zebedäus, die mit Simon zusammenarbeiteten. (Lk 5,8-10) Nicht Jesus hat sie als Sünder bezeichnet, sie haben ihren Kleinglauben selbst erkannt. Genauso tun das die Menschen heute noch; wir müssen sie als Kirche nicht ständig daran erinnern, aber bei ihnen sein, wenn sie umkehren wollen. Christus macht dies auch, spricht Simon sein Vertrauen und Mut zu, wenn er danach sagt: *Fürchte dich nicht! Von jetzt an wirst du Menschen fangen.*

Es ist so wichtig, dass es jemanden gibt, der die Einsamen, die Verzweifelten und die Traurigen aus ihrer Situation herausholt. Dem anderen die Hand zu reichen. In aller Bescheidenheit mit gutem Beispiel voranzugehen. Paulus hat es so formuliert: Lebt als Christ so, dass euch die anderen nach eurem Glauben fragen.

Jesus setzt Maßstäbe im Umgang mit den Einsamen. Die Menschen erkennen in den biblischen Geschichten selbst, was sie vermissen – und sie bitten Jesus um Hilfe. Mit dem verhassten und gesellschaftlich geächteten Zöllner Zachäus setzt er sich an einen Tisch. Und auch wenn Jesus den blinden Bartimäus heilt, holt er jemanden aus der Isolation.

Es lohnt, die Geschichte, die im 10. Kapitel des Markusevangeliums (Verse 46-52) erzählt wird, einmal genauer zu betrachten. Dort heißt es: *Sie kamen nach Jericho. Als Jesus mit seinen Jüngern und einer großen Menschenmenge Jericho wieder verließ, saß am Weg ein blinder Bettler, Bartimäus, der Sohn des Timäus. Sobald er hörte, dass es Jesus von Nazareth war, rief er laut: Sohn Davids, Jesus, hab Erbarmen mit mir!*

Viele befahlen ihm zu schweigen. Er aber schrie noch viel lauter: Sohn Davids, hab Erbarmen mit mir! Jesus blieb stehen und sagte: Ruft ihn her! Sie riefen den Blinden und sagten zu ihm:

Hab nur Mut, steh auf, er ruft dich. Da warf er seinen Mantel weg, sprang auf und lief auf Jesus zu. Und Jesus fragte ihn: Was willst du, dass ich dir tue? Der Blinde antwortete: Rabbuni, ich möchte sehen können. Da sagte Jesus zu ihm: Geh! Dein Glaube hat dich gerettet. Im gleichen Augenblick konnte er sehen und er folgte Jesus auf seinem Weg nach.

Bartimäus wirft in der biblischen Erzählung seinen Mantel weg. Der Mantel war für den Bettler eine wichtige Schutzkleidung, nachts hat er sich zum Schlafen darin eingehüllt. Wenn du ein Schuldner warst, konnte dir dein Gläubiger damals alles nehmen, auch das letzte Hemd, aber nicht deinen Mantel – weil der lebenswichtig war. Bartimäus hat seinen Schutz weggeworfen. Er konnte alles weggeben, was ihm sonst Sicherheit gab. Ein Moment der Befreiung! Bartimäus beginnt ein neues Leben.

Wenn ich vor Gott auf die Knie gehe, dann nicht, weil er mich in den Staub gedrückt hat, sondern weil ich weiß: Wenn mich einer aus all meiner Not aufrichtet, dann ist es Gott.

Bei Gott gibt's keinen Bußgeldkatalog wie in der Straßenverkehrsordnung. So läuft es mit den Sünden in den Augen Gottes nicht.

Am Ende aller Tage, so heißt es in der Bibel, werden wir vor Gottes Thron stehen und er wird unser Leben beurteilen. Aber Gericht ist bei Gott eben nicht das, was wir üblicherweise darunter verstehen. Es geht nicht um Verurteilung, sondern um Vollendung. Ich lebe in dem Bewusstsein: Da ist jemand, der am Ende mit meinem Leben etwas anfangen kann. Einer, der es gut mit mir meint und mir vor allem dort weiterhilft, wo ich selbst keine Antwort weiß. Im Johannesevangelium (12,47) wird berichtet, dass Christus Folgendes sagt: *Ich bin gekommen, um die Welt zu retten, und nicht, um sie zu richten.*

Durch den Tod und die Auferstehung seines Sohnes Jesus hat Gott die ganze Welt mit sich versöhnt. Wir sind schon längst gerettet, wir müssen es uns nicht noch erkämpfen!

Und der Beichtstuhl ist keine Sünden-Waschanlage. Gottes Zusage: »Du bist erlöst«, sie gilt.

Stell dir vor, du lässt seit zwei Jahren in einer Kneipe alles anschreiben und verschiebst das Bezahlen auf später. Irgendwann gehst du hin und willst beim Wirt deine Schulden bezahlen. Aber es ist alles schon längst erledigt. Der Schuldschein ist gelöscht. Ein anderer hat für dich bezahlt.

Kirche darf sich deshalb auch nicht hinter Geboten und Gesetzen verstecken. Es kommt vor allem und zuerst auf das Wort und den Geist Jesu an, wenn wir in seinem Sinne unterwegs sein wollen. Das ist kein leichter Weg, damals wie heute. Aber der Weg auf den Spuren Jesu ist für die Kirche aus meiner Sicht alternativlos.

Du kannst die Zehn Gebote erfüllen und trotzdem weit von Gott entfernt sein.

Jesus atmet den Geist der Freiheit – die religiöse Gesetzesstrenge seiner Zeit hat er konsequent abgelehnt, wenn sie nur auf Äußerlichkeiten bedacht war. Er war kein Revolutionär oder Rebell. Er war vor allem ein Liebender. Mit seinem ganzen Sein hat er sich den Menschen zugewandt. Darum geht es.

*

Es gibt Situationen, in denen wir Regeln brechen müssen, um dem Menschen zu dienen und das Liebesgebot Jesu zu erfüllen. Dazu möchte ich eine persönliche Geschichte erzählten. Die Franziskanerinnen von Schönbrunn kümmerten sich auch in der Zeit des Dritten Reiches um Menschen mit einer Behinderung. Als die Nazis eines Tages wieder einmal vor der Klosterpforte standen, log die Ordensschwester: »Hier ist kein Pflegling mehr, ihr habt sie doch schon alle abgeholt.«

Dabei hatten die Schwestern ihre Schützlinge im Kohlenkeller versteckt und hielten manchen den Mund zu, damit kein Laut nach außen drang – so lange, bis die Nazis wieder abgezogen waren. Unter den Kindern war auch meine Tante, sie ist sechsundachtzig Jahre alt geworden. Ohne die Notlüge der Franziskanerin wäre sie in einem der grauen Lastwagen vergast worden, wie Tausende andere auch. Hat die Nonne nun damals gesündigt oder nicht?

*

Was sich in meinem Leben ereignet, ist nur zum Teil auf meine Leistung zurückzuführen, vieles wird einem auch geschenkt. Es geht um Beziehungen, die ich lebe. Menschen, die mir guttun, die mich weiterbringen. Und natürlich auch um verpasste Chancen.

Der Theologe Fulbert Steffensky, den ich sehr schätze, spricht in einem Artikel mit der Überschrift »Abdanken« von drei Bereichen, die er mit Blick auf das Ende betrachtet: von Dank, Reue und Resignation.

Sagen zu können: »Das habe ich nicht fertiggebracht«, das ist eine große Freiheit! Und wenn wir die lateinische Wurzel des Wortes *resignare* betrachten, wird es spannend. Das Wort bedeutet: *sich öffnen, entsiegeln, enthüllen, zurückgeben, lösen und befreien.*

LIEBE

Stephan Maria Alof // Fürbitten am Sonntag vor dem Valentinstag

Der Valentinstag ist ein Tag der Freundschaft, an dem man nicht nur seiner oder seinem Liebsten, sondern, wie es in angelsächsischen Ländern Brauch ist, auch anderen Leuten, die man gerne hat, kleine Geschenke macht. Manche schenken Blumen, andere Süßigkeiten, einige schreiben Kärtchen oder Briefe. Es geht nicht um das Was, sondern um das Wofür. Schöne Momente des sich beschenkt Fühlens, für die Menschen, die wir lieben.

Wir denken heute an diejenigen, die sich frisch verliebt haben. An die, die sich fest aneinander binden wollen. Voller Dankbarkeit an alle, die Verantwortung füreinander und für andere übernehmen. Familien und Kinder, die das Rückgrat unserer Gesellschaft bilden. An alle Altgewordenen, die sich im Herbst ihres Lebens verlieben. Und an diejenigen, deren Augen leuchten, wenn sie von früher, von ihrer großen Liebe erzählen.

Aber wir denken heute auch an alle, die vor einem Scherbenhaufen stehen, weil Beziehungen gescheitert sind. Menschen, die wortlos miteinander leben, weil sie sich nichts mehr zu sagen haben. An Söhne und Töchter, die ihren Vater oder ihre Mutter überhaupt nicht kennen. Und an die, deren Liebe in den Augen anderer unmöglich ist. Die damit leben müssen, dass man mit

Fingern auf sie zeigt. Wir denken an Männer, die Männer lieben, und Frauen, die Frauen lieben.
Valentinstag feiern heißt: kurz innehalten und spüren, wer uns wichtig ist.
Hilf uns dabei, guter Gott.

Die Süddeutsche Zeitung *hat in ihrer Wochenend-Ausgabe darüber berichtet, dass sich ein Großteil der Münchner nur noch vage daran erinnert, was ein Sakrament ist. Auch der Begriff »Eucharistiefeier« ist nicht mehr allzu sehr bekannt. Schon mal gehört, sagen manche. Aber um was es genau geht, weiß nur eine Minderheit.*

Die katholische Kirche hat es nicht leicht, den Menschen noch ihre Inhalte zu vermitteln. Ihr Vokabular ist vielen genauso unverständlich wie ihre Dogmen. Nicht mal mehr ein Drittel der Menschen in unserer Stadt bekennt sich zum katholischen Glauben. Und es werden Jahr für Jahr, Monat für Monat, Tag für Tag weniger. Die Mitteilung unseres Papstes, dass alles beim Alten bleiben soll, vergrault nun auch noch die letzten, die guten Willens sind.

Guter Gott, wie oft denke ich darüber nach, was du eigentlich zu all dem sagen würdest. Ist das noch deine Kirche, die Kirche des Jesus von Nazareth? Gib uns die Kraft, trotz allem mutig weiterzumachen, zu streiten, wenn es um den rechten Weg geht, gegen Ungerechtigkeit und falsches Machtgehabe in unserer Kirche aufzustehen. Lass uns hier vor Ort die Gemeinschaft leben und feiern, die uns durchs Leben trägt. Lass uns in der Spur bleiben – deiner Spur, Gott.

All unsere fünf Sinne sind direkt mit dem Gemüt verbunden. Gute Sinneseindrücke tun dem Gemüt gut, negative belasten es.

Wenn wir etwas hören, was uns enttäuscht, unsere Eitelkeit verletzt, unseren Stolz kränkt, dann sollten wir nicht immer gleich mit blinder Wut reagieren. Wie viel Gewalt und Leid ließe sich vermeiden, wenn wir auf das Wort des anderen besonnen reagieren würden!

Lieber Gott, nimm uns jede falsche Arroganz und Überheblichkeit. Hilf uns beim Hinhören, beim Zuhören, schenke uns auch in der ernsthaften Auseinandersetzung immer wieder Besonnenheit. Gott unser Vater, erhöre uns.

Guter Gott, jeder Mensch ist unvergleichlich und hat doch die gleiche Sendung. Den Weg des Evangeliums nachzugehen, Christus wirklich zu suchen, ihm nachzufolgen. Es gibt so viele verschiedene Wege dafür, wie es Menschen gibt. Jeder ist anders.
Schenke uns Toleranz in der Kirche, in Politik und Gesellschaft. Schenke uns Einheit in Vielfalt und ein weites, weites Herz. Lass nicht zu, dass unsere Weltgemeinschaft sich immer mehr von gemeinsamen Werten entfremdet. Schenke uns Kraft in unruhigen Zeiten.

Wir danken dir für deine Nähe und dafür, dass du es mit uns aushältst. Und wir beten dich an, jetzt hier und alle Tage bis hinein in deine Ewigkeit.
Amen.

GEPRÄGTE ZEITEN

Stephan Maria Alof // Wenn du in der Fußgängerzone einer deutschen Großstadt die Menschen fragst, was der tiefere Sinn und die Bedeutung des Fronleichnamtages ist, wirst du bei neun von zehn Befragten überhaupt keine – oder nur eine unzureichende Antwort erhalten. Und der zehnte, der als Einziger alles richtig erklären und zuordnen kann, ist wahrscheinlich ein Moslem. Denn die kennen sich heute oft besser mit den christlichen Feiertagen aus als die Christen selbst. Schließlich gilt Christus auch bei den Menschen muslimischen Glaubens als Prophet. Viele Muslime sind mir zu guten Freunden geworden, mit einem muslimischen Bestatter arbeite ich gerne zusammen.

Das Band der Feiertage ist so wertvoll. Die seit Jahrhunderten »geprägten Zeiten« können gerade in stressigen und unsicheren Lebenslagen den Menschen Halt geben.

Die Bedeutung von Aschermittwoch, Palmsonntag, Gründonnerstag, Karfreitag und Ostern, Christi Himmelfahrt und Pfingsten sollte jede Christin und jeder Christ kennen. Und es sollten auch alle anderen darum wissen, was wir hier feiern, denn es ist Teil einer jahrhundertealten Kultur, ein Schatz, den es zu bewahren gilt, auch wenn man nicht gläubig ist. Denn die damit verknüpften Traditionen machen das Leben reich.

Der Rhythmus von Spannung und Entspannung, von Atemholen und Loslassen ist wohltuend. Auch geistliches Leben braucht die Wiederholung. Es tut unserer Seele gut, immer einmal wieder die gleichen Psalmen zu lesen, die gleichen Lieder zu singen. Es ist schön, dass wir eine Liturgie haben, die den Rahmen für die Gottesdienste bildet. Und das Band der Feste im Kirchenjahr hält alles zusammen. Zu einem gesunden, ganzheitlich gelebten Jahreslauf gehört das Fasten ebenso wie die Völlerei. Das ernsthafte, bewusste Verzichten auf Alkohol, Süßigkeiten oder Fleisch – und der ausgelassene Frohsinn im Fasching. Verzicht muss man lernen, Entbehrungen erfahren haben, um auch den Genuss in vollen Zügen wertschätzen zu können.

Manche uralten Traditionen können wir ganz persönlich nutzen – als Chance zur spirituellen Selbstheilung. Von Zeit zu Zeit einen Schritt zurückzutreten, zu schauen, zu hören, das braucht es. Denn es hilft uns, das Leben mit neuen Augen zu sehen. Selbst diejenigen, die mit christlichem Glauben nichts anfangen können, werden erleben, wie wohltuend es ist, den Tag mit einem Moment der Besinnung zu beginnen und zu beenden. Am Morgen die Arme vorzustrecken, die Hände zu öffnen und die Handflächen nach oben zu drehen. Dabei zu lächeln und zu denken: »Ich freue mich auf alles, was ich heute empfangen darf.« So gehen wir ganz anders vorbereitet in den Alltag mit seinen Herausforderungen.

Und es ist wertvoll, wenn wir den Tag auch wieder in Ruhe beschließen, uns am Abend auf das Wesentliche konzentrieren und Danke sagen, für alles, was wir erlebt haben. Es erleichtert, dabei auch das Schwere zu benennen und es dann bewusst abzugeben.

Solche und andere Rituale immer wieder einzuüben, sodass sie zu guten Gewohnheiten werden, bestimmte Tage im Jahreslauf in besonderer Weise und ganz bewusst zu begehen und auf diese Weise das Leben mit all seinen Facetten zu feiern und manchmal auch zu betrauern, darum geht es, wenn wir dem liturgischen Kalender folgen und überlieferte Traditionen für uns übernehmen.

Dass althergebrachte Rituale mit dem Wandel unserer Gesellschaft auch Veränderungen durchlaufen müssen, um lebendig zu bleiben, versteht sich für sie von selbst. Gemeinsam mit allen kreativen Köpfen aus der Gemeinde zu überlegen, wie neue Formen aussehen könnten und wie man die Glaubensinhalte möglichst interessant »verpackt«, ist eine wunderbare Aufgabe. Wenn man Alt und Neu auf eine gute Weise kombiniert, kann man die tollsten Effekte erzielen und das Gute und Schöne von *beidem* behalten.

Genau hinzuhören und zu spüren, was jetzt dran sein könnte, um möglichst viele anzusprechen und zu begeistern, ist ein erster Schritt, um sich anzunähern.

Letzten Endes geht es immer um die Frage: Was hilft den Menschen? Und: Wird Gott dadurch erfahrbar?

Ganz wichtig ist es mir, den Menschen die Traditionen und ihre Hintergründe gut zu erklären und deren Sinn ins Heute zu übersetzen.

Den Kirchenraum Jahr für Jahr zu den besonderen Festtagen anders zu gestalten, Feste unter ein Motto zu stellen und sich immer wieder etwas anderes einfallen zu lassen, macht mir unbändige Freude. Und ich bekomme so viel zurück. Manchmal denke ich: Es gibt so viele Ideen, dass ein Leben vermutlich nicht ausreicht, um alles auszuprobieren.

*

Ich finde es berührend, in der Bibel Psalmen, Lieder, Gebete und Weisheitstexte zu lesen, die schon Generationen von Menschen Trost gegeben haben. Indem wir uns die Worte zu eigen machen, die kluge Frauen und Männer vor Hunderten von Jahren formuliert haben – merken wir: Sie zu lesen, sie nachzusprechen, das tut einfach gut. Auch wenn manches auf den ersten Blick etwas sperrig wirkt, weil es nicht die Worte unseres Alltages sind – sie hinterlassen tief in unserer Seele einen guten Klang. Und sie helfen uns, für eine Weile aus dem, was uns sonst beschäftigt, herauszutreten und zu hören …

Psalm 139 – Leben in Gottes Allgegenwart

Von David. Ein Psalm. HERR, du hast mich erforscht und kennst mich.

Ob ich sitze oder stehe, du kennst es. Du durchschaust meine Gedanken von fern. Ob ich gehe oder ruhe, du hast es gemessen. Du bist vertraut mit all meinen Wegen.

Ja, noch nicht ist das Wort auf meiner Zunge, siehe, HERR, da hast du es schon völlig erkannt. Von hinten und von vorn hast du mich umschlossen, hast auf mich deine Hand gelegt. Zu wunderbar ist für mich dieses Wissen, zu hoch, ich kann es nicht begreifen. Wohin kann ich gehen vor deinem Geist, wohin vor deinem Angesicht fliehen? Wenn ich hinaufstiege zum Himmel – dort bist du; wenn ich mich lagerte in der Unterwelt – siehe, da bist du. Nähme ich die Flügel des Morgenrots, ließe ich mich nieder am Ende des Meeres, auch dort würde deine Hand mich leiten und deine Rechte mich ergreifen. Würde ich sagen: Finsternis soll mich verschlingen und das Licht um mich soll Nacht sein! Auch die Finsternis ist nicht finster vor dir, die Nacht leuchtet wie der Tag, wie das Licht wird die Finsternis.

Du selbst hast mein Innerstes geschaffen, hast mich gewoben im Schoß meiner Mutter. Ich danke dir, dass ich so staunenswert und wunderbar gestaltet bin. Ich weiß es genau: Wunderbar sind deine Werke. Dir waren meine Glieder nicht verborgen, als ich gemacht wurde im Verborgenen, gewirkt in den

Tiefen der Erde. Als ich noch gestaltlos war, sahen mich bereits deine Augen. In deinem Buch sind sie alle verzeichnet: die Tage, die schon geformt waren, als noch keiner von ihnen da war. Wie kostbar sind mir deine Gedanken, Gott! Wie gewaltig ist ihre Summe! Wollte ich sie zählen, sie sind zahlreicher als der Sand. Ich erwache und noch immer bin ich bei dir. Wolltest du, Gott, doch den Frevler töten! Ihr blutgierigen Menschen, weicht von mir! Sie nennen dich in böser Absicht, deine Feinde missbrauchen deinen Namen. Sollen mir nicht verhasst sein, HERR, die dich hassen, soll ich die nicht verabscheuen, die sich gegen dich erheben? Ganz und gar sind sie mir verhasst, auch mir wurden sie zu Feinden. Erforsche mich, Gott, und erkenne mein Herz, prüfe mich und erkenne meine Gedanken! Sieh doch, ob ich auf dem Weg der Götzen bin, leite mich auf dem Weg der Ewigkeit!

*

Es gibt Texte, Bilder und Rituale, von denen wir lange zehren können. Traditionen, die ihre Berechtigung haben, weil sie zeitlos schön sind. Wenn Menschen nach einem Gottesdienst sagen: »Mei, tuat des guat. Des tuat so guat!« – dann geht mir das Herz auf, denn dann haben wir schon viel erreicht: Gott ist erfahrbar geworden. Darum geht es doch in der Kirche.

Ich bekomme beispielsweise immer Gänsehaut, wenn ich in einem Gottesdienst einen guten Bach-Choral höre. Die Orgelmusik berührt meine Seele.

Anderes, was wir noch irgendwie am Leben halten, hatte seine Zeit, aber die ist vorbei. Rituale und Lieder, Ausdrucksweisen, die vor fünfzig oder hundert Jahren dem Zeitgeist entsprachen, haben sich überlebt. Wer bei den vorgetragenen liturgischen Texten in der heiligen Messe in der katholischen Kirche nur Bahnhof versteht, weil er jedes zweite Wort in die Google-Suchmaschine eingeben muss, hat schnell keine Lust mehr, sich das anzutun. Natürlich könnte ein Gottesdienstbesucher sich das alles aneignen. Aber ist dafür sonntags in der Messe die Zeit und der Raum? Und müssen wir überhaupt lernen, was von vorgestern stammt und heute nicht mehr verständlich ist und zudem kaum oder keine Relevanz für unser Leben hat? Wenn einer sagt: »Hey, sprecht doch mal normal mit mir!«, kann ich diesen Einwand gut verstehen.

Für viele sind die starren Formen, in denen wir Gottesdienst feiern, und die alten Lieder, die wir singen, ein Grund, fernzubleiben. Wenn es etwa heißt: »Ein Haus voll Glorie schauet«, »Gebenedeit seist du Maria« oder »Zieh an die Macht«– dann ist dies nicht ihre Sprache. Und manche Liedtexte, die aus dem Mittelalter stammen, wirken für die Menschen von heute abstoßend. Auch mich schaudert es, wenn von Kampf und Krieg, Macht und Sieg die Rede ist, von einer geistlichen Waffenrüstung oder Fackeln, die wir als Christen ins dunkle deutsche Land tragen sollen.

Ich kann mich auch nicht als Priester in Castrop-Rauxel am Pfingstsonntag in der Kirche in der Arbeitersiedlung hinstellen und über die tiefere Dimension des Heiligen Geistes sprechen. Das versteht doch keiner!

Überall dort, wo Texte und Traditionen mit der Lebenswirklichkeit der Menschen nichts mehr zu tun haben, wo uns die Rituale nicht mehr entsprechen und berühren, ist es nötig, nach neuen Ausdrucksformen zu suchen. Traditionen nur um der Tradition willen zu leben, das ist mir viel zu wenig. Ewig das Gleiche – nach dem Motto »Bewährt ist bewährt« –, das wird irgendwann langweilig.

Aber mir ist durchaus bewusst, dass viele Menschen auch an bestimmten Traditionen hängen. Dass wir Feste und Gottesdienste so begehen, wie wir es schon immer getan haben, ist aus ihrer Sicht genau richtig. Der Ablauf ist wohlvertraut und seit dreißig oder vierzig Jahren nahezu gleich. Die Lieder hat man schon in der Schulzeit gesungen, es ist schön, sich daran zu erinnern. Vieles kennt man in- und auswendig, kann alle Gebete mitsprechen. Die jahre- oder jahrzehntelang eingeübte Liturgie ist wie ein wärmender Mantel im Winter. Schön! Mir geht es ja selbst genauso. Aber ich muss zur Kenntnis nehmen, dass Jüngere das Hochgebet, das der Pfarrer spricht, auch mit Erklärungen inhaltlich kaum nachvollziehen können und die Choralmelodien aus dem Mittelalter nicht mehr allzu viele Fans unter den jungen Familien haben, die die heilige Messe besuchen. Viele Menschen lieben Pop- und Rockmusik, ein fetziges Gitarrensolo oder den Klang eines E-Pianos. Warum sollen sie diese Musik nicht auch in der Kirche zu hören bekommen? Um Gott zu loben, können wir ebenso gut andere Instrumente als die Orgel einsetzen!

Und wenn es darum geht, wie wir als Kirche auch in Zukunft bestehen können, muss dass, was jüngere Menschen nicht mehr anspricht, auf den Prüfstand kommen. Denn wenn der Nachwuchs wegbleibt, haben wir als Kirche ein massives Problem. Und das wird von Jahr zu Jahr größer. Denn die Alten sterben weg, wenige kommen nach.

Man kann eine Kirche heute auch nicht mehr so leiten wie vor hundert Jahren. Nach dem Motto: »Wir haben das doch als Bistumsleitung klar formuliert: So wird's gemacht. Mitsprache ist eigentlich nicht vorgesehen. Wir sagen, was Sache ist, ihr in den Gemeinden setzt es eins zu eins um.« Das Wort *eigentlich* ist übrigens auch ein Klassiker im Kirchensprech.

Jesus hat sich zu den Menschen, die ihn brauchten, hinabgebeugt, um ihnen auf Augenhöhe zu begegnen. Nur so entsteht

Vertrauen, eine Beziehung. Von oben herab zu den Menschen zu sprechen, das schafft Distanz. Noch schlimmer ist es, wenn in gewissen kirchlichen Kreisen derart komplex und oft mehrdeutig geredet wird, dass die Botschaft über die Köpfe der allermeisten Zuhörerinnen und Zuhörer hinweggeht oder man die offiziellen Verlautbarungen dreimal lesen muss, bis man begreift, was gemeint ist.

Kirchensprech, das Fachchinesisch der Amtskirche, hat leider auch die Tendenz dazu, mit vielen Worten wenig zu sagen oder anderes derart zu vernebeln, dass einem schwindelig wird. »Hat der Bischof jetzt gesagt, dass Frauen in der Kirche zukünftig mehr Rechte bekommen, oder hat er verklausuliert ausgedrückt, dass es darum gar nicht gehen kann?«

Wenn der Hirtenbrief des Bischofs oder ein Sendschreiben des Papstes ob ihrer Realitätsferne Kopfschütteln auslösen, wenn viele mit Blick auf das Handeln der katholischen Kirche denken »Seid ihr noch zu retten?!«, dann muss daran gearbeitet werden, dass dies schnellstmöglich anders wird. Sonst ist der Exodus der Kirchenmitglieder nicht zu stoppen.

Dass die Leserinnen und Leser wieder dazu erzogen werden, alles treu umsetzen, was gesagt wird, so wie es manchen konservativen Kräften in der katholischen Kirche vorschwebt, ist absolut unrealistisch. Die einzelnen Bischöfe, die Deutsche Bischofskonferenz und der Vatikan müssen vielmehr dringend daran arbeiten, ihr Handeln mit der Lebensrealität der Menschen abzugleichen. Das Leben ist viel zu kurz, um sich mit Kleingeisterei und Abgrenzung das Dasein schwer zu machen. Und immer wieder ist es toll zu sehen, wo es hinführt, wenn wir einmal alle Ordnung sein lassen und anfangen, das Leben hier und jetzt mit beiden Händen zu ergreifen. Das wäre einfach cool!

PSSST …

Stephan Maria Alof // Im Laufe der letzten Jahrzehnte haben sich unsere Gesellschaft, die moralischen Vorstellungen und auch die Einstellung der Menschen zur Kirche massiv verändert. Die 68er-Generation hat vieles infrage gestellt. Die Studentenproteste gegen starre Strukturen in der Gesellschaft, eine rigide Sexualmoral und immer noch nicht erfolgte Aufarbeitung des Nationalsozialismus, mehr als zwanzig Jahre nach dem Ende des Zweiten Weltkriegs, zeigten Wirkung und brachten zahlreiche politische und soziale Veränderungen in Gang. Die Menschen haben gemerkt, dass sie viel bewegen können, wenn sie sich zusammenschließen. Und sie haben sich persönliche Freiheiten erkämpft.

Bevor ich über Kirche und Moral schreibe, ein Blick zurück: Dass unverheiratete Paare zusammen in einer Wohnung leben, war vor fünfzig Jahren noch undenkbar. Vermieter, die jungen Leuten ohne Trauschein eine Wohnung überließen, wurden wegen »Kuppelei« angezeigt. Und der § 175 des deutschen Strafgesetzbuches stellte »sexuelle Handlungen zwischen Personen männlichen Geschlechts« unter Strafe. Die Nationalsozialisten hatten das 1872 eingeführte Gesetz noch verschärft und neben dem Geschlechtsverkehr auch andere sogenannte »unzüchtige Handlungen« als strafbar bewertet. Bei Zuwiderhandlungen drohten in bestimmten »schweren Fällen« bis zu zehn Jahre Haft. Das Gesetz wurde am 1. Januar 1872 eingeführt, grundlegende Reformen gab es in den Jahren 1969 und 1973.

Aber erst nach der Deutschen Wiedervereinigung wurde der § 175 im Jahr 1994 (!) ersatzlos aus dem Strafgesetzbuch gestrichen. 140 000 Männer wurden bis dahin insgesamt verurteilt. Dahinter stecken jede Menge tragische Schicksale. Wie viel musste geheim gehalten werden – und wie haben die Menschen unter den Repressalien und der Ungerechtigkeit gelitten!

Zum Glück ist dieses schreckliche Kapitel abgeschlossen und Geschichte. Aber es gilt, die Erinnerung wachzuhalten, damit so etwas nicht wieder passiert.

*

Auch die Kirche hat sich mit dem Thema Sexualität immer wieder beschäftigt. 1968 veröffentlichte Papst Paul VI. die 15-seitige Enzyklika *Humanae Vitae*[5], mit der er unter anderem allen gläubigen Katholiken die Verwendung der sogenannten Antibabypille sowie alle anderen Formen künstlicher Empfängnisverhütung untersagte. Das Sendschreiben aus Rom wurde in Deutschland wie auch in vielen anderen westlichen Ländern mit Empörung aufgenommen und es gab zahlreiche Proteste. Wenige Jahre nach dem Zweiten Vatikanischen Konzil war das Lehrschreiben des Papstes in den Augen mancher Kritiker eine konservative Rolle rückwärts. Und es kam natürlich auch zu einer Zeit, in der es völlig befremdlich wirken musste. 1968 war überall von der »Sexuellen Befreiung« die Rede.

Papst Paul VI. ist es vermutlich schwergefallen, das heiße Thema richtig anzufassen und die passenden Worte zu finden. Er hat deshalb vieles nur mit seltsamen Formulierungen umschrieben. Statt von *Sex* zu sprechen, schreibt er von »jenen Akten, die eine intime und keusche Vereinigung der Gatten darstellen und die das menschliche Leben weitertragen«. Er warnt vor »jeder Handlung«, die »entweder in Voraussicht oder während des Vollzugs des ehelichen Aktes oder im Anschluss an ihn beim Ablauf seiner natürlichen Auswirkungen darauf abstellt, die Fortpflanzung zu verhindern, sei es als Ziel, sei es als Mittel zum Ziel«.

Kirchensprech pur, kaum zu verstehen. Aber eigentlich ist es klar, dass der Papst auch nicht von der Antibabypille oder von Kondomen spricht, wenn er schon das Wort *Verhütung* nicht in den Mund nehmen möchte. Erstaunlich finden viele, dass die grundsätzliche Ablehnung den Papst nicht davon abhält, eine Empfehlung für natürliche Verhütungsmethoden abzugeben. Wenn – dann auf diese Weise – denn es sei »nach kirchlicher Lehre den Gatten erlaubt, dem natürlichen Zyklus der Zeugungsfunktionen zu folgen und dabei den ehelichen Verkehr auf die empfängnisfreien Zeiten zu beschränken«.

Spannend, dass der Papst die Entscheidung zum »Wann« ausschließlich beim Mann sieht…

Die Formulierung spricht Bände, denn auch hier wird deutlich, welche Rolle der Vatikan der Frau zuschreibt.

Natürlich gibt es noch ganz andere Möglichkeiten der natürlichen Verhütung. Ende der 60er-Jahre kursierte mit Blick auf das vom Vatikan angeordnete Verbot der Antibabypille folgender Witz, der eine ironische Anspielung auf eine biblische Schlüsselszene enthält, in der ein großer Stein bewegt wird: »Die einzige Pille, die die katholische Kirche zur Schwangerschaftsvermeidung gestattet, muss so groß sein, dass man sie vor die Schlafzimmertür rollen kann. Auf dass der Weg zum Sexualpartner verbaut ist.« Als ich dieses Zitat in einem Artikel von Andreas Öhler in *DIE ZEIT*[6] las, musste ich schmunzeln. Kirchliche Gedanken zu Sexualität und Absurdität haben tatsächlich, wie dieser Witz, oft etwas Skurriles, um nicht zu sagen Absurdes.

Dass die katholische Kirche lange Zeit in der öffentlichen Debatte Verhütungsmittel ablehnte und selbst angesichts der Immunschwächekrankheit Aids daran festhielt, wurde von vielen mit einem ungläubigen Kopfschütteln quittiert.

Und es ist kaum zu fassen: Achtundvierzig Jahre nach der Veröffentlichung der Enzyklika *Humanae Vitae* empfiehlt Papst Franziskus in seinem Lehrschreiben *Amoris Laetitia* (im Jahr 2016) nochmals ausdrücklich manche Passagen des damaligen Schreibens zu beachten. Denn das strikte Verbot, Homosexualität auszuleben, gründet auf den gleichen Argumenten, die schon 1968 als Gründe für ein Verhütungsverbot angeführt wurden: die »von Gott bestimmte unlösbare Verknüpfung der beiden Sinngehalte – liebende Vereinigung und Fortpflanzung –, die beide dem ehelichen Akt innewohnen. Diese Verknüpfung darf der Mensch nicht eigenmächtig auflösen.«[7]

Heute spricht in aller Regel keiner mehr von Sünde, wenn junge Menschen ihre Sexualität ausprobieren und Paare ohne Trauschein miteinander Tisch und Bett teilen. Dies hängt sicherlich auch damit zusammen, dass Kirche als moralische Instanz seit Mitte der 60er-Jahre zunehmend an Bedeutung verloren hat.

Zum Glück erleben wir in den meisten Bereichen unseres Lebens eine große Freiheit. Jede und jeder kann im Rahmen seiner Möglichkeiten entscheiden, wie, wo und mit wem sie oder er sein Leben teilen möchte. Es ist selbstverständlich geworden, dass gleichgeschlechtliche Paare Arm in Arm durch die Straßen einer Stadt laufen oder sich in der Öffentlichkeit küssen. Das war vor dreißig Jahren noch anders. Und es schaut auch kein Vermieter mehr ins Familienstammbuch, um sich eine Eheschließungsbescheinigung zeigen zu lassen.

Doch bestimmte konservative christliche Kreise reden nach wie vor mit Blick auf eine aus ihrer Sicht biblisch begründete notwendige sexuelle Enthaltsamkeit vor der Ehe von einem »sich füreinander Aufheben«. Darüber kann ich nur den Kopf schütteln. Als ob Gott so etwas irgendwo in der Bibel fordern würde!

Manche glauben leider auch, dass Homosexualität eine behandlungsbedürftige Krankheit ist, die man besser wegtherapieren sollte. Zum Glück wurden derartige Konversionstherapien, die besonders auch in konservativen christlichen Milieus jahrelang durchgeführt wurden, im Mai 2020 in Deutschland verboten. Erwiesenermaßen ist durch derartige Gehirnwäschen, sogenannte »Therapien«, jede Menge Leid entstanden. Dies steht so auch in der Begründung des Gesetzentwurfes.

Wer die Idee hat, Menschen mit homosexueller Orientierung zu heilen, weil er sie für krank hält, den kann ich nur fragen: »Bist du noch zu retten?!«

*

Das Sakrament der Ehe wird in der katholischen Kirche hochgehalten. Dagegen ist an sich nichts zu sagen, denn die Ehe ist tatsächlich für viele ein wunderbarer Rahmen, eine langfristige, vertrauensvolle Beziehung zu gestalten. Aber wir müssen uns der Realität stellen. Gut die Hälfte aller Ehen scheitert, Paare lassen sich scheiden, auch wenn sie sich lebenslange Treue versprochen haben. Manche Ehen halten nur wenige Jahre, andere Paare trennen sich nach zwei oder drei Jahrzehnten. Die Gründe sind unterschiedlicher Natur.

Auch ein gewandeltes Rollenverständnis zwischen Mann und Frau trägt vermutlich dazu bei, dass man anders als früher nicht bereit ist, toxische Zustände über längere Zeit irgendwie auszuhalten, weil es sonst keine anderen Optionen gibt.

Oft ist die Trennung mit leidvollen Erfahrungen verbunden.

Es tut weh, wenn eine Beziehung zerbricht und ein langfristig angelegtes Lebensmodell, das man sich gemeinsam gewünscht hat, auf Dauer doch keinen Bestand hat. Wenn man verlassen wird, Kinder bei der Mama bleiben oder zum Vater ziehen und deswegen viele Tränen fließen.

Es wäre zu wünschen, dass die Kirche Menschen in solchen Lebenssituationen auffängt und Trost spendet. Wie gut ist es, wenn man eine Seelsorgerin oder einen Seelsorger hat, der einfühlsam reagiert, zuhört, Mut macht. All das ist unter dem Dach der Kirche zu finden. Und es ist einfach wunderbar, wie viele Menschen sich auch ehrenamtlich engagieren, um anderen zu helfen.

Doch es gibt leider auch die dunkle Seite des kirchlichen Umgangs mit gescheiterten Ehen. Die katholische Kirche schließt eine zweite kirchliche Hochzeit kategorisch aus. Eine neue Beziehung muss ohne den vom Pfarrer zugesprochenen Segen Gottes auskommen. Und wer sich als Katholik ein zweites Mal standesamtlich trauen lässt, ist anschließend nach dem Kirchenrecht als »Wiederverheirateter« von der Eucharistiefeier ausgeschlossen. Das Gleiche gilt für »konfessionsverschiedene Ehen«. Wie traurig ist das denn? Und passt das alles noch in unsere Zeit? Mitnichten! Nullinger!

Deshalb ist die gelebte Praxis in vielen Gemeinden, die sich dem Zeitgeist nicht verschließen, inzwischen auch eine ganz andere. Den Begriff »Wiederverheiratete« vermeide ich, wo es geht, denn er grenzt die Menschen aus. Selbstverständlich bekommt jede und jeder eine Oblate, den Leib Christi, wenn wir im Halbkreis vor dem Altar stehen und sich alle freuen, bei der Eucharistiefeier – wir erinnern uns, es ist ein Liebesmahl! – dabei zu sein.

Ich habe gehört, dass in ländlichen Regionen, in denen inzwischen fünfzehn oder zwanzig Orte als »Pfarreien neuen Typs gelten«, in denen ein Priester nur alle paar Wochen vorbeikommen und eine Messe halten kann, auch sogenannte Laien predigen und die Eucharistie austeilen. Man trifft sich als Kreis engagierter Katholiken bei jemand zu Hause, um wenigsten ein Grundgerüst an Gemeinschaftsleben aufrechtzuerhalten. Gut so!

Es werden natürlich auch schwule und lesbische Paare in der katholischen Kirche gesegnet. Oft in aller Heimlichkeit, aber zunehmend auch im Gottesdienst, in Anwesenheit der ganzen Gemeinde. Die Aktion *Liebe gewinnt,* über die ich schon kurz berichtet habe, hat an dieser Stelle einige Türen aufgestoßen und in der Breite Solidarität und Unterstützung erfahren.

Auch mein Mann Alexander und ich haben unsere Ehe bewusst unter Gottes Segen gestellt. Das war uns total wichtig! Und es wurde uns nicht verwehrt.

Die Kirche sagt offiziell: »Geht nicht!« Aber wer will denn dem einzigen jungen Priester, den man im Bistum vielleicht noch hat, einen Strick daraus drehen, dass er zwei Frauen den Segen Gottes zugesprochen hat? Die ganze Gemeinde weiß darum, dass die beiden seit Jahren zusammenleben. Sie sitzen Woche für Woche nebeneinander im Gottesdienst und küssen sich vor der Kirche. Weshalb sollten sie ihre Beziehung nicht segnen lassen dürfen?

Manchmal macht es mich richtig zornig, wenn ich höre, wie die Kirchenoberen, wie Rom mit den gläubigen Menschen umgeht. Was fällt euch eigentlich ein, Menschen, die sich lieben, das Schönste, was wir haben – den Segen –, zu verweigern. Die Liebe mit Füßen zu treten!!

*

Das Paradoxe ist: Die offizielle Lehrmeinung wird beibehalten, das Kirchenrecht gilt weiterhin, aber die Realität in den Gemeinden ist längst eine andere. Man hält offiziell eisern an dem fest, was war – und die Menschen vor Ort stimmen mit den Füßen ab, wohin die Reise geht.

Dass sich Männer und Frauen nahekommen, wenn sie zusammenarbeiten, ist klar. Dass man sich verliebt, auch. Daran ist nichts verwerflich. Schwierig wird es, wenn sich katholische Priester verlieben, die ihrem Arbeitgeber, der katholischen Kirche, versprochen haben, zölibatär zu leben. Denn dann muss alles in großer Heimlichkeit geschehen.

In der Öffentlichkeit spricht man sich mit *Sie* an und wahrt die Distanz, obwohl man privat schon seit Jahren Tisch und Bett teilt, auch gemeinsam in Urlaub fährt. Aber wie schlimm ist das für eine Frau, von ihrem Geliebten und Lebenspartner vor Dritten immer nur als »meine Haushälterin« vorgestellt zu werden?

Oftmals wissen der Bischof und andere aus dem Ordinariat darum, dass Priester in Beziehungen leben – ebenso wie um die unehelichen Kinder, die aus Beziehungen mit Priestern stammen.

Schätzungen gehen, bezogen auf Deutschland, von einer vierstelligen Zahl von Priesterkindern aus. Dies ist natürlich kaum zu verifizieren. Geredet wird darüber selten, denn wer als katholischer Priester ein Kind zeugt, verliert in der Regel seinen Job. Ob dies heute immer noch so ist, kann man nicht sagen. Vermutlich wird ab und zu auch ein Auge zugedrückt, denn der Priestermangel nimmt zu und die Alterspyramide der Priesterschaft sieht nicht gut aus.

Es gibt einige gedruckte Lebensberichte von Priesterkindern und deren Müttern, die oftmals unter der Situation leiden. Schon vor zehn Jahren hat *DER SPIEGEL* unter der Überschrift

»Gottes heimliche Kinder« darüber berichtet. Später ist ein gleichnamiges Buch erschienen. Ein anderes trägt den Titel: »Sag keinem, wer dein Vater ist«. Da bekomme ich Gänsehaut. Wie schlimm ist das denn, wenn du deinen Vater verleugnen musst – und auch er mit niemandem darüber sprechen darf, dass du sein Sohn bist!

Manche behaupten, dass die Kirche in deutschen Bistümern immerhin für die unehelichen Priesterkinder Alimente zahlt. Aber auch das ist – so muss man es sagen, um nicht in Teufels Küche zu kommen – sicher ein Gerücht. Denn offiziell wird darüber geschwiegen, weil nicht sein kann, was nicht sein darf. Das gilt auch für das Thema Zölibat. Dieses Lebensmodell ist doch für immer weniger Männer in Deutschland eine Perspektive! Und man muss es absolut bejahen, sonst geht es auf Dauer schief.

Man könnte vonseiten der katholischen Kirche Wahlmöglichkeiten eröffnen und sagen: »Zölibatär sollen diejenigen leben, die dies für sich bejahen und können. Und für alle anderen gibt es auch Alternativen.« Stattdessen werden die Alternativen längst gelebt und gleichzeitig wird der Status des Kirchenrechts formell aufrechterhalten.

Ich merke, dass ich bitter und zynisch werde, je länger ich darüber nachdenke, was die kirchlichen Gesetze in diesen Zusammenhängen für ein Unheil anrichten.

Nur die wenigsten Menschen sind für das dauerhafte Alleinsein ohne Zärtlichkeit und liebevolle Zuwendung geschaffen. Vereinsamung, Resignation bis hin zu Depressionen sind die Folgen eines überhöhten Amtsverständnisses, das davon ausgeht, dass der Priester, der alleine ist, Gott und den Menschen besser dienen kann. Aber stimmt das wirklich? Ist es so, dass sich der Priester auf seine Aufgabe konzentrieren kann, wenn er abends alleine und müde zu Hause sitzt?

Wenn die Kirche meint, den Menschen weiterhin enge Vorgaben machen zu können, ob und wen sie lieben dürfen, was richtig und falsch ist, werden die Probleme weiter zunehmen.

Die sinkende Anzahl der Priesteranwärter ist nur eines von viele Anzeichen, dass es ein Irrweg ist, an dieser Stelle an Regeln festzuhalten, die vor einigen Hundert Jahren von Kirchenfürsten aufgestellt wurden. Denn in der Bibel steht kein Wort davon, dass diejenigen, die Gottes Wort verkünden, andere segnen und trösten, alleinlebend sein müssen.

*

Wenn wir das, was Jesus uns vorgelebt hat, ernst nehmen, wird vieles in der Kirche nicht so bleiben können, wie es ist. In einer Kirche, die in alten Strukturen festhängt, ist es schwer, die Botschaft der Freiheit und der Liebe zu leben. Schon vor Jahren haben manche mit Blick auf die Kirche gesagt: »Es ist zum Davonlaufen.« Heute sind die schon lange nicht mehr da. Und ich weiß von vielen, die sich hüten, irgendwo im Bekannten- oder Kollegenkreis zu betonen, dass sie immer noch ganz gerne katholisch sind, trotz allem. Denn so etwas hat momentan keinen besonders guten Klang. Immer schwingt die ganze verquere Geschichte mit, all die Skandale, die Lügen und die Grausamkeiten, die im Namen der Kirche begangen wurden und werden.

Dabei sollte es doch eigentlich so sein, dass durch Christinnen und Christen jetzt schon der Himmel auf Erden zu spüren ist. Dass wir, indem wir Liebe austeilen und den Spuren Jesu folgen, die Welt zum Guten verändern.

OFFENE TÜREN

Rainer M. Schießler // Wo und wie lernt man, frei vor einer größeren Gruppe zu sprechen? Bei mir war es ein Sprung ins kalte Wasser: Ich war frisch geweihter Diakon in Bad Kohlgrub und sollte das erste Mal in dieser Funktion predigen. Mein Ausbildungspfarrer Axel Meulemann, ein Urbayer in Person, fragte mich vor Beginn der hl. Messe in der Sakristei: »Hast' eine Predigt?« Da habe ich ihm meine Karteikarten mit dem Text vorgezeigt. Alles, was ich zu sagen hatte, war fein säuberlich notiert, die Karten schön durchnummeriert. Aus meiner Sicht hatte alles Hand und Fuß, ich war gründlich vorbereitet.

Pfarrer Meulemann nahm mir die Karten mit den Worten »Lass einmal sehen.« aus der Hand und zerriss sie dann direkt in lauter kleine Fetzen, die er einsteckte. Das war ein Schreck!

Aber er hat mich beruhigt: »Und du sagst uns jetzt gleich nur das, was du selber kapiert hast. Einfach das, was du zu sagen hast.«

So habe ich Predigen gelernt. Und es ist ja tatsächlich so, dass die Leute am Sonntag in der Kirche in aller Regel keine sprachlich besonders ausgefeilte Deutung eines Bibeltextes erwarten. Sie kommen in die Kirche, um beim Gottesdienst dabei zu sein, gute Geschichten zu hören und inhaltlich etwas mitzunehmen, was ihnen hilft, den Alltag besser zu gestalten. Ich gehe am Sonntag in die Kirche, um dort Gott zu begegnen. Denn ich möchte dem nahe sein, dem ich alles zu verdanken habe. Deshalb feiern wir gemeinsam Eucharistie.

Vielleicht haben manche Teilnehmerinnen und Teilnehmer eine schwierige Woche hinter sich. Mag sein, ihr Kind ist krank, sie haben Probleme auf der Arbeit oder das Geld langt hinten und vorne nicht, weil nun auch noch die Heiz- und Stromkosten steigen. Und dann steht jemand oben auf der Kanzel und erzählt etwas über die Details einer theologischen Fragestellung, die jenseits ihres Horizonts liegt, statt von dem Trost, den der christliche Glaube gerade denen zuspricht, die sich sorgen.

Natürlich weiß ein Prediger nicht genau, mit welchen Sorgen und Nöten die Menschen gekommen sind. Aber eines ist sicher: Die wenigsten kommen, weil sie am Sonntagmorgen einer intellektuellen Frage nachgehen wollen.

Oft erfahren die Leute in Kneipengesprächen mehr über Gott als in Bibelkreisen.

*

Auch mein erster Pfarrer in der danach folgenden Kaplanszeit, Pfarrer Fredlmeier in Rosenheim, war ein echtes Original. Er war groß von Wuchs, ein stämmiges Mannsbild, sagt man – und auch charakterlich nicht gerade unterwürfig. Viele Jahre als Militärpfarrer haben ihn geprägt. Manche fürchteten seine direkte, ungeschminkte Art, aber auf seine Art und Weise war er einfach genial. Es hieß im Kreis der Neupriester: Wer als Kaplan zum Fredlmeier kommt, der hat irgendetwas ausgefressen.

Für mich war es im Nachhinein eine große Chance, dass ich bei ihm die ersten vier Jahre meines Priesterlebens verbringen durfte. Von ihm habe ich bei all unserer Unterschiedlichkeit alles für meinen weiteren Werdegang gelernt. Am Ende unserer gemeinsamen Zeit hat er gesagt: »So, jetzt hast du mich verstanden, jetzt darfst du mich duzen.«

Der Mann hatte das Herz auf der Zunge und eine entwaffnende Ehrlichkeit. Dass es oft auch anstrengend mit ihm war, spielt im Rückblick nur eine untergeordnete Rolle für mich. Reibung ist nicht schlimm, sie bringt auch Wärme.

So schwierig auch manche Situationen mit Pfarrer Fredlmeier waren, der Pfarrhof, in dem wir gemeinsam lebten, war mir in diesen vier Jahren immer ein Zuhause und ein Hort der Geborgenheit.

Viele sehnen sich nach einer solchen Geborgenheit, einer wohltuenden Atmosphäre, nach Gemeinschaft, dem Singen schöner Lieder und ein wenig Freude. Manche sind auch schlicht neugierig, etwas vom anderen zu erfahren, Nachbarn zu treffen. Gott begegnet uns in jedem Gegenüber, im Klang und im Wort.

Gute Geschichten hören die meisten Menschen unheimlich gerne. Biblische Geschichten voller Weisheit, Erzählungen aus der christlichen Tradition, Heiligenlegenden, Lebensgeschichten interessanter Persönlichkeiten. Wichtig sind aber auch die Geschichten aus dem Hier und Jetzt, die anschaulich machen, wie manches auch besser gehen könnte. Die aufzeigen, wie wir mit dem umgehen können, was uns in unserem Alltag plagt.

Den Glauben in Form von wieder und wieder erzählten Geschichten an die nächste Generation weiterzugeben, das haben wir heute leider weitgehend verlernt. Oft werden am Sonntag in den Kirchen intellektuell hochtrabende Vorträge gehalten. Und das auf eine Art und Weise, dass den Zuhörern die Augen zufallen. Es werden Fragen erörtert, die sich kein Besucher stellt. Und die Predigt wird vom Blatt gelesen, nicht frei gesprochen.

Es macht mich manchmal wütend, wenn ich erlebe, wie langweilig und trocken wir den Glauben präsentieren. Dieses intellektuelle Gehabe, mit dem die biblischen Texte oft zerpflückt werden. Was glauben wir eigentlich, wer da vor uns sitzt? Unsere Kirchen sind keine theologischen Hörsäle!

Jemand hat mich einmal gefragt, warum ich nicht vom Ambo aus predige, sondern stattdessen zu den Menschen in die Bankreihen gehe. Das ist doch ganz klar: Ich will ihnen nahekommen. Dass Pfarrer früher von oben, von der Kanzel zu den Menschen gesprochen haben, hatte einen rein praktischen Grund: Es gab ja noch keine Mikrofone und keine Verstärker. Das gesprochene Wort war besser zu verstehen, wenn der Sprecher oben stand. Heute ist es egal, von wo aus du sprichst, wenn du moderne Tontechnik nutzt. Man kann dich damit überall in der Kirche verstehen.

Letztlich geht es immer um Begegnung. Einmal hatte sich für einen Gottesdienst ein Paar aus Reichersbeuern bei Bad Tölz angekündigt. Die beiden feierten miteinander silberne Hochzeit und wollten gerne an diesem Festtag einen kirchlichen Segen für ihren weiteren Weg. Gegen Ende des Gottesdienstes habe ich die beiden nach vorne gerufen und wir haben uns einen Moment über den wunderschönen Ort, an dem sie leben, unterhalten.

»Wisst ihr, dass dort der Vorhof des Paradieses ist? So schön, unglaublich toll! Schätzt man das, wenn man immer dort sein kann?«, fragte ich sie. »Wir sind voller Demut, dass wir hier leben dürfen, jeden Tag«, haben die beiden gerührt geantwortet.

Die Gottesdienstbesucher haben am Ende begeistert geklatscht, weil sie sich mit den beiden gefreut haben, dass sie es so schön haben. Dann kam die Segnung.

Um den Segen zu bitten, das kommt in unserem Alltag nicht so oft vor. Aber bei einer Silberhochzeit muss es einfach sein. Denn es ist so wunderbar, dass zwei Menschen fünfundzwanzig Jahre zusammen verbracht haben und glücklich sind. Dafür sagen wir Danke – und erbitten Gottes Segen für den weiteren Weg.

Das Leben feiern, dazu sind wir auf Erden. Und wenn mir die Leute nach einer Veranstaltung sagen, wie gut ihnen das Miteinander getan hat – dann ist das für mich der größte Lohn.

Es macht mir Freude, intuitiv die jeweilige Situation zu erfassen und dann gegebenenfalls zu improvisieren, beispielsweise wenn in einem Gottesdienst ein Kind auf einmal auf mich zuläuft. Das dann nicht als Störung zu sehen, sondern positiv zu reagieren, ist so wichtig! Nur so erreichen wir die Herzen der Menschen. So lebt der Laden!

Bei einer Firmung haben am Schluss noch alle Kinder vorne im Altarraum zusammengestanden, ich habe ihre Eltern und die anderen Gäste eingeladen, noch Bilder zu machen. Die Eltern waren glücklich. In einer völlig entspannten Atmosphäre konnten sie ihre Kinder in der Kirche fotografieren und miteinander ratschen. Kirche als Lebensraum, das ist einfach schön, denke ich in solchen Momenten. Ein Vater ist zu mir gekommen und hat gesagt: »Bei meiner eigenen Firmung war damals alles so gestelzt und streng. Und heute ist es einfach nur wunderbar leger und unaufgeregt!«

Eine ältere Dame hat mir dann später noch geschrieben: »Uns alle hat der festliche und schöne Gottesdienst auch durch die Musik ergriffen, uns positiv gestimmt – manche Familienangehörige, die der Kirche eher fernstehen, auch nachdenklich gemacht.« Was will man mehr? Alle müssen sich wohlfühlen, die Jugendlichen und ihre Eltern.

Seit vielen Jahren segne ich vor den großen Ferien beim »Fahrzeug- und Motorradgottesdienst« Gefährte aller Art, vom schicken Sportwagen bis zum in die Jahre gekommenen VW-Bus, immer wieder auch Bobbycars und Kinder-Roller. Es macht so viel Freude, die lachenden Gesichter der Menschen zu sehen, denen es ein Anliegen ist, mit dem Segen Gottes unterwegs zu sein. Und damit die Kleinsten bei den Großen nicht »untergehen«, werden sie extra gesegnet und fahren dazu klingelnd und hupend mit ihren fahrbaren Untersätzen direkt in die Kirche hinein – bis vorne zum Altar, wo ich sie schon erwarte. Alles begleitet von fröhlichem Orgelklang und jubelndem Applaus der Menschen.

Als ich ein Kind war, hat mir meine Mutter, wenn ich das Haus verlassen haben, mit dem Finger ein Kreuz auf die Stirn gezeichnet. Das hat gutgetan.

Gesegnet zu sein bedeutet in der Heiligen Schrift nichts anderes, als Gewicht zu bekommen. Schon im Alten Testament ist immer wieder davon die Rede. Segen steht für die Zusage, dass uns Gott schützt, dass er uns seine Zuneigung schenkt.

Mit dem Segen wünschen wir dem anderen, dass der Glaube an den Mensch gewordenen Gott in seinem Leben Gewicht bekommt, ihm Halt und Stehvermögen gibt, wenn es einmal schwierig werden sollte. Wir wünschen Weisheit, Heiterkeit, Gesundheit, ausreichend zu essen, Schutz vor Bedrohung, gute Freunde. Hoffnung und Liebe für schwere Zeiten. Bei Geburtstagen singen wir »Viel Glück und viel Segen auf all deinen Wegen.« Das Gleiche meint das Wort *Adieu,* das früher häufig beim Abschied gesagt wurde: »Gott befohlen«. Geh deinen Weg mit dem Segen Gottes.

Der Psychoanalytiker Sigmund Freud stellt dazu fest: »Die modere Wissenschaft kann natürlich vieles, hat aber noch kein Mittel erschaffen, das so beruhigend ist wie der Klang einiger herzlicher Worte.« Der Segenswunsch, den wir jemand zusprechen, will genau das sein.

*

Jesus hat sich nicht in einem Tempel verkrochen, er ist auch nicht als Einsiedler in der Wüste geblieben, wo er vierzig Tage war. Er ist zu den Menschen gegangen, auch zu denen, die abseits standen, und hat sie auf eine Art und Weise angesprochen, die jeder verstehen konnte. In schlichten Worten und faszinierenden Gleichnissen hat er von dem erzählt, was gerade dran war. Er hat seine Botschaft mit dem Alltag der Menschen verknüpft, sozusagen ein Fenster in die Wirklichkeit geöffnet und seine Zuhörerinnen und Zuhörer im besten Sinne abgeholt.

Den Fischern am See Genezareth hat er keinen Vortrag über sinnvolle Lebensgestaltung gehalten, er ist mit ihnen zum Fischen gegangen. Und sie haben den Fang ihres Lebens gemacht. Was die Fischer mit Jesus erlebt haben, hat sie dazu bewogen, alles stehen und liegen zu lassen und mit ihm zu gehen.

Das ist es, was ich an Jesus von Nazareth so bewundere: dass er mit großer Klarheit und Leidenschaft gesprochen und gelebt hat. Nie wäre er einen billigen Kompromiss eingegangen. Er ist seiner Bestimmung ohne Wenn und Aber gefolgt. Andere hat er eingeladen, mit ihm zu gehen. Aber er hat keinen dazu gedrängt oder gezwungen. Seine Zuneigung war an keine Bedingungen geknüpft, er hat als Liebender die Herzen der Menschen berührt. So wollten sie gerne mit ihm unterwegs sein.

*

Die Kirche muss immer wieder neue Wege zu den Menschen suchen. Was vor zehn oder zwanzig Jahren für die Mehrheit ansprechend war, hat heute oftmals ausgedient. Der Zeitgeist ist ein anderer, die neuen Medien haben von Jahr zu Jahr eine stärkere Bedeutung. Es gibt eine Vielzahl von Möglichkeiten, die freie Zeit zu gestalten. Kirchliche Jugendarbeit steht in Konkurrenz mit zahlreichen anderen Angeboten. Steigende berufliche

Anforderungen, ein hohes Maß an geforderter Mobilität und Flexibilität führen dazu, dass Menschen in ihrer Freizeit vor allem eins suchen: Entspannung.

Die klassischen kirchlichen Rituale sind für viele Eltern vor allem noch ein gesellschaftliches Ereignis. Die Kinder gehen zur Firmung und zur Kommunion, weil es sich gehört. Aber wir müssen aufpassen, dass wir als Kirche immer wieder Bezüge zum Alltag der Menschen herstellen und deutlich machen, weshalb es gut ist, Teil einer Glaubensgemeinschaft zu werden und zu bleiben. Dort wo sich die Formen von den Inhalten lösen, wird es sonst schnell hohl.

Früher, als ich jung war, bin ich mit den Kindern in meinem Alter zum Kindergottesdienst gegangen, dann selbstverständlich auch zur Kommunion und zur Firmung. Ich war Messdiener und in der Jugendgruppe, dann habe ich selbst Verantwortung übernommen und bin Mitarbeiter geworden. So bin ich in die kirchliche Arbeit hineingewachsen.

Heute sehe ich als Priester die Kinder im Alter von wenigen Monaten bei der Taufe, dann noch einmal bei der Kommunion mit sieben oder acht Jahren und dann lange Zeit gar nicht mehr. Zur Firmung, mit vierzehn, fünfzehn oder sechzehn Jahren kommen auch noch einige. Manche habe ich dann schon länger nicht mehr gesehen. Ich sage dies nicht vorwurfsvoll. Denn ich weiß, dass wir als Pfarrei mit einer Vielzahl von Angeboten für Jugendliche konkurrieren.

*

Sich hinter Kirchenmauern mit denen zu treffen, die ohnehin schon länger dabei sind, ist wichtig und gut. Aber es reicht nicht. Es gilt hinzuhören, was momentan dran ist, und niederschwellige Angebote zu schaffen, die andere und auch Jüngere ansprechen. Die Menschen spüren, ob du mit Leidenschaft bei der Sache bist, und kreative Angebote werden oft gerne angenommen.

Neben der Kontinuität braucht es Abwechslung, das ist unsere Erfahrung. Oft muss es gar nicht viel sein, aber allein, dass es am Ende des Gottesdienstes noch etwas zu lachen und zu feiern gibt, sorgt dafür, dass die Leute ein wenig länger bleiben. Es sind die sinnlichen Erfahrungen, die uns verbinden. Und es braucht eine gute Atmosphäre.

Nicht nur in St. Maximilian, sondern auch in der Pfarrei Heilig Geist, die ich fast zehn Jahre als Pfarradministrator betreut habe, haben wir in dieser Hinsicht mit zahlreichen Mitarbeiterinnen und Mitarbeitern immer wieder Neues ausprobiert.

*

Die Heilig-Geist-Kirche am Viktualienmarkt ist ein zentral gelegener, wunderbarer Ort, die älteste Hallenkirche Münchens. Seit 1271 ist sie Spitalpfarrei, seit 1844 Stadtpfarrkirche. Bei meinem ersten Gottesdienst dort habe ich gesagt, dass ich bislang noch keine so schöne Kirche anvertraut bekommen habe. Es ist wirklich einer der prächtigsten Räume, die wir in der ganzen Stadt haben. Anfangs beobachtete ich, dass man die Kirche nur über die Seiteneingänge betreten konnte. Dabei gab es doch ein großes Hauptportal, das geöffnet wie zwei ausgebreitete Arme wirkte und die Menschen einlud, einzutreten. So war es dann auch: In Scharen strömten die Menschen, die vom Marienplatz oder aus einer anderen Richtung vorbeikamen, in die Kirche hinein. Da wussten wir, dass wir hier unbedingt neben schönen Gottesdiensten noch andere Veranstaltungen organisieren und mit vielfältigsten Angeboten »offene Kirche« für alle sein müssen.

Eingeladen haben wir dann beispielsweise in einen Paradiesgarten, den Stephan Maria Alof und der Landschaftsarchitekt Gabriel Jilg mit vielen Helferinnen und Helfern gestaltet haben. »Eine Wohlfühloase in München«, wie die *tz* über das Projekt schrieb.

Vor dem Eingang war ein kleines Pflanzenlabyrinth aufgebaut, das hat die Menschen neugierig gemacht – und schnell hat sich in der ganzen Stadt herumgesprochen, was es in der Kirche zu sehen gab. Ein üppiger Garten Eden füllte den gesamten Altarraum: Zweiundzwanzig Hainbuchen, bis zu neun Metern hoch, standen in mächtigen Pflanzkübeln zwischen den weißen Säulen, die das Kirchengewölbe tragen. In einer Sandsteinschale plätscherte Wasser, es roch nach Blumen und frischen Kräutern, Papiertauben schwebten an langen Fäden von der Kirchendecke. Es war traumhaft schön! Zweimal am Tag haben wir zu Gebetszeiten in die Kirche eingeladen. Die Besucher kamen in Scharen und staunten.

Die Leute gehen dorthin, wo sich etwas ereignet. Wo schöne Musik gespielt wird, man nett zusammen sein kann und das Essen schmeckt. Und wenn in der Kirche vielerorts kaum noch etwas los ist, wenn keine Events im besten Sinne stattfinden, dann muss man sich nicht wundern, wenn vieles einschläft und die Gäste wegbleiben.

Man kann durch sympathisches Handeln Türen aufschließen. Oder eben die Kirche zusperren, damit ja nichts wegkommt. Aber was ist denn das für ein Service, den wir den Menschen da anbieten? Wenn der Erhalt der Ordnung und das Sicherheitsdenken stets im Vordergrund stehen.

*

Sonntags um 9 Uhr habe ich in Heilig Geist die Messe gehalten und um 10:30 Uhr fand der Gottesdienst in St. Maximilian statt. Die Menschen kommen dann, wenn sie wissen, dass der Laden regelmäßig geöffnet ist und sie sich darauf verlassen können. Das über Jahre konsequent durchzuhalten, war eine erfüllende, schöne, aber auch anstrengende Aufgabe.

Besonders viel Freude hat den Leuten auch der lebendige Adventkalender gemacht, den es zwei Jahre lang in der Heilig-Geist-Kirche gab. Vom 1. bis zum 23. Dezember haben wir jeden Tag um 18 Uhr die Kirche geöffnet und eine Überraschung präsentiert – am 24. Dezember gab es um zwölf Uhr mittags dann die letzte große Veranstaltung. In Zusammenarbeit mit dem Kulturreferat im Erzbischöflichen Ordinariat haben wir Künstler, Musiker, Schauspieler und andere prominente Gäste eingeladen. Es war ein gutes Miteinander. Künstler von der Staatsoper sind aufgetreten, die *Spider Murphy Gang* hat gespielt und ich habe auf der Bühne prominente Menschen wie Senta Berger, Ottfried Fischer, Michaela May und Friedrich von Thun interviewt. Nach einer kurzen Begrüßung gab es eine Stunde Talk und erstklassige Musik, geendet haben wir immer mit Gebet und Segen. Meist standen abends um kurz nach fünf schon Hunderte von Leuten vor der Kirche und warteten, dass es losging.

Am 24. Dezember war der Kinder- und Jugendchor der Staatsoper da, der Altarraum war dicht gefüllt mit Sängerinnen und Sängern. Das war toll, da ist echte Weihnachtsfreude entstanden! Kirche zum Anfassen.

An eine Szene erinnere ich mich gerne: Ich hatte die anwesenden Kinder gefragt, was sie sich zu Weihnachten wünschen. Ein Bub sagte: »Ich möchte gerne einen Hund habe.«

Da habe ich als langjähriger Hundebesitzer direkt nochmals launig nachgefragt: »Wieso willst du denn einen Hund? Du weiß schon, dass du dann mit dem bei jedem Dreckwetter Gassi gehen musst, auch morgens um sechs Uhr. Und dann stehst du im Regen und wartest, bis der Hund sein Geschäft macht. Ich weiß, wovon ich rede.«

Da sagt der Bub zu mir: »Ja dann wünsche ich mir glaube ich etwas anderes.« Ich musste lachen – und alle anderen gleich mit, auch der Bub.

Ein paar Tage später erhielt ich eine Mail. Ein Ehepaar schrieb mir, dass sie an Heiligabend mittags eher zufällig nach ihren letzten Weihnachtseinkäufen auf dem Viktualienmarkt in die Heilig-Geist-Kirche kamen und bei uns diese Stunde mit den jungen Menschen und unsere Gespräche über Weihnachten erlebten: »Wir verließen am Ende die Kirche und spürten, das war jetzt unsere Christmette! Ein Gottesdienst zwar ohne Liturgie und Abendmahl, aber mit einer weihnachtlichen Herzlichkeit, die man nur geschenkt bekommt!«

Was für eine Erfahrung!

Seitdem feiern wir in St. Maximilian an Heiligabend bereits um 12 Uhr mittags unsere erste Christmette, einen feierlichen Gottesdienst, der Jahr für Jahr mehr Zuspruch erfährt . Die Geschäfte sind bereits geschlossen und viele genießen es, den Abend mit ihrer Familie zu Hause zu verbringen. – Warum nicht? Die Freiheit nehmen wir uns!

Aber es gab leider auch unerfreuliche Momente, im Hintergrund hat es rumort. Manchen war das Adventsprogramm in der Heilig-Geist-Kirche anscheinend nicht fromm genug. Und dann war nach zwei sehr erfolgreichen Jahren leider überraschend Schluss. In die Entscheidungsfindung wurde ich nicht einmal eingebunden.

DIE DREI S

Rainer M. Schießler // Gleich gibt es nichts mehr zu lachen. Aber vorher muss ich noch den Wildererwitz erzählen, der gut auf den Punkt bringt, was manchem in Sachen Kirche und Moral ganz bitter aufstößt.

Der Witz geht so (Achtung, bissig): Ein Wilderer kommt zum Kaplan in den Beichtstuhl und beichtet ihm, dass er wieder fünf Rehböcke geschossen hat. Das ist für den Kaplan völlig neu, so einen Fall hat er noch nie gehabt. Ganz verlegen schleicht er sich aus dem Beichtstuhl raus und sagt dem Wilderer: »Warten's eine Sekunde.« Dann läuft er schnell zum Pfarrer und fragt: »Ich hab da einen Wilder im Beichtstuhl sitzen, was gebe ich denn dem?«

Sagt der Pfarrer: »Ja, keine Ahnung, ich geb ihm einen Fünfer fürs Pfund.«

*

Als ich vor einiger Zeit auf einer Bergalm war, kam mir beim Abstieg auf einmal ein junger Mann entgegen, mit seiner Schafherde im Schlepptau. Er erzählte mir nicht nur von seiner Freude, mit den Schafen unterwegs zu sein, sondern auch, dass es da oben in den Bergen und in den Wäldern im Tal einen Bären und ein paar Wölfe gibt. Fünf Schafe haben die schon gerissen – und das nicht nur, weil sie etwas zu fressen brauchen. Ein Schaf ja, das reißt ein Wolf, weil er Hunger hat. Aber alles andere danach geschieht im Blutrausch. Und die armen Viecher verrecken gnadenlos, wenn ein Wolf ins Gehege einbricht.

Auf meine Frage »Was unternehmt ihr dagegen?« antwortete der junge Mann mit einem Satz, der mir bis heute gut in Erinnerung geblieben ist, weil ich mir das mit den drei S bestens merken kann. Er sagte: »Weißt du, es gibt da ein ungeschriebenes Gesetz unter den Jägern. Sie sprechen von den drei S: Schießen, Scharren und Schweigen.« Denn offiziell ist die Jagd auf Bären und Wölfe natürlich nicht erlaubt.

*

Die drei S: Schießen, Scharren und Schweigen. Daran denke ich manchmal, wenn in der Kirche wieder einmal etwas unter den Teppich gekehrt wird. Wenn tapfer zu irgendwelchen Vorwürfen geschwiegen wird, weil anscheinend irgendjemand eine Leiche im Keller hat, wie es im Volksmund heißt.

Dass der damalige Kölner Kardinal Joachim Meisner schon vor Jahren einen Aktenordner mit der Beschriftung »Brüder im Nebel« angelegt hat, in dem er Unterlagen zu Missbrauchsvorfällen gesammelt hat, ist kaum zu glauben. Aber es passt ins Bild. Als das Bistum wegen Missbrauchsfällen in die Schlagzeilen gerät, versichert Kardinal Meisner, »nichts geahnt zu haben«. PR-Berater versuchen im Auftrag des Bistums, das Ganze unter Kontrolle zu behalten; in Köln wird ein von der renommierten Kanzlei Westpfahl Spilker Wastl im Auftrag der Kirche erstelltes Gutachten wegen angeblicher fachlicher Mängel unter Verschluss gehalten.

Als der Druck größer wird, will man einem ausgewählten Kreis von zehn Journalisten Einsicht gewähren – aber erst sollen diese eine Verschwiegenheitserklärung unterschreiben und sich verpflichten, nicht über Details zu berichten. Darauf, dass ein Nichtbeachten rechtliche Konsequenzen haben kann, wird hingewiesen. Die Journalisten lehnen es ab zu unterschreiben, der Deutsche Journalistenverband schaltet sich ein.

Als das von Björn Gercke erstellte zweite Gutachten zum Umgang mit sexuellem Missbrauch im Erzbistum Köln vorliegt, räumt Kardinal Woelki ein, dass es »systembedingte Vertuschung« im Erzbistum Köln gegeben habe. Als Gründe nennt er »Chaos in der Verwaltung« sowie ein »System aus Schweigen, Geheimhaltung und mangelnder Kontrolle«. »Generell fehlte es an Mitgefühl, generell fehlte es an Empathie«, so der Erzbischof. Und er stellt fest: »Das hätte so nie passieren dürfen.«[8]

Die Aktivistinnen von Maria 2.0 in Köln starten derweil im Netz eine Kampagne *#keinekardinalfehlermehr.*

Im September 2021 gewährt Papst Franziskus Kardinal Woelki eine von ihm beantragte, mehrmonatige Auszeit.

Dass die mit der Erstellung des vermeintlich unbrauchbaren Kölner Gutachtens beauftragte Kanzlei Westpfahl Spilker Wastl anschließend ein weiteres für das Erzbistum München und Freising erstellt und das Fachleute für das hohe Maß an Professionalität und die gute Methodik loben, wird von kirchlicher Seite nicht weiter kommentiert. Das Gutachten legt offen, dass zwischen 1945 und 2019 im Erzbistum mindestens vierhundertsiebenundneunzig Menschen Opfer sexualisierter Gewalt wurden – dass der Missbrauch systematisch vertuscht und Täter geschützt wurden. Mindestens zweihundertfünfunddreißig mutmaßliche Täter – darunter hundertdreiundsiebzig Priester und neun Diakone – haben die Taten begangen. Aber es wird noch von einer viel größeren Dunkelziffer ausgegangen.

Kardinal Reinhard Marx sagt zu all dem, dass er erschüttert und beschämt sei. So geht es momentan sicherlich vielen Menschen.

Das Zentralkomitee der Deutschen Katholiken formuliert spitz: »Verantwortungsübernahme sieht anders aus« und fordert ein Ende der »organisierten Verantwortungslosigkeit.«

Auch der Missbrauchsbeauftragte der Bundesregierung, Johannes- Wilhelm Rörig, meldet sich zu Wort und stellt fest, dass das Münchner Gutachten zeigt, wie empathielos katholische Verantwortliche über Jahrzehnte mit Betroffenen umgegangen sind. Bayerns Ministerpräsident Markus Söder (CSU) forderte nach der Veröffentlichung des Gutachtens eine konsequente Aufarbeitung und »null Toleranz« gegenüber Tätern. Und jetzt stehen wir alle vor einem Scherbenhaufen.

Der emeritierte Papst Benedikt XVI., der persönlich im Gutachten kritisiert wird, hat eine 82-seitige Stellungnahme abgegeben. Dass er dabei relativierend schreibt, dass einer der Täter bloß als Exhibitionist aufgefallen sei, »aber nicht als Missbrauchstäter im eigentlichen Sinn«, macht sprachlos. Weiter heißt es aus dem Mund des emeritierten Papstes: Die Taten hätten »jeweils im Entblößen des eigenen Geschlechtsteils vor vorpubertären Mädchen und in der Vornahme von Masturbationsbewegungen (…)« bestanden – und der Täter sei »privat gekleidet und nicht als Kirchenmitarbeiter erkennbar gewesen«. In keinem der Fälle sei es zu einer Berührung gekommen – quasi halb so schlimm.

Irgendwie ist das nicht seine Sprache. Bei diesem juristischen Abwiegeln fragt man sich, wer Papst Benedikt XVI. beraten hat. Beim Lesen dachte ich: Abwiegeln hilft jetzt nicht mehr. Bis jetzt haben wir immer noch keine Antwort bekommen.

So blieb es leider auch bei seiner zweiten Stellungnahme. Die Entschuldigung und die allgemeine Verantwortungsübernahme waren gut. Der theologisch-liturgische Vortrag, der folgte, bringt wenig. Dennoch möchte ich unterscheiden: Das Lebenswerk, das theologische Werk Joseph Ratzingers bleibt und verdient eine Würdigung. Ich spüre, dass Papst Benedikt XVI. einiges verändern wollte, aber letztlich an einem unseligen System scheiterte. Manche sagen, Benedikt stehe vor den Trümmern seines Lebens und flüchte sich in eine Parallelwelt. Als Christ kann ich nur sagen: Vergebung und Versöhnung ist uns allen aufgetragen!

Dass Priester und Diakonie Kinder und Jugendliche sexuell missbrauchen, ist widerwärtig. Aber das anschließende Vertuschen durch die Verantwortlichen im Erzbistum ist genauso unerträglich, ebenso wie die Tatsache, dass die Missbrauchstäter in aller Regel erst einmal in eine andere Pfarrei versetzt werden, statt sie zu stoppen. Viele haben dann an der neuen Stelle weitergemacht.

Permanent gibt es Negativschlagzeilen – und das seit Jahren. Es ist mehr und mehr unerträglich geworden. 2010 ging es los, als der Jesuitenpater Klaus Mertes die üblen Geschichten über den Missbrauch von Kindern am Berliner Canisius-Kolleg aufgedeckt hat.

Immer mehr kommt ans Licht und die Diskussion reißt nicht ab. Es wäre nötig gewesen, von Anfang an reinen Tisch zu machen. Menschen, die Kinder missbrauchen, müssen vor Gericht gestellt werden. Und zwar nicht nur vor ein Kirchengericht. Die Zeit des Schweigens muss enden. Was in den Archiven verborgen liegt, muss öffentlich gemacht werden. Und Kritiker sollte man zum Gespräch einladen, statt ihnen den Mund zu verbieten.

Wir sollten aufhören, von Fehleinschätzungen zu reden, wenn es darum geht, katastrophale Entscheidungen zu bewerten. Stattdessen sollten wir ehrlich sagen: Wir haben es vermasselt!

Man kann den Verantwortlichen nur immer wieder zurufen: »Seid ihr noch zu retten?!« Was macht ihr da?!

Zeitweise wollten im Bistum Köln so viele Menschen gleichzeitig aus der katholischen Kirche austreten, dass es lange Wartelisten beim Amtsgericht gab. Und jetzt ist es im Erzbistum München und Freising das Gleiche. Scharenweise verlassen die Menschen die Kirche. Gehen oder bleiben? Diese Frage stellt sich momentan vielen.

BEHERZT ZUPACKEN

Stephan Maria Alof // Ein Paradiesgarten mit großen, alten Bäumen, prächtigen Blumen, Bächen und Quellen spielt in vielen Religionen eine wichtige Rolle – auch im Christentum. Bäume stehen für die Verbindung zwischen Himmel und Erde. Der Lebensbaum ist ein schönes Bild, er wurzelt tief im Grund und spendet Schatten, an seinem Fuß können wir uns erholen. Gärten sind paradiesische Orte des Lebens. Aber wer einen größeren Garten besitzt oder pflegt, weiß auch: Bäume und Sträucher müssen von Zeit zu Zeit sinnvoll zurückgeschnitten werden, damit sie neu austreiben und in einer guten Weise weiterwachsen. Wenn eine Weile lang nichts oder das Falsche getan wird, wuchert ein Garten schnell zu, Dornengestrüpp macht sich breit. Irgendwann kommt man kaum noch durchs Dickicht, ohne sich Arme und Beine zu zerkratzen. Es braucht ein Händchen, um einen Garten sinnvoll und gut zu pflegen. Und man muss dranbleiben. Gerade im Frühling und im Sommer sprießt es unwahrscheinlich, wenn die Bedingungen ideal sind. Wenn ausreichend Regen fällt und es nicht zu heiß ist.

Die eine oder andere Pflanze muss man behutsam düngen. Anderes immer wieder ein ganz klein wenig ausdünnen. Und wenn der Herbst kommt, gilt es noch einmal nach dem Rechten zu schauen und aufzuräumen.

Ich habe keinen grünen Daumen, aber ich kenne einen erfahrenen Landschaftsarchitekten. Sein Rat: Wenn du einen Garten hast, gilt es von Zeit zu Zeit eine Bestandsaufnahme zu machen. Am besten geht man zu zweit in aller Ruhe umher und schaut sich alles mit wachen Augen an: Ist eine Pflanze nicht mehr besonders vital, braucht sie zusätzliche Nährstoffe, etwas Dünger? Müssen Wege etwas freigeschnitten, muss Totholz entfernt werden? Sind manche Äste eines Baumes morsch und drohen beim nächsten Sturm herabzustürzen? Könnte jemand dadurch gefährdet werden?

Man macht sich eine Liste und schreibt auf, was zu tun ist.

Einiges hat vielleicht noch etwas Zeit, anderes sollte möglichst bald erledigt werden, um keinen Besucher zu gefährden. Manches kann auch gar nicht warten. Sobald sich Schädlinge, Mehltau oder Fäulnis breitmachen, gilt es direkt zu handeln.

Im Garten gibt es immer etwas zu tun – und auch ein »zu spät«.

Es gilt beherzt zuzupacken, wenn man einmal dran ist, damit man auch mit den Arbeiten vorankommt und irgendwann das Werkzeug wieder aus der Hand legen kann.

Alle Äste und Zweige, die entfernt werden müssen, sollten auf einmal geschnitten werden, sagt mein Freund, der Gartenspezialist. Große Äste schneidet man am besten Stück für Stück, der Reihe nach, das vermindert das Verletzungsrisiko durch herabfallende Teile.

Und Achtung: Wer mit stumpfer Klinge hantiert, riskiert ein Abrutschen und Verletzungen. Ein scharfes Werkzeug ist wichtig. Und es braucht einen sicheren Stand, um unfallfrei arbeiten zu können.

Wenn man die Rinde eines Baumes unterhalb eines Astes, der entfernt werden soll, einschneidet, verhindert man Verwundungen am Stamm. Bäume können an großen Verletzungen verbluten. Ja, das sagt man auch bei Gehölzen.

Und es braucht auch nicht nur im Garten eine ordnende Hand und entschlossenes Handeln.

Damit die Kirche Zukunft gewinnt, müssen wir, um im Bild zu bleiben, einige Wege freischneiden und Totholz entfernen. Mehltau und Fäulnis müssen bekämpft werden …

Manches ist nicht zu retten. Bäume und Sträucher, die einstmals richtig schön aussahen, haben den letzten Wintersturm und den Dauerregen im Herbst nicht überstanden. Anderes ist im allzu heißen Sommer verdorrt.

Der Synodale Weg der Katholischen Bischofskonferenz war ein erster Schritt in die richtige Richtung, die Bestandsaufnahme gründlich. Es liegt auf der Hand, was als Nächstes zu tun ist. Wo klare Schnitte notwendig sind, was verjüngt werden muss. Wo es an anderer Stelle gilt, das eine oder andere zarte Pflänzchen zu hegen und zu pflegen, damit aus dem jungen Trieb irgendwann etwas Großes erwächst. Wenn wir etwas nicht allein schaffen, müssen wir uns Hilfe holen.

Dass der Vatikan inzwischen verkündet hat: Es gibt nur einen Synodalen Weg, und das ist der Weg Roms, das ist ein weiterer Tiefschlag für viele Christinnen und Christen, die sich in der katholischen Kirche in Deutschland engagieren. Man hätte auch sagen können: »Was ihr da seit drei Jahren veranstaltet, hat für uns überhaupt keine Bedeutung.« Wie soll man das den Menschen erklären, die sich an dieser Stelle engagiert und mit viel Herzblut in die Diskussionen eingebracht haben?

Einmal mehr wird deutlich: Die katholische Kirche ist keine demokratische Organisation. Die Hierarchie steht über allem. Der Vatikan entscheidet, das »Fußvolk« hat sich zu fügen.

Wir drehen uns in der Kirche seit einigen Jahren nur noch um uns selbst. Immer wieder sprechen wir über die gleichen Themen, das ist nur noch ermüdend. Denn man hat das Gefühl: Nichts, aber auch gar nichts geht voran. Die offiziellen Verlautbarungen sind taktierend, unbefriedigend und zermürbend. Wie soll man da noch von einer frohen Botschaft sprechen?

Unser Problem: Als Katholiken protestieren wir nicht genug gegen derartige Zustände. Was wäre, wenn wir uns zu Tausenden vor den Bischofssitzen und kirchlichen Palais versammeln und Reformen fordern würden? Ich bin mir sicher, das würde etwas bewegen!

*

Wenn ich noch einmal das Wort »erschüttert« aus dem Mund eines kirchlichen Würdenträgers höre, der gerade über das Thema »Missbrauch« spricht, dann flippe ich aus!

Tut doch endlich etwas! Von mir aus tretet zurück, aber hört auf, immerzu von eurer Betroffenheit zu reden.

Es regt mich auch wahnsinnig auf, dass Papst Franziskus nicht eingreift und sich zur aktuellen Debatte äußert. Denn das wäre so dringend nötig!

Die Aufgabe des Papstes ist es doch, die Weltkirche zusammenzuhalten – und die katholische Kirche in Deutschland brennt gerade lichterloh! Scharen von Menschen kehren hierzulande der Kirche den Rücken zu.

Doch Papst Franziskus schweigt zu all dem. Warum nimmt er nicht den nächsten Flug nach München und bezieht Stellung zu den Ereignissen? Weshalb zieht er keine personellen Konsequenzen?

Ich schätze Papst Franziskus dafür, dass er sich vieler Themen annimmt, die dran sind. Dass er beispielsweise die Flüchtlingslager in Lampedusa besucht hat oder sich darum sorgt, welche Auswirkungen die Folgen der Corona-Pandemie langfristig für die Gesellschaft haben. Aber in diesem Fall wird der Papst aus meiner Sicht seiner Verantwortung nicht gerecht.

Das menschenverachtende Agieren der Kirche muss ein Ende haben, sonst hat sie keine Daseinsberechtigung.

Manches von dem, was nicht infrage gestellt werden durfte, weil es irgendwann vor langer Zeit ein »unfehlbarer Papst« gesagt hat, implodiert gerade. Ich finde es nicht schlimm, wenn der mächtige Apparat Risse bekommt. Und ich weine einer allzu mächtigen und in ihrem Handeln oft unbarmherzigen Organisation, die mehr und mehr an Bedeutung verliert, keine Träne nach. Stattdessen sehne ich mich nach einer erneuerten Kirche, bei der man spürt, dass sie von der Liebesbotschaft Jesu beseelt ist.

Abzuwarten, bis etwas irgendwie doch von selbst besser wird, der halbherzige Versuch, den morschen Ast, auf dem man sitzt, ein ganz klein wenig zu stutzen – das bringt es alles nicht.

Aber wir dürfen uns freuen, denn der biblische Psalm 92 verheißt:

Der Gerechte sprießt wie die Palme, er wächst wie die Zeder des Libanon. Gepflanzt im Haus des HERRN, *sprießen sie in den Höfen unseres Gottes. Sie tragen Frucht noch im Alter und bleiben voll Saft und Frische; sie verkünden: Der* HERR *ist redlich, mein Fels! An ihm ist kein Unrecht.*

ALLE IN EINEM BOOT

Stephan Maria Alof // Vor einigen Jahren haben der Pfarrer und ich einem Schiffsmeister am Starnberger See für 'nen Hunderter ein fünf Meter langes Boot als Blickfang für einige Aktionen in St. Maximilian abgekauft. Der Besitzer hatte das ziemlich heruntergekommene Teil bei sich im Garten unter einer alten Plane aufbewahrt, das Holz war ziemlich verwittert. Aber uns hat es auf den ersten Blick gefallen, eben weil es nicht so geleckt aussah. Rainer und ich haben das Boot kurz entschlossen auf einen Pkw-Anhänger geladen und nach München geschippert. Das war eine Fuhre …

Zu den kirchlichen Festen haben wir das Boot immer wieder neu dekoriert. Mal war es die Weihnachtskrippe mit großen Kerzen auf den Ruderbänken, dann ein Paradiesgarten. An Ostern wurde das kleine Schiff mit dem blau lackierten Boden zur Grablege Jesu. Staunend haben die Menschen davorgestanden und sich daran gefreut, dass wir im wahrsten Sinne des Wortes einen guten Begleiter durch das Jahr hatten.

Ein bekanntes Kirchenlied vergleicht die Gemeinde mit einem Schiff. Man merkt natürlich, dass das Lied in einer anderen Zeit entstanden ist. Martin Gotthard Schneider (1930 – 2017), schrieb den Text 1963. Von Pflicht, Kampf und Sieg würden wir heute im Zusammenhang mit Kirche nicht mehr sprechen. Aber viele Bilder, die der Text nennt, und den Grundgedanken, dass hier eine Mannschaft gemeinsam unterwegs ist, um die

Herausforderungen des Lebens zu bestehen, finde ich richtig gut:

1. Ein Schiff, das sich Gemeinde nennt, fährt durch das Meer der Zeit. Das Ziel, das ihm die Richtung weist, heißt Gottes Ewigkeit. Das Schiff, es fährt von Sturm bedroht durch Angst, Not und Gefahr, Verzweiflung, Hoffnung, Kampf und Sieg, so fährt es Jahr um Jahr. Und immer wieder fragt man sich, wird denn das Schiff bestehn? Erreicht es wohl das große Ziel? Wird es nicht untergehn?

Bleibe bei uns, Herr! Bleibe bei uns, Herr, denn sonst sind wir allein auf der Fahrt durch das Meer. O bleibe bei uns, Herr.[9]

3. *Im Schiff, das sich Gemeinde nennt, muss eine Mannschaft sein, sonst ist man auf der weiten Fahrt verloren und allein. Ein jeder stehe, wo er steht, und tue seine Pflicht; wenn er sein Teil nicht treu erfüllt, gelingt das Ganze nicht. Und was die Mannschaft auf dem Schiff ganz fest zusammenschweißt in Glaube, Hoffnung, Zuversicht, ist Gottes guter Geist.*

Der Autor ist anscheinend ein guter Kenner der kirchlichen Welt, denke ich, wenn es in der zweiten Strophe heißt:

Ein Schiff, das sich Gemeinde nennt, liegt oft im Hafen fest, weil sich's in Sicherheit und Ruh, bequemer leben lässt. Man sonnt sich gern im alten Glanz, vergangner Herrlichkeiten und ist doch heute für den Ruf zur Ausfahrt nicht bereit. Doch wer Gefahr und Leiden scheut, erlebt von Gott nicht viel. Nur wer das Wagnis auf sich nimmt, erreicht das große Ziel.

Der Glanz vergangner Herrlichkeiten bröckelt jedenfalls in der Kirche mehr und mehr. Und das Gefühl, dass wir uns mit dem alten Kahn ziemlich festgefahren haben, ist immanent da.

In kirchlichen Kreisen kursiert schon seit geraumer Zeit der Spruch: »Während auf Deck munter weitergefeiert wird, ist unten die Mannschaft längst am Pumpen.«

Der Synodale Weg ist eine Spur, die verfolgt wird, um das

Kirchenschiff wieder flottzukriegen. Aber die Bremser waren von Anfang an mit an Bord und tun ihr Möglichstes, damit alles beim Alten bleibt. Hoffen wir, dass sich noch etwas tut!

Der Ansatz ist jedenfalls gut! Nähe und Beteiligung herzustellen, das ist so wichtig.

*

Es hilft nicht, den Blick vor allem auf »die da oben« zu richten. Wir wissen: Bei uns in Sankt Max spielt die Musik! Und ein Blickfang wie das hölzerne Schiff im Altarraum der Kirche ist gut, um zu verdeutlichen, wie man aus *Alt* auch ein schönes *Neu* machen kann.

Dabei geht es nicht darum, das Alte bloß bunt anzustreichen – oder brutal zu übertünchen. Mitnichten!

Wir ringen in vielen Aktionen, die wir uns mit den Mitarbeitenden in Sankt Max ausdenken, immer wieder darum, Strahlkraft zu entwickeln. Nicht indem wir versuchen, mit irgendetwas zu glänzen, sondern vielmehr zu leuchten. Es in der Kirche im besten Sinne heimelig warm und schön zu machen.

Die Holzskulpturen, die der Bonner Künstler Ralf Knoblauch gestaltet, sind in meinen Augen ein wunderbares Bild für das, was uns umtreibt. Die Figuren laden dazu ein, sie in die Hand zu nehmen. Sie zu betrachten und zu staunen. Mit der Hand über das Holz zu streichen und zu spüren, wie es sich anfühlt. Es ist kein glatt gehobeltes Holz, Risse und Unebenheiten gehören dazu. Ralf Knoblauch ist als katholischer Diakon in den sozialen Brennpunkten des Bonner Nordwestens unterwegs. Er weiß um die Sorgen und Nöte des Menschen, um die Verletzungen, die Abgründe, die Trauer und die Wut über manche Ungerechtigkeit.

Seine kleinen Könige spiegeln gerade deshalb die Würde des Menschen. Sie tragen ein weißes Hemd, eine schwarze Hose, sind festlich angezogen. Und viele der vom Künstler gestalteten Figuren haben eine Krone, die für die Würde steht, die jede und jeder hat. Eine unverletzliche Würde, ein Königinnen- und Königtum in den Augen Gottes. Die Holzskulpturen strahlen Ruhe und Geborgenheit aus. Sie leuchten im besten Sinne des Wortes in unseren Alltag hinein.

Die Figur, die wir für unsere Pfarrei St. Maximilian erworben haben, trägt ihre Krone unter dem Arm. Ja, jede und jeder ist wichtig. Eine kleine Königin, ein kleiner König.

Deshalb »Kopf hoch!«. Alle dürfen sich geliebt und angenommen wissen, so wie sie sind. Egal, was sie leisten oder verdienen, egal, woher sie kommen. Bei uns in Sankt Max sitzt die Seniorin neben dem lesbischen Pärchen in der Kirchenbank und die Friseuse neben dem Anlageberater. Genauso bunt stelle ich mir übrigens auch den Paradiesgarten im Himmel später vor: kein englischer Rasen, schön gleichmäßig kurz geschoren, sondern eine bunte Wiese voller Blüten. Eine farbenfroher als die andere.

*

Freudig soll es unter dem Dach der Kirche zugehen! Das Evangelium ist eine Frohbotschaft und keine Drohbotschaft! Deshalb wird auch einmal in einem Kindergottesdienst an Heiligabend bei uns in der Kirche getanzt. Und es wird bei anderen Gelegenheiten immer wieder gerne zusammen im Kirchenschiff gegessen, getrunken, gefeiert und gelacht.

Für den Kindergottesdienst habe ich eine Tänzerin und zwei Tänzer aus dem Gärtnerplatztheater eingeladen, damit sie mit den Jugendlichen aus der Gemeinde eine Choreografie einstudieren. Es ist toll, mit Profis zu arbeiten. Und die drei haben es wirklich drauf – nicht nur fachlich-musikalisch, sondern auch im Umgang miteinander. Spielerisch werden Schrittfolgen erarbeitet. Einmal vormachen, dann noch einmal, und dann alle. »Links Stepp, rechts Stepp. Kurze Pause. Drehung, dann ein Schritt zurück – und von vorne.« Die Tänzerin schnipst, während sie die einzelnen Schritte vorführt, dazu den Takt. Danach wird mit Musik geprobt. Und es macht riesig viel Spaß! Die Jugendlichen sind ganz bei der Sache, Feuer und Flamme, ihr Bestes zu geben. Bei der zweiten Probe klappt es schon nahezu perfekt. Dann kommt der Auftritt, auf den wir hingearbeitet haben.

Die Kirche ist an Heiligabend natürlich voll, kein Platz mehr frei. Einige stehen in den Seitengängen. Die Aufregung der Jugendlichen löst sich, als die ersten Takte der Musik erklingen und alle auf ein Zeichen hin loslegen. Es ist großartig zu sehen, wie einige über sich hinauswachsen. Die Gottesdienstbesucher stehen auf, bewegen sich im Rhythmus der Musik. Manche treten aus den Bankreihen, tanzen im Mittelgang und applaudieren.

Alle Mühen haben sich gelohnt, denke ich. Wie schön, dass so viele mitgemacht haben. Die Jugendlichen, ihre Eltern, die anderen Gottesdienstbesucher – alle sind sie mit Freude dabei. Liturgie darf Spaß machen! Und das tut sie in solchen Augenblicken. Deshalb kommen die Leute zu uns.

Mein Lieblingsbibelvers lautet: *Wir sind nicht Herren über euren Glauben, sondern wir sind Mitarbeiter eurer Freude.* (2. Korinther 1,24)

Es gibt so viele Menschen in einer Kirchengemeinde und in deren Umfeld, die es wirklich draufhaben, andere Menschen zu begeistern. Musikerinnen und Musiker, die drei aus dem Gärtnerplatztheater, der Typ, der Jonglieren kann, ein Graffiti-Künstler, die Konditormeisterin, die mit unheimlich viel Liebe die schönsten Torten kreiert. Aber auch die Rentnerin, die auf ihrer alten Nähmaschine fantasievolle Kostüme näht, der Straßenbahnschaffner, der so wunderbar Tenor singen kann, und die junge Schülerin mit einem Händchen für Schriftgestaltung. Die Aufzählung könnte ich noch ewig fortsetzen.

Während der Pandemie-Zeit hatte ich die Idee, in meinem Gasthaus Pizza zu backen und anzubieten. Das kam so gut an, dass ich bald Hilfe brauchte, um die Mengen zu bewältigen, die bestellt wurden. Eine Musikerin heuerte an und stand fortan mit in der Küche. Später hat Fany Kammerlander, so heißt sie, dafür gesorgt, dass Konstantin Wecker bei uns in Sankt Max auftritt. Die beiden kennen sich gut, weil Fany immer wieder mit ihm auf der Bühne steht. Und auch sonst ist sie in der Musikszene bestens vernetzt, was uns total dabei geholfen hat, eine Reihe von Konzerten im Advent zu organisieren. Es ist nicht zu fassen, was alles passiert, wenn man offen für Neues ist und mit offenen Augen durch die Welt geht.

Mein Idealbild ist, dass in einer Kirchengemeinde alle Register gezogen werden, um zu zeigen, dass Gott die Liebe ist. Dass Glaube und Freude stets ein gutes Paar sind.

Leidenschaftlich zu leben, das Dasein mit all seiner Schönheit in sich aufzusaugen, zu genießen und zu feiern, das tut so gut!

Dass Rainer M. Schießler so eine unheimlich gute Bühnenpräsenz und das Zeug dazu hat, Menschen zu begeistern, ist natürlich klasse. Sein Motto »Auftreten statt austreten« passt perfekt dazu und sorgt dafür, dass der Kirchenkahn Sankt Max flott unterwegs ist – und das mit reichlich Besatzung.

*

Jesus war ein Vollblutmensch, der sich nicht von Widerständen aufhalten ließ: Im 8. Kapitel des Matthäusevangeliums (Vers 23-27) heißt es: *Er stieg in das Boot und seine Jünger folgten ihm nach. Und siehe, es erhob sich auf dem See ein gewaltiger Sturm, sodass das Boot von den Wellen überflutet wurde. Jesus aber schlief. Da traten die Jünger zu ihm und weckten ihn; sie riefen: Herr, rette uns, wir gehen zugrunde! Er sagte zu ihnen: Warum habt ihr solche Angst, ihr Kleingläubigen? Dann stand er auf, drohte den Winden und dem See und es trat völlige Stille ein. Die Menschen aber staunten und sagten: Was für einer ist dieser, dass ihm sogar die Winde und der See gehorchen?*

Was lernen wir daraus? Uns muss nicht bange sein, wenn wir mit einem alten Kahn, der schon einige Scharten abbekommen hat, als Gemeinde unterwegs sind – wenn Jesus mit an Bord ist. Und es ist auch nicht wichtig, wie gut wir gerade dastehen. Jesus war damals in Galiläa nicht mit den geistlichen Koryphäen seiner Zeit unterwegs, sondern mit ganz gewöhnlichen Menschen. Frauen und Männer, die er auf seinem Weg traf, schlossen sich ihm an. Vielleicht hat mancher religiöse Anführer in Israel die Truppe, die durchs Land zog, anfangs zunächst müde belächelt. Aber es ist unheimlich viel in Bewegung gekommen.

*

Sankt Max ist längst keine klassische Ortsgemeinde mehr, sondern eine Art »Leuchtturm«, der auch Menschen anzieht, die sonst mit Kirche nicht mehr viele Berührungspunkte haben. Viele kommen sogar aus dem Umland von München Woche für Woche zum Gottesdienst ins Glockenbachviertel am Isarufer, weil sie die offene Atmosphäre und die lebendige Gestaltung bei uns sehr ansprechen. In Sankt Max haben wir über viele

Jahre hinweg etwas geschaffen, was es in der katholischen Kirche in Deutschland nicht allzu oft gibt.

Daran waren und sind viele Mitarbeiterinnen und Mitarbeiter mit den unterschiedlichsten Begabungen beteiligt. Ein Grund zur Dankbarkeit!

Aber weil wir einiges in Sankt Max nicht so machen, wie es schon vor hundert oder zweihundert Jahren üblich war, sondern anders, ecken wir natürlich auch an. Aus Sicht konservativer Christinnen und Christen sind wir vom rechten Weg abgekommen oder vom Glauben abgefallen, wenn wir ein anderes Glaubensverständnis haben und die Bibel nicht wörtlich nehmen. Einige behaupten sogar, wir würden mit dem, was wir in unserer Pfarrei machen, die Kirche als Ganzes beschädigen. Als »Liturgische Wildsäue« beschimpft zu werden ist natürlich nicht schön. Doch inzwischen können wir darüber lachen, wenn uns bestimmte Menschen derart angehen und titulieren. Denn was kümmert es den Baum, wenn die Sau sich dran kratzt?

Die Kirche als Heimat für möglichst viele Menschen, sie liegt uns am Herzen. Wir nutzen die Spielräume, die wir haben, auf kreative Art und Weise und gestalten das, was vor Ort möglich ist, mit Begeisterung und großem Einsatz. Und natürlich auch mit einer gewissen Zähigkeit, denn oft ist es nicht leicht, etwas in Bewegung zu bringen. Es wieder und wieder zu probieren, in der Hoffnung, dass sich irgendwann ein Erfolg einstellt.

Manches fällt uns in den Schoß, ist pures Geschenk. Anderes müssen wir uns hart erarbeiten.

Dass die Gottesdienste und andere Gemeindeveranstaltungen einen derart großen Zulauf haben und die Medien schon oft über uns berichtet haben, ist ein Schutz vor möglichen Angriffen durch Konservative. All das hilft, unsere gestalterische Freiheit, die wir uns über Jahre erkämpft haben, zu erhalten. Denn es wird eben genauer als an anderen Orten hingeschaut, was passiert … Ich persönlich bin mir recht sicher, dass es einen ziemlichen Aufstand geben würde, wenn jemand aus dem Ordinariat mit Blick auf unsere kirchliche Arbeit in Sankt Max Verbote aussprechen würde.

Einige Medien nennen Rainer M. Schießler einen Rebellen. Aber das mag er nicht, und das ist er auch nicht. Rebellion per se ist nicht seine Sache. Aber die Narrenfreiheit, die er an vielen Stellen inzwischen genießt, nutzt er geschickt, um das eine oder andere öffentlich anzusprechen, was andere Kirchenleute, Pfarrer, Bischöfe und Kardinäle nicht zu sagen wagen. Er nimmt sich die Freiheit, Klartext über Themen wie den Machtanspruch der Kirche oder die Frauenordination zu sprechen, und mischt sich auf seine unkonventionelle Art in die Debatte ein.

Die Entschiedenen und die Mutigen, das sind am Ende die Entscheidenden!

Wie arm wäre unsere Welt, wenn nicht immer wieder Menschen aufstehen würden, um für die Freiheit und nötige Veränderungen einzutreten. Leisetreter gibt es schon mehr als genug.

Kirche, verändere dich, setz dich in Bewegung, damit es den Menschen positiv auffällt, dass es dich gibt! Das wünsche ich mir!

*

Irgendwann hat sich die Münchner Dompfarrei bei uns gemeldet, um sich das alte Boot, das wir im Kirchenschiff von Sankt Max aufgestellt haben, für einen geplanten Flüchtlings-Gottesdienst auszuleihen. Das fand ich eine Super-Idee! Natürlich haben wir nicht Nein gesagt und uns über die Anfrage gefreut. Aber ich habe nicht geahnt, was das für ein Verwaltungsakt wird, mit wie vielen Personen ich sprechen muss, vom Diakon bis zum Zeremoniar, nur damit dieses Boot für eine Aktion in den Dom gebracht werden konnte.

Am Ende musste ich schmunzeln, als ich daran dachte, wie Rainer und ich das Teil, ohne irgendjemand vorher zu fragen, einfach am Starnberger See aufgegabelt hatten.

WAS UNS ANVERTRAUT IST

Rainer M. Schießler // Auf die mir schon oft gestellte Frage, wo Gott eigentlich wohnt, antworte ich: Für mich ist Gott in allen Dingen. Er ist überall präsent, in dir und um dich herum. In jedem Geschöpf, in den Menschen, denen du begegnest, in den Tieren, die dich auf deinem Weg begleiten – in der gesamten Schöpfung. In der Natur gibt es so viel zu entdecken. Wie aus einem winzigen Samenkorn ein großer Baum wächst, die Farben und Formen der Schmetterlinge, der Duft einer Rose. Wunderbar! Du kannst dich daran freuen.

Als Christen haben wir eine besondere Verantwortung für die Schöpfung Gottes, wir müssen sie mit liebenden Augen betrachten. Das, was uns anvertraut ist, sorgsam verwalten, auch mit Blick auf die nächsten Generationen.

Wer sich eingehend mit dem Thema Klimawandel beschäftigt, dem kann angst und bange werden. Die schon vor Jahrzehnten vorausgesagte Klimaerwärmung ist in vollem Gange. Überschwemmungen und Trockenheit, Wirbelstürme und manches mehr sind die ersten Vorboten einer drohenden Katastrophe. Es ist an der Zeit zu handeln.

Schlammlawinen in Pakistan, Überschwemmungen in Indien, eine Flutkatastrophe in Brasilien, Hunderte von Opfern bei Starkregen in China – solche Nachrichten kennt man seit Jahren. Aber wenn wir solche Bilder von reißenden Fluten sahen, war das immer irgendwie auch weit weg. Im vergangenen Jahr hat uns die Flutkatastrophe in Deutschland noch einmal wachgerüttelt. Am 14. Juli und in der Nacht auf den 15. Juli 2021 fielen in Teilen der Bundesländer Rheinland-Pfalz und Nordrhein-Westfalen innerhalb von vierundzwanzig Stunden hundert bis hundertfünfzig Liter Regen pro Quadratmeter. Die Folge waren heftige Sturzfluten, Schlammlawinen und Überschwemmungen. Besonders betroffen war das Ahrtal in Rheinland-Pfalz, wo über hundertdreißig Menschen starben. Ganze Häuser wurden von den Fluten mitgerissen, die wirtschaftlichen Schäden gehen in die Milliarden. Die Berichte und Bilder haben uns alle erschüttert.

Starkregen, Sturzfluten und Überschwemmungen gab es im Sommer 2021 auch in Belgien, den Niederlanden, Österreich und der Schweiz. Wir merken, dass plötzlich alles ganz nah ist – die Auswirkungen der Erderwärmung sind in Mittel- und Westeuropa deutlich spürbar. Wir stecken mittendrin.

Der Klimawandel ist menschengemacht. Seit Jahrzehnten sprechen Wissenschaftlerinnen und Wissenschaftler davon, was passieren wird, wenn wir der fortschreitenden Erderwärmung nicht Einhalt gebieten, indem wir den schädlichen CO_2-Ausstoß verringern.

Es ist auch bekannt, welche Auswirkungen die Bodenversiegelung in Deutschland hat und was passiert, wenn wir Flüsse künstlich begradigen. Welche Folgen zunehmende Trockenheit hat, sehen wir seit Jahren an den sterbenden Wäldern. Seit Jahrhunderten, beginnend mit der Industrialisierung, hat sich das angekündigt.

Wir müssen endlich die Mahnungen der Wissenschaft ernst nehmen und handeln. Jetzt darf uns nichts mehr davon abhalten. Denn selbst wenn wir jetzt sofort alles Notwendige tun, um endlich umzusteuern, wird uns das Thema noch mindestens achtzig Jahre lang bestimmen und begleiten. Die Kinder, die heute geboren werden, werden damit ihr ganzes Leben lang zu tun haben. Nur indem wir sofort die Notbremse ziehen, lässt sich Schlimmeres noch verhindern.

Dass sich die katholische Kirche meist seltsam bedeckt hält, wenn es um den Kampf gegen den Klimawandel geht, kann ich nicht verstehen. Wir müssten doch die ersten sein, die sich für den Umweltschutz einsetzen und eine Bewegung wie *Fridays for Future* begrüßen, in der junge Menschen Druck machen, damit etwas geschieht. Weil wir die Schöpfung lieben, müssten wir ganz vorne dabei sein, wenn gegen die Rodung von Wäldern protestiert wird oder es darum geht, das Pariser Klimaabkommen einzuhalten. Und wir müssten klar sagen, was wir als Organisation selbst unternehmen wollen, um einen Umschwung zu bewirken.

Als ich dies im Rahmen eines Statements zum Schutz der Bienen betont habe, gab es anschließend einen Shitstorm und manche haben mich zornig gefragt, wieso ich jetzt gegen die Bauern bin, wo sie doch die Landwirtschaft hegen und pflegen. Das kann doch nicht sein, dass ein Pfarrer gegen die Bauern hetzt. Aber das war gar nicht mein Anliegen. Ich habe Worte wie Landwirtschaft, Bauern, Agrarwirtschaft niemals ausgesprochen! Mir ging es um viel Grundlegenderes, nämlich dass wir alle zusammen genauer hinschauen müssen, wie wir – Produzenten, Verbraucher und Politik – mit der Natur umgehen. Dass wir die Folgen dessen, was wir tun oder lassen, bedenken müssen, weil längst absehbar ist, dass wir die Karre gegen die Wand fahren, wenn wir so weitermachen wie in den letzten Jahrzehnten. Um Erträge zu steigern, schien lange Zeit fast jedes Mittel recht zu sein. Düngemittel und Pestizide, gentechnisch verändertes, »optimiertes Saatgut« wurden reichlich eingesetzt – ebenso wie Antibiotika und Wachstumshormone.

Das Hegen und Pflegen sieht heute anders aus als vor ein oder zwei Generationen. Heute haben wir es mit Großmastbetrieben und Gülleseen zu tun.
Wo das hinführt, wissen wir. Das Bienensterben ist nur eine der zahlreichen Auswirkungen. Das ökologische Gleichgewicht, das so wichtig ist, damit das Leben auf der Erde auf Dauer Bestand hat, ist am Kippen. Der bisherige Weg des »immer schneller, immer mehr«, ein Grundverständnis, das Wachstum und Ertrag als wichtigste Messlatte für Fortschritt betrachtet, ist eine Sackgasse. Und es ist aus meiner Sicht ein absolutes Unding, wie wir mit den Geschöpfen Gottes, den Tieren, umgehen. Dass manche sie als »Produktionsfaktoren« verstehen und wir immer noch über Themen wie Spaltböden oder das Einpferchen von Tieren in viel zu engen Gitterboxen diskutieren müssen. Natürlich ist es ein Mehraufwand für den Landwirt, wenn er seinen Betrieb so organisieren muss, dass Tiere Auslauf haben. Aber es geht doch um Lebewesen und nicht nur darum, ob ein Bauernhof rentabel arbeiten kann.

Billigfleisch gehört nicht in unseren Haushalt. Wir müssen bereit sein, nach dem Motto »weniger ist mehr« vom übertriebenen Fleischkonsum wegzukommen und für das Fleisch, das wir kaufen, einen angemessenen, fairen Preis zu zahlen. Denn nur wenn sich Milch- und Fleischproduktion auch rechnen, sichern wir den Lebensunterhalt der bäuerlichen Betriebe. So werden wir allen gerecht: dem Tier und dem Menschen!

Bei einer unserer Viecherlmessen hat es ein Tierarzt so ausgedrückt: »Wir kommen hinter eine gewisse Schwelle nicht zurück. Einst wurden aus Ackerbauern Viehzüchter. Seitdem leben wir immer im Konflikt. Hier in der Kirche segnen wir unsere Lieblinge, die Haustiere, nach der Messe gehen wir Schnitzel essen. Das einzige, was uns bleibt, ist, dass wir auch dem Nutztier Respekt zollen, dessen Fleisch wir essen und die Billigfleischkühltruhe in den Supermärkten ganz bewusst meiden. Denn was nicht gekauft wird, wird am Ende auch nicht mehr produziert.« Der Mann bekam für seinen Beitrag stehenden Applaus!

In Sachen »Bewahrung der Schöpfung« müsste die Kirche viel lauter und viel deutlicher agieren. Wir müssen laut »Stopp!« rufen, sonst werden wir unserer Verantwortung als Christen nicht gerecht. Den Blauen Planeten Erde zu erhalten, das ist unsere Aufgabe.

Verantwortung endet nicht innerhalb der Kirchenmauern. Sich brav in einem geschlossenen System einzuigeln, das ist zu einfach. Religion muss an die frische Luft! Draußen, dort, wo es auch Gegenwind gibt, müssen wir uns mit den Problemen dieser Welt auseinandersetzen. Das ist anstrengend, aber notwendig. Eine Religion, die den Menschen nicht dient, dient zu gar nichts. Kirche muss lebensrelevant sein. Das sage ich immer wieder.

GEGEN DEN SOG DER GLEICHGÜLTIGKEIT

Stephan Maria Alof // Fürbitten

Als Christen sollen wir das Salz der Erde sein. Die Protestanten schicken ein Schiff ins Mittelmeer, um Flüchtlinge vor dem Ertrinken zu retten. Das ist gut so, schreibt Heribert Prantl in der Wochenendausgabe der Süddeutschen Zeitung. Aber natürlich wird die Sache mit dem »Kirchenschiff« auch heftig kritisiert, selbst innerhalb der Kirche. Einige sehen in der ganzen Aktion nur oberflächliche Symbolik.
Auf dem fünften Flugblatt der Weißen Rose, das Ende Januar 1943 verteilt wurde, stand: »Zerreißt den Mantel der Gleichgültigkeit, den Ihr um Euer Herz gelegt!«

Lieber Gott, an Weihnachten haben wir gesungen: »Christ, der Retter ist da …!« Und »dein Segel ist die Liebe«, eine Zeile aus dem Lied »Es kommt ein Schiff geladen«. Belassen wir es nicht beim Singen von Liedern, zeigen wir allen, worum es geht, was unseren Glauben ausmacht. Deine Liebe, Gott, gilt allen Menschen, ausnahmslos.
Guter Gott, mit deiner Hilfe wollen wir Salz der Erde sein. Hilf uns dabei.

Gott unser Vater, momentan wird im Agrarministerium heftig gestritten. Ziel ist es, Landwirten zu helfen, aber auch Umweltprobleme zu lösen. Unter anderem geht es darum, die Preise für

bestimmte Lebensmittel anzuheben: um 40 Cent je Kilo Fleisch, 15 Cent für Butter und Käse, 2 Cent für jedes Ei. Diskutiert wird auch über eine höhere Mehrwertsteuer für manche Lebensmittel. Ob das alles reicht? Und ob es überhaupt durchsetzbar ist?
Lieber Gott, was braucht es wirklich an Veränderung, an Erneuerung, wenn es um das Tierwohl und den Umweltschutz geht? Um den Erhalt der Schöpfung?
Es braucht die Bereitschaft aller und das Verständnis, dass sich vieles ändern muss – und das möglichst bald! Hilf uns, kreative, gute Lösungen zu finden.

Gott unser Vater, wenn wir an viele Diskussionen über die Situation der Kirche denken, hat man den Eindruck, es reicht! Und ja, es gibt viel zu klären, einiges zu kritisieren. Es braucht neue Wege. Wer, wie vor einigen Tagen geschehen, die Entscheidungsprozesse des Synodalen Weges der katholischen Kirche mit dem Ermächtigungsgesetz der Nazis von 1933 vergleicht, hat entweder keine Ahnung von Geschichte oder er handelt mutwillig, weil er jegliche Debatte vergiften will.
Das können wir so nicht stehen lassen! Wir müssen an dieser Stelle laut und deutlich sagen: »Es reicht!« Und wenn es nur deswegen ist, damit wir uns später nicht vorhalten lassen müssen, in solchen Momenten geschwiegen zu haben.

Lieber Gott, hilf uns, eine gesunde Mitte zu finden, wenn es darum geht, angemessen miteinander umzugehen. Hilf, dass sich Kleriker und Laien beim Synodalen Weg endlich auf Augenhöhe begegnen, dass es ein Weg der Geschwisterlichkeit wird. Dass sich die Hardliner in unserer Kirche endlich einmal zusammenreißen und Frieden stiften, statt zu spalten.
Hilf deiner Kirche und allen, die mit ihr auf dem Weg sind.

Guter Gott, eine turbulente Woche liegt hinter uns. Politisch wie kirchlich müssen wir als Christen Farbe bekennen und aufstehen, wenn es an der Zeit ist – wenn rechtes Gedankengut um sich greift. Wir sollen Salz der Erde sein. Nicht bloß Geschmacksverstärker, sondern pur. Salz, das seine Wirkung entfaltet, frei von Zusatzstoffen.
Lass uns Gutes tun, authentisch unser Christsein leben. Schenke uns allen jeden Tag aufs Neue die Bereitschaft, Salz in der Suppe zu sein. Würze, die das Leben schmackhaft macht.

Wir danken dir, dass du es immer wieder neu mit uns wagst, guter Gott. Und wir preisen dich für deine Nähe, jetzt und alle Tage bis hinein in deine Ewigkeit.
Amen.

DIE LIEBE FINDET DICH

Rainer M. Schießler // Gute Erfahrungen bringen uns weiter. So verweise ich, wenn es darum geht, ob Kirche und Glaube lebensrelevant sind, auch gerne auf meine eigenen Wurzeln. Wie fing das eigentlich alles an, mit mir und der Kirche? Meine frühesten Erinnerungen reichen mehr als fünf Jahrzehnte zurück. Von klein auf war die Kirche zu den *hl. Zwölf Aposteln* in München-Laim für mich ein guter, vertrauter Ort. Oft bin ich dort mit meinen Eltern, die sehr gläubig waren, zum Gottesdienst gegangen. Viele kirchliche Feste und Traditionen habe ich so im Laufe der Jahre verinnerlicht. Sie sind mir sozusagen in Fleisch und Blut übergegangen. Und dann wollte ich selbst einen nächsten Schritt gehen.

An einem Tag im Oktober 1971, ich war damals in der fünften Klasse, bin ich mittags von der Schule heimgekommen und habe zu meiner Mama gesagt: »Ich möchte Ministrant werden.« Bis heute weiß ich nicht, wie ich auf diese Idee gekommen bin.

Meine Mutter ist ganz blass geworden und hat gesagt: »Das geht nicht, Bua.«

»Ja warum denn nicht?«

»Weil du nicht still sitzen kannst. Und das geht nicht. Ein Ministrant muss beim Gottesdienst ruhig bleiben.«

Mein Bruder Wolfgang wäre der perfekte Ministrant gewesen, ist aber nie einer geworden. Wolfgang konnte auch stundenlang am Schreibtisch sitzen und arbeiten. Bei mir war nach fünf Minuten meist schon die Geduld zu Ende.

Wie oft hat mich meine Mama ermahnt: »Jetzt hab doch mal Sitzfleisch, bleib bei der Sache!«

Schließlich hat meine Mama auf mein Drängen hin doch beim Kaplan angerufen. Und ich durfte Ministrant werden. Vom ersten Moment an habe ich mich in der Gemeinde aufgehoben gefühlt. Die Kapläne und der Diakon der Pfarrei, Anton Häckler, waren für mich große Vorbilder.

In der Gemeinde war ich fleißig: Ich habe den Rasen gemäht, mich als Hausmeister engagiert, mich um die Autos der Geistlichen gekümmert. Überall wo ich mich nützlich machen konnte, habe ich geholfen. Das Pfarrzentrum und die Kirche waren bald mein zweites Zuhause. Jeden Tag war ich dort. Irgendwann bin ich Oberministrant geworden, habe Jugendgruppen betreut und eine Ministrantenzeitung herausgegeben. Später bin ich auch Mitglied im Pfarrgemeinderat geworden.

Zwei Dinge waren für mich wichtig: Ich habe von den Menschen in der Pfarrei die Bestätigung bekommen, dass mein Einsatz nützlich und wichtig ist. Vom Lob lebt man. Gebraucht zu werden, das ist einfach schön und beflügelt einen. Und ich habe in der Kirchengemeinde eine Bühne gefunden, auf der ich präsent sein durfte. Das hat mir riesig viel Freude gemacht! Und so ist es bis heute geblieben.

Die Liebe findet dich. Ich bin nicht als Christ auf die Welt gekommen, ich hatte nie eine Erleuchtung. Es war ein längerer Prozess, in dem ich zum Glauben gekommen bin. Menschen in meinem Umfeld, in meiner Familie und in meiner Heimatgemeinde in München-Laim haben mir den Glauben auf eine gute Art und Weise vorgelebt. Irgendwann habe ich gedacht: Das ist gut, das ist auch dein Weg.

Ich habe damals eine Leidenschaft für den Glauben und für die kirchliche Arbeit entwickelt. Mit sechzehn Jahren wusste ich, dass ich Priester werden will. Auch wenn viele Gleichaltrige damals skeptisch waren, ob das wirklich eine gute Idee ist – mein Entschluss stand fest.

*

Zwei Jahre, von 1980 bis 1981, war ich bei den Kapuzinern in Laufen an der Salzach Novize. Die Tage begannen und endeten mit dem Gebet. Die Spiritualität der Kapuziner hat mir gutgetan. Das Leben als Ganzes, das Miteinander der Brüder, das Haus, die Gerüche, die Arbeit, die totale Einfachheit – das war genau meins. Das habe ich geliebt!

Im Kloster hatte ich alles, was ich zum Leben brauchte. Ich wollte bleiben und dachte: Nach dem Gelübde gehe ich nach Eichstätt. Du musst dir keine Wohnung suchen, es ist für alles gesorgt. Essen, Trinken, Kleidung, eine gut sortierte Bibliothek, ein Wohnort in zentraler Lage, mitten in der Stadt, gegenüber dem Unicampus.

Ich war zwanzig und es schien, als wäre mein Weg vorgezeichnet. Aber gleichzeitig gab es in mir das Gefühl einer inneren Zerrissenheit. Von Zeit zu Zeit kamen mir Zweifel, ob es tatsächlich das Richtige für mich ist, mein ganzes Leben im Kloster zu verbringen. Dann starb meine Mutter, ein großer Verlust. Und mein Vater war plötzlich allein in München.

Irgendwann bin ich zu meinem Hausoberen, Pater Guardian, gegangen, der im Kloster auch für die Novizen zuständig war, und habe ihm gesagt: »Ich komme nicht mehr klar. Irgendwie habe ich das Gefühl, dass ich im Kloster meinen Weg nicht finden kann.«

»Ja …«, sagt er, »… ich habe eigentlich schon darauf gewartet, dass du zu mir kommst und dich verabschiedest.«

Den Ort zu verlassen, der mir zwei Jahre lang so viel Geborgenheit und Sicherheit gegeben hatte, war für mich schlimm. Meinem besten Freund Martin war ich total dankbar, dass er mich im Kloster abgeholt hat und mit mir nach München gefahren ist.

Von 1981 bis 1986 habe ich an der Universität in München Philosophie und katholische Theologie studiert (ein Jahr war ich in Salzburg) und mich im Priesterseminar auf den Priesterberuf vorbereitet.

Mein geistlicher Ziehvater im Kloster hatte mir immer wieder klargemacht: Wenn wir als Mönche das Kloster verlassen, um in einer Pfarrei als Seelsorger zu helfen, ist das der Ausnahmefall. Unser Platz ist im Kloster, in der Gemeinschaft. Aber ich spürte, dass ich in einer Kirchengemeinde mit den Menschen unterwegs sein und ihnen den Glauben näherbringen will.

Am 27. Juni 1987 wurde ich in Freising zum Priester geweiht. Der Primizspruch, den ich mir vor der Weihe ausgesucht habe, lautet: *Was wir von Gott gehört und erlebt haben, das verkünden wir euch: Gott ist Licht und keine Finsternis ist in ihm.* (1. Johannes 1, 5). Das war für mich wegweisend. Und bei jeder Taufe kann ich das dem Kind zusprechen, wenn ich ihm die Taufkerze überreiche. Das ist doch wunderbar!

Kirche braucht's, weil Menschen Heimat brauchen. Das ist es, was mich antreibt: Menschen Heimat zu geben. Es gibt Leute, die einen unglaublichen Fleiß und Energie darauf verwenden, die Karriereleiter emporzusteigen. Ich wollte Pfarrer werden und das bin ich. Mehr stand nicht auf meiner Wunschliste. Ich wollte nie mehr werden.

Der Kapuzinerorden wird in Deutschland leider immer kleiner. Das Kloster in Laufen ist 1992 aufgelöst worden.

Meine eigenen guten Erfahrungen als junger Mensch motivieren mich immer wieder, mit Jugendlichen aus meiner Pfarrei unterwegs zu sein. So waren wir in den letzten Jahren unter anderem in Rom und Wien. Zusammen mit Stephan Alof habe ich mit Firmlingen auch mehrere Fahrten ins Heilige Land unternommen. Daran erinnert das Mosaikbild mit dem Fisch und dem Kelch in meinem Regal im Büro.

In Israel habe ich einen Freund – Shamir ist vermutlich der einzige Palästinenser mit fränkischem Dialekt. Den hat er, weil er bei einem Nürnberger Optiker in die Lehre gegangen ist. Mit Shamir sind wir von Bethlehem aus, wo wir unser Quartier hatten, nach Jerusalem, ins Westjordanland und in den Süden nach Hebron gefahren. Wir haben die dreizehn jungen Leute in zwei gemietete Vans gepackt und sind losgebraust. Und überall dort, wo es etwas Interessantes für sie zu sehen gab, haben wir Station gemacht.

Meist waren wir für zehn Tage im Heiligen Land. Bei einer unserer Reisen sind wir einen Tag am See Genezareth entlanggegangen, von Tabgha bis zum Berg der Seligpreisungen. Am nächsten Tag waren wir dann baden. Bei einer anderen Reise nach Israel sind wir mit den jungen Leuten fünf Stunden von Jerusalem nach Jericho durch die Wüste gewandert. Das war ein eindrückliches Erlebnis, vor allem, weil wir unterwegs gemerkt haben, dass wir zu wenig Wasser mitgenommen hatten. Am Ende waren alle froh, als wir ankamen und es etwas zu trinken gab. Wie eine Fata Morgana tauchte quasi aus dem Nichts ein Mann mit einem Eselskarren auf und hatte Getränke und Orangen dabei.

Es waren natürlich keine klassischen Pilgerfahrten, das wäre auch nichts für Jugendliche. Aber wir haben gute Orte gefunden, um mit ihnen ein wenig nachzuspüren, was den christlichen Glauben ausmacht.

Oben auf der Festung Masada haben wir ein Agapemahl gefeiert. Gemeinsam sind wir zu Fuß die Serpentinen hinaufgegangen, bewusst haben wir nicht die Seilbahn genommen, denn der Weg war wichtig. Es war heiß, alle hatten Durst und wir waren froh, als wir oben auf dem Gipfel standen. Dort wehte ein leichter Wind und wir hatten von der Festung einen wahnsinnig schönen Ausblick ins Tal und aufs Tote Meer.

Freiheit – hier war sie mit Händen zu greifen. Und wir haben gespürt, weshalb sich die Juden im römisch-jüdischen Krieg nach der Zerstörung Jerusalems 71 n. Chr. an diesen Ort zurückgezogen haben. Hier hatten sie das Gefühl, unangreifbar zu sein. Tatsächlich mussten die Römer später erst an der Westseite des Berges eine Rampe aufschütten, um die Festung Masada einnehmen zu können.

Dort oben haben wir auf einer freien Fläche im Schatten der Mauer miteinander Brot und Traubensaft geteilt und ich habe davon erzählt, dass Jesus bei den einfachen Leuten eingekehrt ist. Er hat mit ihnen zu Tisch gesessen, gegessen und getrunken, um Bedeutsames zu klären.

Es wird unglaublich still, wenn du miteinander ein Brot teilst oder der Becher im Kreis geht. Und es ist ein feierlicher Moment, ohne dass man die Jugendlichen besonders darauf hinweisen muss. Im Agapemahl feiern wir die Gemeinschaft, es ist mehr wie eine Brotzeit, aber keine Eucharistiefeier. Leo Tolstoj hat einmal gesagt: »Man kann Brot ohne Liebe geben, aber wenn man Liebe gibt, so wird man auch immer Brot geben.« Dem kann man nachspüren, um einen guten Zugang zur Eucharistiefeier zu finden.

Menschen neugierig zu machen auf das, was der Glaube an Möglichkeiten schenkt, welche Kraft und welche Freiheit darin steckt – darum geht es. Glaube und Liebe sind das Schönste, was es gibt.

Mein absoluter Lieblingsort ist seit einigen Jahren ein kleines Feriendorf im Ötztal, hier kann ich auftanken. Dort habe ich ganz liebe Freude, Dr. Alois Amprosi und seine Schwester Monika Rieder-Amprosi, die ich seit über zwei Jahrzehnten kenne. Das erste Mal war ich vor Ort, als ich mit Kindern und Jugendlichen aus der Kirchengemeinde eine Raftingtour in der Imster Schlucht unternommen habe. Damals gab es in der Pfarrei St. Maximilian im Mai jeden Tag eine Maiandacht. Um bei jeder Andacht Ministranten dabei zu haben, wurde ein sogenanntes Maiandachtsrennen veranstaltet. Wer wirklich jeden (!) Tag da war, bekam am Ende einen Preis. Einmal war es ein Kinogutschein, ein anderes Mal eine zweitägige Reise ins Euro-Disneyland – oder eben eine Raftingtour. Ich wollte selbst immer schon mal auf einem Schlauchboot im Wildwasser unterwegs sein. Die Idee hat auch bei den Kindern und Jugendlichen Begeisterung ausgelöst, alle haben sich angestrengt, um bei der Tour in den Alpen dabei zu sein. Und dann sind wir an einem Wochenende losgefahren. Übernachtet haben wir auf dem Zeltplatz, der der Familie Amprosi gehört. Am Samstag früh haben wir alle Neoprenanzüge, wasserfeste Schuhe, Helme und Schwimmwesten bekommen und sind zum Inn gefahren.

Natürlich war jede und jeder total aufgeregt, als wir mit zwei großen Raftingbooten gestartet sind. Nach gut einem Kilometer Fahrt waren wir in der Imster Schlucht. In diesem Flussabschnitt verengt sich das Oberinntal und durch den Zufluss der Ötz gibt es reichlich Wasser, so entstehen hohe Wellen. Wir haben gepaddelt wie die Wilden, die Boote sind auf den Wellen auf und ab getanzt. Das war richtig klasse und hat allen wahnsinnig viel Spaß gemacht.

Viele Jahre hintereinander sind wir mit Gruppen aus der Pfarrei nach Tirol gefahren. Einmal haben wir in der Alpenrosen-Klamm auch mal Canyoning gemacht und sind mit Neoprenanzügen und Helmen durchs Flussbett geklettert und geschwommen. Ein paar Tage im Jahr gemeinsam ins Ötztal fahren, das hat die ganze Truppe der Kinder und Jugendlichen in der Kirchengemeinde immer mehr zusammengeschweißt.

Heute fahren manche, die damals bei unseren Freizeiten mit dabei waren mit ihren eigenen Familien ins Ötztal und machen dort Urlaub. Sie sagen: Das ist ein Stück Heimat für uns, dieses gute Gefühl wollen wir mit unseren Kindern teilen. Dazu ist Kirche da: Heimat weitergeben.

Aus dem kleinen Zeltplatz von damals ist inzwischen ein wunderschönes Hoteldorf mit Ferienwohnungen und über 130 Betten geworden. »Nie hätte ich es geglaubt ...«, sagt Alois Amprosi, »... wenn mir einer vor 30 Jahren gesagt hätte, was aus meinem kleinen Abenteuerzeltplatz einmal werden wird. Das ist alles ein Geschenk!«

So betrachte ich es auch: Die Tage voller Freiheit, die wir im Ötztal mit Kindern und Jugendlichen gemeinsam erfahren durften, sind ein Grund zur Dankbarkeit und unvergesslich.

WOHIN SOLLEN WIR GEHEN?

Stephan Maria Alof // Fürbitten

Die Kirche galt lange Zeit als moralische Instanz. Doch die hat zunehmend Risse bekommen. Immer mehr Menschen fragen sich, wie es mit dieser Kirche überhaupt noch weitergehen kann. Angesichts von Tausenden von Missbrauchsopfern, langem Abwarten und Vertuschung stehen wir vor einem Scherbenhaufen. Enttäuschung, Scham, Wut – das sind die Gefühle, die uns umtreiben. Seit mehr als zehn Jahren wussten die Verantwortlichen, was Sache ist! Und ich kann nicht verstehen, dass so zögerlich gehandelt wurde!
Was ist das überhaupt für eine Organisation, die sich immer wieder selbst die schlimmsten Fehler verzeiht? Eine Kirche, in der manche Verantwortliche direkt nach einer Phase der Erschütterung in den Modus der moralischen Mahner umschalten und so getan wird, als wäre es mit einem schlichten »mea culpa« getan. Das Verständnis dafür geht immer mehr verloren. Die Menschen vertrauen der Kirche einfach nicht mehr.

Lieber Gott, wir bitten dich um die Bereitschaft aller, endlich neue Wege zu gehen. Wir sehnen uns nach einer Kirche ohne Verlogenheit, Machtgehabe und Halbwahrheiten. Hilf uns dabei, die richtigen Schritte zu tun. Erneuere die Kirche und sende uns deinen Geist, der Neues schafft. Gibt uns die Bereitschaft, uns völlig neu aufzustellen.
Gott unser Vater, wir bitten dich, erhöre uns. Amen

DAS SCHAFFEN SIE NICHT

Rainer M. Schießler // Von Zeit zu Zeit bescheinigt mir jemand: »Sie sind ein ziemlich zäher Hund« – das werte ich als Kompliment. Aber es ist nicht so, dass Konflikte und Auseinandersetzungen spurlos an mir vorbeigehen. Ich bin durch eine harte Schule gegangen. Fünf Jahre bin ich Taxi gefahren, um mir das Theologiestudium zu finanzieren, am liebsten nachts. Dabei ist meine Entscheidung weiter gereift, den Menschen in Freud und Leid zur Seite zu stehen. Denn wenn du mit dem Taxi unterwegs bist, erlebst du die ganze Palette an Freud und Leid. Manche Fahrgäste erzählen dir von ihren Sorgen und Nöten, andere strahlen vor Glück.

Nach dem Studium war ich vier Jahre Kaplan in Rosenheim, danach bin ich für zwei Jahre in die Pfarrei Heilig Kreuz nach München-Giesing gewechselt. Dann bot man mir eines Tages die Pfarrstelle in der Gemeinde St. Maximilian an. Eigentlich wollte ich da gar nicht hin. Aber mein Vater hat mir gut zugeredet. Schließlich habe ich zugesagt und bin 1993 ins Glockenbachviertel nach München gegangen.

Damals habe ich mir natürlich auch direkt die Frage gestellt, wieso man gerade mich für diese Aufgabe ausgesucht hat. Ich habe erst gar nicht verstanden, dass man die Pfarrei am Isarufer mit jemandem wie mir besetzt, einem noch relativ unerfahrenen jungen Mann, der vorher auf dem Land Kaplan war. Positiv formuliert würde ich sagen: »Man hat es mir zugetraut, die Aufgaben zu bewältigen, die vor mir lagen …«. Oder man hat vielleicht auch gedacht: »Soll der junge Typ mit seinen verrückten Ansichten sich ruhig mal ein wenig die Zähne an etwas ausbeißen.« Jedenfalls habe ich, nachdem ich die Stelle angetreten hatte, relativ schnell gemerkt, dass hier ein ganz heißes Pflaster war. Die ersten Monate, was sag ich, Jahre, waren wahnsinnig schwer.

Mein Vorgänger war vom Bischof abberufen und versetzt worden, da es innerhalb der Pfarrei Konflikte mit einer großen Gruppe gab, die zum sogenannten Neokatechumenat gehörte. Das ist eine neue geistliche Bewegung, die sich – oft von charismatischen Personen geleitet – der Neuevangelisierung verschrieben hat. An sich absolut positiv, wenn solche Gruppierungen nicht oft mit einem unheimlichen Impetus auftreten würden, der andere ausgrenzt. Die Pfarrei war zerstritten, die Anhängerinnen und Anhänger des Neokatechumenats machten an vielen Stellen ihr eigenes Ding. Sie veranstalteten eigene Gottesdienste mit speziellen Liedern und Gebeten, trafen sich zu verschiedenen Anlässen im Pfarrheim. Am Samstagabend fanden nahezu in jedem größeren Raum Gottesdienste bestimmter Gruppen statt, die dazu ihre eigenen Priester mitbrachten. Noch dazu mit allen möglichen charismatischen Ausprägungen. Und die Heilige Messe in der Kirche St. Maximilian war schlecht besucht. Das war natürlich kein Zustand, den man so lassen konnte.

Andere Gruppen innerhalb der Pfarrei hatten die Situation genutzt, um sich bestimmte Erbhöfe zu schaffen. Ganz so, als ob sich in einem Mietshaus plötzlich einige Bewohnerinnen und Bewohner als Eigentümer aufführen. Beispielsweise musste ich einer Gruppe erst einmal klarmachen, dass während der Gottesdienstzeiten im Untergeschoss des Gemeindehauses keine Kegelbahn läuft. Das gab es tatsächlich!

Ich habe darauf bestanden, dass sich alle Gruppierungen an die Gottesdienstordnung der Pfarrei halten und es zur Heiligen Messe kein Alternativprogramm gibt. Das gab zunächst große Aufregung, aber ich bin hart geblieben. Es geht einfach nicht, dass jede und jeder in einer Gemeinde sein eigenes Ding macht.

Natürlich bin ich schnell zwischen die Fronten geraten. Und zu allem Überfluss gab es damals noch einen anderen Kirchenpfleger als Stephan Alof, der mir das Leben sehr schwer gemacht hat. Immer wieder habe ich von ihm Briefe geschickt bekommen, in denen er mich kritisiert und persönlich angegriffen hat. Mit zitternden Händen habe ich manches Mal seine Schreiben gelesen. Kritik an sich ist ja nichts Schädliches. Die Auseinandersetzung mit kritischen Stimmen kann helfen und einen weiterbringen. Aber wenn es persönlich verletzend wird, muss man sich abgrenzen.

In solchen Momenten und überhaupt in den ersten Jahren hier in der Pfarrei hat mir mein Vater unheimlich den Rücken gestärkt. Ohne ihn hätte ich viele Konflikte auch nicht durchgestanden. Überall in der Pfarrei hat es rumort. Als ich meinem Vater damals gesagt habe: »Die machen mich fertig«, hat er gelächelt und gesagt: »Das schaffen sie nicht. Wir sind zu zweit!« Und er hat Recht behalten. Mein Vater hat immer völlig gelassen und souverän reagiert, wenn ich wieder einmal mit einem neuen Anliegen zu ihm kam. Wir haben beispielsweise die Briefe, die ich von besagtem Kirchenpfleger bekommen habe, gemeinsam angeschaut und dann beantwortet. Dabei hat mir mein Vater einen guten Rat gegeben, den ich mir gemerkt habe: »Je länger dir jemand schreibt, umso kürzer musst du antworten.« Das beherzige ich bis heute.

Mein Vater kam auch fast jeden Sonntag zu mir in den Gottesdienst, saß in der letzten Bankreihe, ging als Letzter aus der Kirche und sagte mir anschließend, wie er die Predigt fand.

Der Draht zu ihm war nicht immer so eng. Mein Vater gehörte zur Generation der sogenannten Kriegskinder. Eine Jugendfreundin von ihm hat mir einmal gesagt: »Dein Papa ist 1944 mit siebzehn Jahren als Soldat eingezogen worden. Damals war er eigentlich so wie du: kreativ, witzig, engagiert. Als er aus dem Krieg zurückkam, war er ein anderer Mensch.« Die traumatischen Erlebnisse haben ihn völlig verändert. »Da war kein Lachen mehr«, hat sie gesagt. Das hat mich sehr erschrocken gemacht.

Traumatherapie gab es damals nicht. Die Menschen, deren Seelen im Krieg massiv gelitten hatten, mussten sich selbst helfen. Mein Vater hat getan was er konnte, weil er fest davon überzeugt war, dass es unsere Aufgabe ist, das Leben zu meistern. Im Rückblick sagte er: »Wir hatten ein Erbe und einen Auftrag, beides mussten wir annehmen. Und wir hatten auch die Fähigkeit und die Kraft dazu. Daher haben wir dieses Land wieder aufgebaut, Familien gegründet und den Glauben weitergegeben«. Das war seine Devise. Da sag mir einer, dass so eine Einstellung nicht auf den Nachwuchs abfärbt!

Für mich ist es sehr bedeutsam, dass mein Vater am 11. September 2001 starb. Die Bilder des in sich zusammenstürzenden Nordturms der Twin towers in New York erinnern mich an seinen viel zu frühen Tod: An diesem Tag ist auch mein ganz persönlicher Turm eingestürzt. Abends fand damals ein spontanes Gebet für die Opfer in New York auf dem Münchner Marienplatz statt. Es war kein stilles Gedenken, nein, es wurde laut gebetet! Die katholische Kirche hatte eingeladen, Tausende kamen. Und ich stand mittendrin mit meiner ganz persönlichen Trauer und durfte, ohne gefragt zu werden, was los sei, einfach nur mitbeten und weinen, auch um meinen Vater.

*

In der Zeit von 2006 bis 2013 hatte ich viele Konflikte auszuhalten. Diese sieben Jahre sind im Rückblick für mich die intensivsten und schwierigsten meines Lebens gewesen. Immer wieder stellte sich in dieser Zeit für mich die Frage: Wie und wo geht es für mich weiter? Bleibe ich in St. Maximilian, tue ich mir das alles weiterhin an? Das Verhalten, das man mir gegenüber an den Tag legte, hat mich geschmerzt. Der Priester Roland Breitenbach, mein größtes geistliches Vorbild und mein Freund, hat mich damals in unseren Gesprächen immer wieder geerdet. Beispielsweise hat er mir augenzwinkernd gesagt: »Ich weiß gar nicht, was du andauernd für ein Problem mit den Kirchenoberen hast. Für wen arbeitest du denn? Für wen bist du unterwegs? Doch nicht für irgendwelche Oberen! Echt nicht. Verbring mal wieder einen schönen Nachmittag bei einer Tasse Kaffee und einem Stück Torte mit deiner kroatischen Putzfrau. Da hast du mehr davon.« Und ich muss sagen: Der Mann hatte recht.

Ich habe beschlossen, mir manches nicht mehr so sehr zu Herzen zu nehmen. Und über anderes nur noch zu lachen.

Die ersten Jahre in der Gemeinde musste ich als Pfarrer auch sehr viel alleine stemmen. Im Pfarrgemeinderat war es schwierig. Ich wusste wirklich manchmal nicht mehr, wer ist Freund, wer ist Feind? Dann ist Stephan Maria Alof dazugekommen, ein durch und durch kirchlich geprägter und engagierter Mensch. Er hat den Umschwung gebracht.

Seitdem dreht sich alles darum, wie wir es als Team schaffen, die Menschen in der Pfarrei zu erreichen und zu begeistern. Stephan Maria Alof bringt dabei eine unglaubliche Kreativität mit ein. Er ist immer und überall in der Pfarrei präsent, organisiert wahnsinnig viel – und er drängt sich dabei nie in die erste Reihe.

Irgendwann hatte ich ihn im Drogeriemarkt angesprochen und gefragt, ob er sich vorstellen könnte, im Pfarrgemeinderat mitzuarbeiten. Ich hatte Stephan schon oft im Gottesdienst gesehen und gedacht, dass jemand wie er eine Bereicherung für unser Gremium sein könnte. Dass er Ja gesagt hat, war im Nachhinein ein absoluter Glücksfall. Jenseits aller Fragen von Rang und Macht hat er durch seine Art und Weise, Dinge anzupacken und andere Menschen zu begeistern und mitzunehmen, vieles in Bewegung gebracht. Dass er Kirchenpfleger geworden ist und seit über fünfundzwanzig Jahren auf allen Ebenen die Gemeindearbeit mitgestaltet – von der Kirchenverwaltung über den Pfarrgemeinderat, die Jugendarbeit und die Kirchenmusik, die Kunst und die Sozialarbeit –, ist für mich ein großes Geschenk.

Die Menschen kommen nach St. Maximilian und sagen: Hier kann man durchschnaufen, hier ist es nicht stickig. Das ist das Klima in der Pfarrei.

Ich habe im Glockenbachviertel unwahrscheinlich viel gelernt, auch einen guten Umgang mit Menschen, die eine andere Biografie haben als der Durchschnitt in der katholischen Kirche. Wir leben in einer großen Vielfalt, einer Buntheit hier im Viertel zusammen.

Stephan Alofs starke, positive christliche Wurzeln von Kindesbeinen an sind eine Schatztruhe und Kraftquelle zugleich, die scheinbar unerschöpflich sprudelt.

Dass wir uns auf Augenhöhe begegnen, ist entscheidend. Wenn wir das nicht leben würden, hätten wir schnell alles verspielt. Das »Radlfahrertum«, nach oben buckeln, dabei fleißig strampeln und nach unten treten, das kann ich nicht abhaben.

In vielen Gemeinden endet die Zusammenarbeit leider oftmals in einem Kompetenzgerangel. Es gibt Konflikte und Kirchenpfleger, die ihre Aufgabe wirklich vor allem darin sehen, den Pfarrer zu kontrollieren. Da macht das Miteinander natürlich keinen Spaß.

Bei uns ist das kein Thema. Wir diskutieren vieles, aber am Ende sagt Stephan Alof zu mir. »Du bist der Entscheider, du hast das letzte Wort in dieser Sache.« Auch wenn er anderer Meinung ist als ich, packt er immer fleißig mit an und sorgt dafür, dass alles, was wir auf den Weg bringen, möglichst gut wird. Das ist außergewöhnlich – und zeugt von innerer Größe.

Dass Stephan Alof mich, auch wenn wir schon lange »per Du« sind, immer mit »Herr Pfarrer …« anspricht, finden manche Beobachter drollig. Aber es ist für ihn eine Frage des Respekts dem Amt gegenüber, nicht der Person. Ich bin ja hier nicht als Privatperson, ich bekleide ein Amt.

*

Im Oktober 2021 hatte Stephan Alof einen Herzinfarkt. All die Vorzeichen, die es gab, hat er, glaube ich, gar nicht ernst genommen. Er ist grundsätzlich einer, der immer die Grenzen des Machbaren auslotet. Zum Glück hat er alles gut überstanden.

Die Regisseurin, die den Film *Glaube, Liebe, Rebellion* über mich gemacht hat, sagte mir, als sie von dem Herzinfarkt hörte: »Weißt du, was einen fast frösteln lässt? Dass Stephan Maria Alof bei unserem ersten Gespräch zu mir gesagt hat: ›Ich habe ein Glück – weil der Rainer mich mal bestatten wird.‹« Dieser Satz verdeutlicht, was für eine Unmittelbarkeit zwischen uns da ist. Ich sage jetzt ganz bewusst nicht Nähe, weil wir es immer schön getrennt haben, das Private und das Arbeitsmäßige.

LICHT UND SCHATTEN

Rainer M. Schießler // Wie erklärt man Kirche in zwei Sätzen? Mit einer Taufgesellschaft stelle ich mich gerne in den Mittelgang der Kirche und sage: »Schaut euch einmal um. Sechs Säulen links, sechs Säulen rechts, das ist Kirche. Und so wie die Säulen das Gebäude tragen, so trägt der Glaube den Menschen durchs Leben.«

Kirche muss sich den Menschen in einer Sprache mitteilen, die sie verstehen. Sich so präsentieren, dass die Botschaft ankommt. Das gelingt uns anscheinend recht gut: Hunderte kommen sonntags in die Kirche St. Maximilian ans Isarufer. Viele nehmen lange Wege auf sich, um dabei zu sein. In der ganzen Stadt und im Umkreis gibt es vermutlich kaum eine andere katholische Gemeinde, die so viel Strahlkraft hat. Das ist Kirche im öffentlichen Raum, so wie ich sie mir vorstelle. Und ja, ein Gottesdienst kann, wenn er gut gestaltet ist, für viele Menschen anziehend sein. Anschließend gibt es bei uns in Sankt Max manchmal etwas Gutes zu essen oder zu trinken, tolle Musik. Der Gottesdienst und das Drumherum ist für die Menschen ein schönes Event. Das Wort hat seine Wurzeln im Lateinischen, *eventus – das Ereignis.* Wir tragen etwas nach außen, damit es für jeden sichtbar wird.

In der Bibel ist die Rede von einer Stadt, die auf einem Berg liegt – und die man deshalb nicht übersehen kann. Das ist der Glaube. Jesus spricht in der Bergpredigt davon, dass wir unser Licht nicht unter einen Scheffel stellen sollen. Dass wir als seine Anhängerinnen und Anhänger das Salz der Erde sein sollen. Etwas, was auf der Haut brennt, was die Speise würzt. Nichts Lasches. Wenn du einmal am Meer mit den Schuhen aus Versehen ins Salzwasser gekommen bist, bekommst du das Salz nicht mehr raus. Salz zu sein – das ist ein wunderbares Bild für die Wirkung des Glaubens.

Jesus weiß, wie es in der Welt zugeht. Und trotzdem glaubt er, dass es anders geht. Seine Botschaft ist revolutionär einfach. Er fordert uns auf, uns selbst und unserem Nächsten mit Liebe zu begegnen. Seine Feststellung: »Was ihr dem Geringsten meiner Brüder getan habt, das habt ihr mir getan«, macht deutlich, worauf er sein Augenmerk legt. Es geht nicht um wohlfeile Reden, um philosophische Betrachtungen, nach dem Motto »man könnte …«, sondern um handfesten Beistand, echtes Teilen, Barmherzigkeit. Jesus ist mit denen, die ganz unten in der Hierarchie stehen, unterwegs. Rechtlosigkeit aus freien Stücken anzunehmen ist für ihn selbstverständlich. Und wir staunen, wenn er uns sagt »Ihr sollt sein wie die Kinder.« und dies als Voraussetzung dafür ansieht, dass wir das Reich Gottes erlangen. Jesus wünscht sich mit Blick auf diejenigen, die ihm nachfolgen wollen: Bei euch, unter Christen, soll es anders sein.

Ehrlich, offen, dem Menschen zugewandt – das sind Worte, mit denen Jesu Handeln gut beschrieben sind. Seine Geduld mit uns scheint unendlich zu sein: Er hofft, er heilt, er glaubt an das Gute, er liebt die Menschen. Nur einmal, da ist Jesus wirklich zornig geworden: Da hat er all die Geldwechsler und Scheinheiligen aus dem Tempel gejagt und deren Tische umgeworfen. Und er war kompromisslos, wenn es darum ging, die Menschen für sein Anliegen – ein Leben voller Liebe – zu gewinnen. Religiöse Traditionen hat er respektiert, sich aber nicht damit aufgehalten, althergebrachte Dogmen zu erfüllen. Mit ihm ist eine neue Zeitrechnung angebrochen. Und seine Nachfolger, die ersten Christen, haben die Kirche gegründet.

Wenn ich die von ihm überlieferten Reden und Gleichnisse in der Bibel lese, denke ich: Christus ist für die Menschen seiner Zeit und für uns heute der Provokateur schlechthin.

*

Aber leider geht es in der Kirche heute oft nicht anders zu als in anderen Organisationen und Firmen. Mit Gleichgültigkeit, Missgunst, Neid und zuweilen auch Bosheit machen wir einander das Leben schwer. Echt schade.

Wie in allen größeren Organisationen, passieren auch in der Kirche ziemlich schräge Sachen. Und es ist nicht schön, zu erleben, wie man an manchen Stellen mit Macht, Geld und den Menschen umgeht.

Aufregen könnte ich mich immer, wenn es vor allem nur um Äußerlichkeiten, um Statussymbole, Auszeichnungen, Titel und farbige Gewänder geht. Wohin das führen kann, zeigt die Affäre um den ehemaligen Limburger Bischof Tebartz van-Elst. Vor allem mit seinem Prachtbau auf dem Domberg ist er quasi weltweit ins Gespräch gekommen. Und die Kirche hat jede Menge Mitglieder verloren, die sich mit Grausen abgewendet haben. Die jungen Leute in unserer Gemeinde haben damals, wenn jemand superschicke, neue Klamotten anhatte, gesagt: »Tust schon wieder rumtebartzen?« Eine unserer Mitarbeiterinnen sprach gerne von »Schöner Wohnen mit Tebartz«.

Heute steht der damals neu gebaute Bischofssitz, der mehr als 31 Millionen Euro gekostet hat, immer noch leer, weil sich keiner traut, die schicken Räume zu beziehen und damit weiteren Ärger auszulösen. Und Tebartz van-Elst sitzt jetzt als Kurienbischof und Apostolischer Delegat im Päpstlichen Rat für die Neuevangelisation in Rom. Kaum jemand kann das nachvollziehen.

Der frühere Bischof von Innsbruck, Reinhold Stecher, hat einmal die Ämter, die Titel und die besondere Art der Kleidung für Würdenträger in der katholischen Kirche mit einer Orchidee verglichen. Eine an sich völlig nutzlose Pflanze, du kannst nicht mal einen Salat draus machen. Aber trotzdem ist sie prachtvoll und schön. Und jede einzelne Orchidee ist einzigartig. Wenn wir uns auf diese Weise mit den klerikalistischen Ausformungen der Kirche beschäftigen und das Ganze ein bisserl augenzwinkernd betrachten, hat dies durchaus Charme.

Zur Chrisammesse im Dom bin ich früher jedes Jahr hingegangen, aber meist ganz hinten stehen geblieben, beim Teufelstritt. Und das aus einem bestimmten Grund: weil da auch mein Jugendkaplan Herbert stand. Wenn ich ihn gefragt habe: »Herbert, wieso gehst du da nicht mit, wenn alle feierlich einziehen?«, sagte er: »Du kennst meine Herzschwäche.«

Einmal im Jahr haben wir uns dort traditionell getroffen und herzlich begrüßt.

Natürlich gibt es Erwartungen, die ich mit meiner Art, das Priestersein zu leben, enttäusche. Aber mit all dem möchte ich mich eigentlich gar nicht belasten. Dafür ist das Leben zu kurz und zu kostbar. Ich liebe es viel zu sehr, als dass ich meine Energie für derartigen Ärger verschwenden würde. Oft sage ich, wenn man mir wieder mit einem neuen Mist entgegentritt: »Das ist deren Problem – nicht meines.«

Mein erster Pfarrer hat öfters, wenn ich ihn in Konfliktsituationen um Rat gefragt habe, gesagt: »Du musst dich immer entscheiden: aufklären oder dumm sterben lassen. Und in den meisten Fällen bleibt nur Letzteres.« Und da hat er auch recht gehabt. Warum soll ich mich denn aufregen? Auch wenn manches schmerzlich ist, wir müssen es annehmen und mit der Situation umgehen, so gut, wie wir können.

Ich bestimme, wie nah ich etwas an mich herankommen lasse. Darum schiebe ich manches direkt zur Seite und sage anderes gleich ab. Denn ich weiß auch, wie narrisch ich in solchen Situationen werden kann. Ab und an sage ich aber trotzdem leise vor mich hin: »Und jetzt hau ich da mit der Faust rein.« Das ist ein gutes Ventil. Aber dann halte ich mich doch zurück. Bringt eh nichts …

*

Als sie uns im Februar 2021 die Kirche St. Maximilian für acht Monate zugesperrt haben, weil eine Asbestsanierung anstand, haben uns die Kirchenleitung und die Nachbargemeinden, wenn man mich fragt, quasi im Regen stehen lassen. Man könnte ja denken, dass Christen aufeinander zugehen und von sich aus Hilfe anbieten. Dass wir ein Angebot bekommen: »Bei uns könnt ihr während der Sanierungsphase unterkommen, wir hätten geeignete Räume für euch, in denen ihr eure Gottesdienste feiern könnt.« Oder die Diözese selbst sagt: »Mensch, der Pfarrer Schießler, der zieht jede Menge Menschen an, für den brauchen wir einen guten Platz in der Übergangszeit.« Das wäre angemessen. Doch nichts dergleichen ist passiert.

Im Herbst 2019 hatten wir von der Architektin erfahren, dass St. Maximilian Anfang 2020 wegen der anstehenden Sanierung geschlossen werden muss. Zunächst dachten wir, dass wir mit den Gottesdiensten dann für einige Zeit in die Heilig-Geist-Kirche ausweichen könnten. Dann verzögerten sich die geplanten Maßnahmen um ein Jahr und es zeichnete sich ab, dass ich die

Pfarrei Heilig Geist am Viktualienmarkt im September 2020 abgeben werde. Damit war auch diese Option vom Tisch und wir brauchten eine andere Lösung.

Nach zähen Verhandlungen haben wir schließlich mit dem Ordinariat und der Ordensgemeinschaft der *Armen Schulschwestern Unserer Lieben Frau* eine Vereinbarung getroffen, dass wir während der Sanierung von Sankt Max jeden Sonntag um 9:30 Uhr die Kirche St. Jakob am Anger für unseren Gottesdienst nutzen können. Der Vertrag wurde mit der Mutter Oberin, einem Vertreter der Orden und einem Justiziar des Erzbistums verhandelt. Alles wurde bis ins letzte Detail besprochen und ausgetüftelt. Wer wann was mit wem regeln muss – mit welchem zeitlichen Vorlauf An- und Abmeldungen erfolgen müssen usw. … Es war schwierig, ein vernünftiges Zeitfenster zu finden, in dem wir unsere Gottesdienste feiern konnten.

Der ganze Aufwand hat sich am Ende aus meiner Sicht kaum gelohnt, weil es eine zu komplexe Geschichte war. St. Jakob war ohnehin zu klein für unsere Gottdienste, nur achtzig Menschen durften dort wegen der Pandemie zusammenkommen. Wochentags waren wir zur Feier der Heiligen Messe in unserer Korbinianskapelle.

Wie gut, dass Stephan Alof und ich schon früh für unsere großen Gottesdienste andere Orte wie das Münchner Hofbräuhaus, die alte Kongresshalle am Bavariapark, den Festsaal auf dem Nockherberg, die Tonhalle im Werksviertel in München-Haidhausen und weitere Locations in München klargemacht hatten. Dort sind wir dann sonntags um 10 Uhr zusammengekommen. Spannend: Für all diese Orte, selbst für die Biertempel, in denen wir untergeschlüpft sind, hat es nie einen Vertrag gebraucht. Die Absprachen waren schnell getroffen, es gab keinerlei Probleme, sondern immer nur pragmatische Lösungen. Und wir mussten auch keine Nutzungsgebühren bezahlen. Die Verantwortlichen haben uns mit offenen Armen empfangen und gesagt: »Schön, dass ihr da seid.«

Wenn ich nach einem solchen Gespräch, beispielsweise mit dem Inhaber des Hofbräuhauses, an die oft zähen Diskussionen in kirchlichen Kreisen gedacht habe, musste ich schmunzeln. Dann dachte ich: Leute, so geht's! Nur so stellt sich Freude ein!

Im Innenhof des Hofbräuhauses haben wir beispielsweise das Fest Mariä Himmelfahrt gefeiert. Eine Blaskapelle hat gespielt, weil Singen wegen Corona ausfallen musste. Und am Ende haben wir den Menschen ein Sträußchen mit frischen Kräutern mitgegeben, die im Gottesdienst gesegnet wurden, so wie es Tradition ist. Die Kräuter, unter anderem Calendula und Lavendel, haben wunderbar geduftet. Viele Gottesdienstbesucher sind danach noch zum Frühschoppen geblieben.

*

In der Zeit, in der wir mit der Gemeinde von Ort zu Ort gezogen sind, um unsere Gottesdienste zu halten, hatten wir immer einen kleinen, vom Bonner Künstler und Diakon Ralf Knoblauch geschnitzten König dabei. Wir haben bewusst keine goldene Monstranz mitgenommen, sondern die schlichte Holzskulptur. Auf der Homepage des Künstlers wird seine Arbeit so beschrieben: »Wie viel Würde kommt jedem Menschen zu – von Gott, von sich, von anderen und wie viel bleibt im Verborgenen? Mit diesen Fragen wird Ralf Knoblauch in seiner pastoralen Arbeit in sozialen Brennpunkten Bonns immer wieder konfrontiert. Die Antwort geben seine Königsfiguren: Scheinbar machtlos und bescheiden zeigt sich ihre Größe und Würde im Verborgenen. So berühren sie die Betrachter und erinnern uns an unsere eigene Königswürde – und daran, dass wir Menschen füreinander da sein sollen.«

Da kann ich jeden Satz nur unterstreichen. Deshalb war ich gleich begeistert, als Stephan Alof mit der Idee kam, eine der Skulpturen in St. Maximilian zu beherbergen.

Auf dem Cover dieses Buches steht der kleine König, den Stephan dann im Atelier des Künstlers ausgesucht hat, zwischen uns beiden auf seinem Holzpodest. Der König hat keinen Hermelinmantel und keinen Zepter als Zeichen seiner Macht. Er trägt schlichte Kleidung – und seine Krone hat er sich unter dem Arm geklemmt. Es ist einer von uns.

An einer Bürotür bei uns im Pfarramt klebt ein Zettel mit dem Text: »Lieber ein kleiner König als nah am Hofe.« Den haben wir einmal dorthin geklebt, weil uns der ironische Unterton so gut gefallen hat.

Wir haben nichts zu bestimmen, was die Kirche als Ganzes angeht. Aber hier in Sankt Max können wir als engagiertes Team viel gestalten.

*

Am 10. Oktober 2021 konnten wir das erste Mal wieder als Gemeinde in St. Maximilian zusammenkommen. Bei der Provinzoberin der Schwestern habe ich mich damals mit einem Brief bedankt, dass wir die Kirche St. Jakob am Anger eine Zeit lang für unsere Gottesdienste nutzen konnten.

Als sie mir zurückschrieb, dass es ein gutes Miteinander war, musste ich schmunzeln. Denn mehr als ein Nebeneinander war es aus meiner Sicht leider nicht, obwohl wir einiges versucht haben, um Nähe herzustellen.

Dass St. Maximilian zwar nicht gründlich saniert, zumindest jedoch das schädliche Asbest entfernt wurde, ist aus meiner Sicht vorausschauend. Denn wenn man das Gebäude irgendwann einer anderen Funktion zuführt, kann man dem neuen

Nutzer ein asbestfreies Haus anbieten. Das macht Sinn. Ob Kunst oder Kultur – was auch immer hier später stattfindet. Ich rechne nicht damit, dass hier nach mir noch mal ein Pfarrer hinkommt, der die gleiche Pfarrstelle innehat wie ich.

Wenn ich irgendwann in dieser Pfarrei aufhöre, bleibe ich trotzdem Priester und Seelsorger. Und je mehr freie Zeit ich habe, umso mehr Vorträge kann ich halten, weiter mit Menschen in Kontakt kommen. Auch jetzt bin ich schon so eine Art Wanderprediger. Das hat sich durch die Bücher ergeben, die ich in den letzten Jahren veröffentlicht habe.

Einmal habe ich dem Kardinal gesagt: Sie können sich immer auf mich verlassen. Ich bin vielleicht der treueste Priester, den Sie haben. Wobei nicht brav auf meiner Stirn steht. Muss ja auch nicht sein. Ich spreche von treu und nicht von brav.

Und ich bin auch nicht Priester geworden, um einem Kardinal zu gefallen oder um die Sehnsüchte eines Bischofs zu erfüllen, sondern um Verkündigung zu betreiben.

SCHAU!

Stephan Maria Alof // Manche nennen unsere Pfarrkirche St. Maximilian wegen ihrer eindrucksvollen Erscheinung mit den mächtigen zwei Türmen liebevoll Notre Dame an der Isar. Das ist natürlich ein bisschen übertrieben.

Aber der Bau ist wirklich eindrucksvoll. Der Grundriss der Basilika ist anders als üblich. Die zwei Türme flankieren nicht den Haupteingang, sondern stehen nahe der Vierung des Chorraumes. Wegen des schwierigen Untergrundes in den Isarauen war es nur an dieser Stelle möglich, Rammpfähle mit vertretbarem Aufwand in eine höher gelegene Feuerstein-Kieselschicht (Flins) zu treiben und die für die zwei besonders schweren Bauwerke nötige Tragfähigkeit herzustellen. Am Fuß der Türme befindet sich jeweils ein Seiteneingang. Weil die Bodenbeschaffenheit des übrigen Bauplatzes nichts anderes zuließ, wurde auch im Kirchenschiff auf die Errichtung von steinernen Gewölben verzichtet und stattdessen eine horizontale Balkendecke eingezogen. Um der großen Kirche zwischen den Türmen kein Licht zu entziehen, sind die beiden Türme durch eine offene Galerie verbunden und lassen durch zwei große Fenster indirektes Licht herein. Der gesamte Bau ist 87 Meter lang und 50 Meter breit, der Innenraum 24 Meter hoch. Er wurden in den Jahren 1892 bis 1908 nach den Plänen des Wiener Architekten Heinrich von Schmidt im neoromanischen Stil errichtet.

Wenn man das Innere der Kirche betritt, staunt man über die Raumwirkung. Den Chorraum beherrscht ein wuchtiger Hochaltar aus neun halbkreisförmig angeordneten Steinreliefs. Sie zeigen Personen, die in früheren Zeiten den christlichen Glauben verbreitet haben. In der Mitte sitzt der Kirchenpatron Maximilian, der von einem großen irischen Kreuz überragt wird.

Vermutlich hatte man den unteren Teil der Chorwand über lange Zeit mit bunten Vorhängen drapiert, um die mächtige Steinwand etwas heimeliger zu gestalten. Ich fand das furchtbar und habe dem Pfarrer immer wieder in den Ohren gelegen, dass wir das dringend ändern müssen, weil es so nicht bleiben kann.

Der Pfarrer sagte irgendwann, als ich das Thema wieder einmal ansprach, auf seine unnachahmliche Art: »Wir werden doch irgendwo jemand herkriegen, dem wir die Farben finanzieren, damit er uns die Wand verschönert.«

Aber das war aus meiner Sicht zu wenig, ich wollte es natürlich möglichst perfekt umsetzen und habe es geschafft, den Graffiti-Künstler Loomit für die Idee zu begeistern. In München bekannt geworden war er unter anderem, weil er das private Badezimmer des damaligen Oberbürgermeisters Christian Ude künstlerisch ausgestaltet hatte.

Wir haben die Steinwand unterhalb der Reliefs mit Brettern verschalt, auf die eine Leinwand aufgezogen wurde. Und auf diese Konstruktion hat der Künstler dann sein monumentales Wandbild gesprüht. Ein Bild, so groß wie zehn hochkant aufgestellte Tischtennisplatten, der Künstler hat eine Woche daran gearbeitet. In unserer Gemeinde fühlte sich Loomit nach eigenem Bekunden sofort wohl. Und sein farbenfrohes Bild – direkt unter den ehrwürdigen Steintafeln mit den Aposteln und Heiligen angebracht – regt zu vielen Diskussionen an.

Auf einige Heilige nimmt Loomit in seinem Graffiti Bezug. Dazu hat er im Mittelteil der Wand, direkt unter dem steinernen Abbild des heiligen Maximilian, auf einem lilafarbenen

Grund drei Personen in Szene gesetzt. Rechts erinnert ein kniender Paket-Ausfahrer an den Wanderprediger Winthir, der wohl zu seiner Zeit auch einmal eine Weile als Fuhrmann Waren ausgeliefert hat. Carola Rackete, die als Kapitänin trotz Verbot ein Schiff mit Flüchtlingen an Bord in einen italienischen Hafen steuerte, steht symbolisch für den heiligen Maximilian, der ebenfalls Notleidenden half. Sie trägt einen Rettungsring in den Händen.

Auf die Idee, als dritte Figur den ehemaligen CIA-Mitarbeiter Edward Snowden zu wählen, wären vermutlich die wenigsten gekommen. Mit seinen Veröffentlichungen hat Snowden dafür gesorgt hat, dass schlimme Taten öffentlich werden. Für Loomit ist dieses Handeln eine Art Beichte. Und die Waage in den Händen von Snowden steht natürlich für die Gerechtigkeit, die dadurch wiederhergestellt wird. An den Seiten der Wand berühren sich jeweils zwei riesige Hände. Sie stehen für die menschliche Begegnung, aber auch für die Sakramente, die in der Kirche gespendet werden.

Über die gesamte Wand zieht sich in riesigen Pop-Art-Lettern der Schriftzug »Freude«. Und die strahlt das Bild ohnehin aus. Manch einer könnte natürlich angesichts dieser besonderen Form der künstlerischen Ausgestaltung eines neoromanischen Baus mit seinen monumentalen, archaisch wirkenden Steinfiguren und dem Graffiti auch fragen: »Seid ihr noch zu retten?!« Aber gerade die verrückte Kombination macht den Reiz aus.

*

Im August 2021 bin ich einige Wochen auf Kreta unterwegs und entdecke am Rand der Bergstraßen und an Feldwegen immer wieder alte, verrostete Häuschen. Sie stehen erhöht auf vier Metallbeinen, sorgsam verstrebt, um Wind und Wetter zu trotzen. In ihrem Inneren Heiligendarstellungen, Bilder von Verstorbenen, an die man erinnern möchte, und eine Öllampe, die von Zeit zu Zeit entzündet wird, wenn jemand aus der Bauernfamilie, die das Häuschen aufgestellt hat, nach dem Rechten sieht. Auch eine Flasche Öl ist meist mit dabei. Einige der Miniaturkirchen tragen auf der Giebelseite ein Kreuzzeichen.

Früher kamen die Bergbauern auf Kreta an solchen Orten zum Gebet zusammen, baten um Segen für die Ernte, um Bewahrung vor Unwettern, um Schutz für die Familie. Sie beteten für ihre Familien, ihre Kinder, Alte und Kranke – und auch für Verstorbene.

Die Kirche konnten sie oft nicht regelmäßig besuchen, denn der Weg aus den abgelegenen Siedlungen in den nächsten größeren Ort, wo es ein Gotteshaus gab, war zu weit.

Die Miniaturkirchen am Wegesrand werden Proskinitarien genannt. Als Proskenion wird in Griechenland der vorderste Bereich einer Theaterbühne bezeichnet. Manche der Häuschen erinnern auch an ein Unfallopfer – oder sie werden aufgestellt, weil jemand einen Unfall überlebt hat.

Meine Geschäftspartnerin und gute Freundin Lydia Gastroph besucht schon seit über vierzig Jahren die Insel Kreta, hat dort viele Freunde, spricht die Landessprache. Kreta ist ihr zur zweiten Heimat geworden.

Eines Tages frage ich sie: »Sag mal, kann man diese Häuschen, die an den Wegesrändern aufgestellt werden, eigentlich hier irgendwo kaufen?«

»Warum?«, fragt sie zurück?

»Was hältst du von der Idee, vierundzwanzig dieser kleinen

Kapellchen im Advent in St. Maximilian aufzustellen, jedem Häuschen ein Thema zu geben und so einen besonderen Adventskalender zu gestalten?«

Lydia findet die Idee großartig und nimmt Kontakt zu Antonios Mathioudakis auf, einem Schlosser, der in Voukolies im Nordwesten von Kreta lebt.

Der Mann ist von unserer Anfrage überrascht. »Vierundzwanzig solcher Metallhäuser anfertigen, das ist schon ein ziemlicher Aufwand …«, sagt er. Aber Lydia lässt nicht locker und überzeugt den Schlosser schließlich, einfach loszulegen und ein erstes Häuschen zu bauen. »Dann sehen wir weiter …«, nickt sie ihm ermunternd zu. Und Antonios Mathioudakis beginnt bald darauf mit dem Bau.

Unsererseits gibt es keine Vorgaben, er ist in der Art der Gestaltung frei. Und man merkt sichtlich, wie viel Spaß ihm das Ganze bereitet, als er Lydia eine Woche später das erste fertige Häuschen präsentiert. Nach und nach steigt die ganze Schlosserfamilie in das Projekt mit ein und am Ende kann Lydia vierundzwanzig verschiedene Miniaturkapellen in der Werkstatt in Augenschein nehmen. Jede für sich ein Unikat, gefertigt aus Metallprofilen und Blechen, Abfallstücken und neuem Material. Die meisten haben ein Giebeldach, eines auch ein Tonnengewölbe. Einmal ist das Kreuzzeichen in den First des Hauses hineingeschnitten, ein anderes Mal verdeckt es als eine Art Verbindungsstrebe einen Teil der vorderen Öffnung. Der örtliche, griechisch-orthodoxe Priester ist mittlerweile auch auf das Projekt aufmerksam geworden und hat sich ein Häuschen für den Garten seiner Kirche bestellt.

Lydia und ich organisieren den Transport von Kreta nach Bayern, rechtzeitig im November trifft die Lieferung ein. Ein engagiertes Mitarbeiterteam beginnt damit, die Häuschen individuell herzurichten und zu schmücken. Ein Häuschen wird mit grünem Moos ausgelegt, in einem anderen entsteht eine Krippenszene mit Playmobilfiguren, es wird an Beleuchtungskonzepten gefeilt. Und dann kommt der 1. Advent. Am Vortag stellen wir die vierundzwanzig Minikapellen im Mittelgang von St. Maximilian auf. Als die Gottesdienstbesucher den Raum betreten, herrscht erwartungsvolle Stille. Und dann wird gestaunt, wie schön das alles geworden ist!

Für die Ausschmückung des fast fünfzig Meter langen Mittelganges unserer Kirche zu den kirchlichen Feiertagen, besonders zu Ostern, Fronleichnam, Erntedank und in der Adventszeit lasse ich mir gemeinsam mit Pfarrer Rainer M. Schießler immer wieder etwas Neues einfallen. Die Ideen kommen oft unterwegs, plötzlich sind sie da. Wenn ich die Ideen das erste Mal vorstelle, blicke ich des Öfteren in ungläubige Augen. Und ich kann die Argumente, weshalb das alles eigentlich zwei oder drei Nummern zu groß für uns ist und viel zu viel Aufwand bedeutet, schon förmlich riechen. Aber das hält mich nicht davon ab, solche Ideen vorzustellen, anzupacken und umzusetzen. Denn meine Erfahrung zeigt: Wo ein Wille ist, da ist auch ein Weg.

Einmal kurve ich mit meiner Karre durch Schwabing und sehe am Straßenrand ein Vorfahrtsschild, auf das jemand »Du bist wichtig« gesprayt hat. Das finde ich richtig stark! Ohne auch nur einen Augenblick zu zögern, schalte ich den Warnblinker an, stoppe den Wagen mitten im Verkehr und mache ein Handyfoto von dem Teil. Zwei Stunden später treffe ich Rainer im Pfarrbüro und halte ihm mein Mobiltelefon unter die Nase: »Schau mal – das ist unsere diesjährige Weihnachtsbotschaft.« Rainer lächelt, sagt nichts. Aber ich weiß: Er ist dabei. Das läuft.

Am nächsten Tag rufe ich beim Verkehrsamt der Stadt München an, frage nach den Konditionen für die Ausleihe einer größeren Menge von Vorfahrtsschildern und reserviere dann direkt vierzig Stück, die ich in der Woche vor Weihnachten auf dem städtischen Bauhof abholen kann. Abholen klingt einfach, ist es aber nicht: Vierzig Schilder, vierzig stabile Rechteckstangen und vierzig schwarze Standfüße – das wiegt ordentlich und braucht viel Platz. Ein Spezi schuldet mir zum Glück noch einen Gefallen. Mit seinem Lieferwagen holen wir das ganze Material vom Bauhof ab und karren es in die Kirche. Ich kann es kaum erwarten, alles aufzubauen. Dann kommt der Heilige Abend.

Im Altarraum von Sankt Max steht der große, mit vielen Lichtern festlich geschmückte Weihnachtsbaum, die Orgel spielt »Vom Himmel hoch, da komm ich her.« Über der hölzernen Krippe auf den Steinstufen in der Apsis schwebt ein Engel im weißen Gewand. Links und rechts des Mittelgangs sind die Verkehrszeichen aufgereiht, mit einem wichtigen Hinweis, der allen Besuchern ein Lächeln ins Gesicht zaubert: »Du bist wichtig« haben wir mit abwaschbarem Stift direkt auf die Schilder geschrieben.

Ich stehe am Eingang und blicke durch den Gang nach vorne zum Altar. Zufrieden stelle ich fest, wie gut alles zusammenpasst: die romanischen Säulenreihen, die grauen Rundbögen und die weiß-gelben Blechschilder auf den silberfarbenen Ständern. So hatte ich mir das vorgestellt!

Vor einigen Jahren habe ich zusammen mit einigen Helfern die Kirche in eine riesige Krippe verwandelt. Gut eine Woche haben wir dafür gebraucht. Zu siebt haben wir das Material herangeschleppt. Große Stellwände aus Holz und bemalter Leinwand, mit Fenstern und Türen, Krippenfiguren, die ich mir von der Holzschnitzerei Klucker aus Oberammergau ausgeliehen hatte. Bethlehem zum Anfassen und Erleben. Kistenweise haben wir

Steine, Sand und Holz in die Kirche gebracht und damit den Boden im Altarraum ausgelegt. Die gesamte, begehbare Krippe hat eine Fläche von 25 mal 25 Metern ausgefüllt. Vielleicht war es damit die größte Krippe der Welt. Aber das war nicht entscheidend. Viel wichtiger war, dass es so vielen Besucherinnen und Besuchern eine riesige Freude gemacht hat, sich das alles anzuschauen. Die orientalische Krippenszenerie mit all ihren schön gestalteten Details und den Figuren von Jesus, Maria, Josef, den Hirten, Schafen, Ochs und Esel war im besten Sinne ein *Theatrum Sacrum,* ein heiliges Spiel, das wir dargeboten haben. Aus ganz Deutschland kamen Besucher zu uns ans Isarufer, um sich das alles anzusehen.

Ich liebe es, Räume zu gestalten. Aber eines ist mir dabei wirklich wichtig: Es geht nie um bloße Dekoration, sondern das, was wir in der Kirche gestalten, soll sinnstiftend sein und zum Nachdenken anregen.

Wir brauchen das Schöne, die Kunst, eine ansprechende Ästhetik, Farben, Formen, Harmonie. Aber eine gelungene Ästhetik ist nicht immer das ausschlaggebende Kriterium. Viel entscheidender ist es aus meiner Sicht, starke Emotionen zu wecken, die uns aus dem Alltag heraustreten lassen und einladen, tiefer zu sehen. Mit dem *Theatrum Sacrum* hat man im Barock und Rokoko die biblischen Geschichten mithilfe von theatralen Elementen in Szene gesetzt. Dabei spielten nicht nur die Mimik und Gestik der Darsteller eine Rolle, sondern natürlich auch die Kostüme mit ihren Farben, die Requisiten, die Ausgestaltung der Bühne, das Licht und die Musik.

Auch die Bedeutung der Kirchenmusik dürfen wir nicht unterschätzen. Immer wieder beobachte ich, wie die Menschen mit geschlossenen Augen in der Kirche sitzen und es genießen, wenn zu besonderen Gelegenheiten ein Oratorium aufgeführt wird oder gute Solisten auftreten. Aber es geht wie gesagt nicht nur um Schönheit und Harmonie, um möglichst prächtige Darstellungen. Auch die Abgründe des Daseins, das Abstoßende entfaltet eine besondere Ausstrahlung. Ein Stilbruch in einem ansonsten wunderbar gestalteten Raum macht neugierig. Beispiel gefällig?

Einmal stellen wir im Advent graue, runde Mülltonnen in die Kirche. An jede Säule eine. Die Idee ist, dass die Leute alles hineinschmeißen können, was sie belastet und bedrückt.

An Heiligabend liegt auf den Mülltonnen jeweils ein Christkind aus Kunststoff. Das irritiert. Aber es weist auch auf etwas hin, das spricht der Pfarrer dann in seiner Predigt an: Christus ist in die Welt gekommen ist, um alles auf sich zu nehmen. Alles, was uns umtreibt, unser Versagen, die Schuld, den ganzen Müll unseres Lebens.

Jesus ist einer, der gekommen ist, um uns zu sagen, dass unser Leben trotzdem gelingen kann. Trotz allem Mist, den wir machen. Seine Zusage gilt bis ans Ende aller Tage: »Ich bin für euch da, und ich bleibe bei euch.«

*

Als Christ glaube ich an die Auferstehung. Menschen, die ein Nahtoderlebnis hatten, berichten oft von unglaublicher Schönheit, Wärme und Liebe, die sie gesehen und gespürt haben. Zu glauben, dass wir ins Licht gehen, das Paradies erleben – das hilft, dem Tod seinen Schrecken zu nehmen.

Aber das Leid gehört zum Leben dazu, ebenso wie enttäuschte Hoffnungen und Trauer. Daran erinnert die Tradition der Heiligen Gräber, ein Brauch aus der Barockzeit, der in Bayern stellenweise noch gepflegt wird.

In der Karwoche wird in der Kirche eine Christusfigur aufgebahrt. Einmal habe ich eine Christusstatue auf ein Pflegebett gelegt, mit jeder Menge Gerätschaften drumherum, sodass es aussah wie auf einer Intensivstation. Ein anderes Mal lag die Statue – eine edle Figur aus den 20er-Jahren des letzten Jahrhunderts – als Penner in einem großen Karton.

Die Gestaltung erinnerte daran, dass Christus selbst auch mit den Ärmsten der Armen unterwegs war, dass er in die Abgründe des Daseins hinabgestiegen ist und sich für nichts, für wirklich gar nichts zu schade war. Deshalb kann er das Leid der Menschen auch verstehen. Es ist eben nicht nur der in vielen Darstellungen erhabene, glänzende, über allem schwebende Gottessohn, sondern auch derjenige, dem wir im Bettler begegnen, der am Straßenrand sitzt.

FÜLLE UND WEITE

Stephan Maria Alof // Aus dem Gewohnten herauszutreten, mit neuen Augen zu sehen, das ist wichtig, um das Geheimnis des Glaubens zu verstehen. Dass Christus auch der ganz andere ist. Nicht der Mächtige auf dem Thron, keiner, der von weit oben auf uns herabschaut, sondern einer, der neben uns steht, der mit uns geht, der uns wirklich nahekommen will.

Am Gründonnerstagabend waschen wir den Gottesdienstbesuchern beim Betreten der Kirche die Hände und erinnern damit nicht nur daran, wie der römische Statthalter Pontius Pilatus vor zweitausend Jahren in Jerusalem seine Hände »in Unschuld gewaschen« hat, nachdem er dem Volk die Wahl überlassen hatte, ob er den Verbrecher Barnabas oder Jesus kreuzigen soll. Wie die Geschichte ausging, ist bekannt.

Wir erinnern auch daran, wie sich Jesus vor dem letzten Abendmahl mit ihnen zu seinen Jüngern hinabgebeugt hat, um allen die Füße zu waschen. Unglaublich: Der Meister wäscht die vom Staub der Straße dreckigen Füße derjenigen, die ihn verehren und ihm folgen. Dies entsprach so gar nicht den Vorstellungen der Menschen damals. So ist es bis heute geblieben.

Immer wieder versuchen wir, auf eine solche Weise die biblischen Geschichten ins Heute zu bringen. In unseren weihnachtlichen Theateraufführungen geht es deshalb zuweilen auch derb zu, auf jeden Fall alles andere als süßlich. Einmal erzählen wir die Geschichte von Yussuf und Ahamina. Die beiden kommen aus Syrien und suchen eine Unterkunft. Das Gasthaus in Bethlehem musste schließen, weil es in die Cappuccino-Lounge-Connection nicht mehr reingepasst hat – und jetzt stehen die beiden ohne Unterkunft da.

Ein Drama, zum Glück geht es gut aus. Am Ende singen alle »Tage wie diese« von den Toten Hosen. Ernsthaft. Und mit genau derselben Inbrunst wie bei dem Lied »Stille Nacht«. Darum geht es an Weihnachten: Liebe zum Leben!

Als wir einmal im Herbst ein starkes Hochwasser in München haben, bringt mir jemand von der Stadt jede Menge Treibgut, das sich am Isarufer aufgestaut hat. Baumstämme und Bretter, die ich dann in den Mittelgang der Kirche lege und auch einen Altar daraus baue. Mit Helfern bohre ich um die tausend Löcher in die Hölzer. Da hinein stecken wir dann Kerzen, die wir im Weihnachtsgottesdienst anzünden. Ein wunderbares Lichtermeer.

Als Christen denken wir das Kirchenjahr von Weihnachten her. Es beginnt nach katholischer und evangelischer Tradition am 1. Sonntag im Advent. Der liturgische Kalender der römisch-katholischen Kirche gliedert das Jahr in drei Hauptteile: den Weihnachtsfestkreis, der die vier Adventssonntage, den Weihnachtstag, die Sonntage nach Weihnachten sowie das Hochfest der Erscheinung des Herrn (Epiphanias; im Volksmund auch Dreikönigstag genannt) umfasst. Am 2. Februar wird das »Fest der Darstellung des Herrn im Tempel« begangen, das volkstümlich Mariä Lichtmess genannt wird.

Am Aschermittwoch beginnt die Fastenzeit, an die sich der sogenannte »österliche Festkreis« anschließt, der bis Pfingsten reicht. Nach fünf Fastensonntagen beginnt am Palmsonntag die heilige Woche mit den drei wichtigen christlichen Feiertagen: Gründonnerstag, Karfreitag, Ostersonntag. Der dritte Hauptteil des Kirchenjahres startet am Pfingstmontag und endet mit der

Vesper am Vorabend des ersten Adventssonntags. Sonntag nach Pfingsten wird das Dreifaltigkeitsfest gefeiert und am Donnerstag der zweiten Woche nach Pfingsten ist Fronleichnam – das »Hochfest des heiligsten Leibes und Blutes Christi«.

An Pfingsten geht es um das Feuer der Begeisterung! Das brauchen wir heute dringend, um den alten Kahn Kirche in Bewegung zu halten.

Das Kirchenjahr mit seinen Festen bietet viele Anlässe, den Kirchraum immer wieder neu auszuschmücken. Ich dekoriere sehr gerne mit Naturmaterialien. In der Fastenzeit streue ich beispielsweise in der Basilika einen Sandweg von der Pforte bis zum Altar. In der Osterzeit bringen wir die so angedeutete Wüstenlandschaft dann mit Dutzenden von grünen Pflanzen und Blumenstöcken zum Blühen. Auch einen Brunnen gibt es, aus dem Wasser sprudelt. Sinnbilder für die Fülle des Lebens, die wir im Glauben finden können. Die Menschen sollen mit einem guten Gefühl nach Hause gehen.

*

Das Ostergeschehen hat eine große Dramatik. Wir erinnern daran in vier aufeinanderfolgenden Gottesdiensten. Am Palmsonntag, dem Sonntag vor Ostern, halten wir uns die Szene vor Augen, in der Jesus auf einem Esel in Jerusalem einzieht. Er ahnt längst, was ihm bevorsteht, aber er freut sich über die Menschen, die am Straßenrand stehen und ihn begrüßen. Als Zeichen ihrer Verehrung haben sie Palmzweige abgeschnitten und auf den Weg gestreut, denn durch die Ankunft Jesu sahen sie die Weissagung des Propheten Sacharja aus dem 6. Jahrhundert v. Chr. erfüllt. Dieser hatte prophezeit, dass der ersehnte Friedenskönig auf einem Esel nach Jerusalem kommen wird.

Der Gründonnerstag erinnert an das letzte Mahl Jesu mit seinen Jüngern. Nach biblischer Überlieferung feiert Jesus am Vorabend seiner Verhaftung mit seinen Jüngern in einem Haus in Jerusalem das jüdische Paschafest. Er bricht das Brot und gibt jedem Anwesenden ein Stück mit den Worten »*Nehmt und esst; das ist mein Leib.*« Danach nimmt er einen Kelch mit Wein, spricht ein Dankgebet und sagt: »*Trinkt alle daraus; das ist mein Blut des Bundes, das für viele vergossen wird zur Vergebung der Sünden.*« (Mt 26,26-28)

Jesus weiß, dass ihn einer der zwölf, Judas Iskariot, an seine Feinde verraten wird. Und doch feiert er mit allen ein Gemeinschaftsmahl als Zeichen seiner Liebe. Noch in der gleichen Nacht wird Jesus im Garten Getsemani, wo er betet, während seine Jünger schlafen, verhaftet.

Schon einen Tag später wird Jesus sterben. An Karfreitag gedenken wir seines Kreuzestodes. Namensgeber ist das althochdeutsche Wort *kara*, was Trauer oder Wehklage bedeutet. Indem man in Jerusalem die Kreuzwegstationen vom Palast des Herodes bis nach Golgatha abschritt, wurde der Karfreitag bereits im 3. Jahrhundert von Christen als Tag der Erinnerung begangen.

Das eigentliche Osterfest beginnt mit der Osternacht, die am Abend des Karsamstages gefeiert wird. Manche Kirchengemeinde kommt dazu abends um 23 Uhr zusammen, andere am Ostersonntag in aller Frühe. Die Gottesdienstbesucher ziehen gemeinsam in die nahezu dunkle Kirche ein. An der großen Osterkerze, die auf dem Altar steht, wird ein weiteres Licht angezündet, das weitergereicht wird, bis die Menschen überall in der Kirche brennende Kerzen in ihren Händen halten. So ist es auch bei uns in Sankt Max.

Die Osternacht lebt von jahrhundertealten, gewachsenen Ritualen, die wir den Menschen erklären müssen. Beispielsweise warum bei uns in der Kirche die große, brennende Osterkerze dreimal bis zum Docht in das frisch geweihte Wasser des Taufbeckens eingetaucht wird. Dieses Ritual erinnert an die Taufe und das »Wasser des Lebens«, von dem Jesus spricht »... *wer aber von dem Wasser trinkt, das ich ihm geben werde, wird niemals mehr Durst haben; vielmehr wird das Wasser, das ich ihm gebe, in ihm zu einer Quelle werden, deren Wasser ins ewige Leben fließt.*« (Johannes 4,14).

In der Osternacht feiern wir das Leben!

Nach dem Gottesdienst gehen wir morgens um fünf nach draußen, um zusammen das Osterfeuer zu entzünden. Es jagt mir immer wieder einen Schauer über den Rücken, wenn wir in dieser besonderen Atmosphäre am Feuer miteinander das Lied »Christ ist erstanden ...« singen. In der letzten Strophe heißt es:

Er ist erstanden, hat uns befreit;
dafür sei Dank und Lob allezeit.
Uns kann nicht schaden Sünd' oder Tod,
Christus versöhnt uns mit unserm Gott.

Es macht mich glücklich zu wissen: Ja, wir sind wirklich frei, weil Jesus uns von allem, was uns kleinmachen will, erlöst hat. Nichts kann uns schaden! Auch der Tod verliert seinen Schrecken, wenn wir als Christen auf ein Wiedersehen mit all unseren Lieben im Himmel hoffen dürfen.

Das Osterfeuer brennt langsam nieder, der Morgen dämmert über den Isarauen. Nebel liegt über dem Fluss. Ein solches Erlebnis vergisst man nicht so schnell.

Einige zieht es nach Hause, aber viele sitzen danach noch im nahen Gemeindehaus zusammen, frühstücken miteinander und genießen, dass die Fastenzeit zu Ende ist.

Auch an eine besondere Aktion mit selbst gestalteten Kreuzen denke ich gerne zurück. Mehrere Wochen vor dem Osterfest verteilen wir vierzig große Holzkreuze, die ein befreundeter Schreiner für uns anfertigt, an einzelne Personen, Paare oder Familien in der Gemeinde, die sich für dieses Projekt melden. Vierzig Kreuze, jedes gut einen Meter achtzig hoch, die individuell gestaltet werden sollen. Die Zahl erinnert an die vierzigtägige Fastenzeit vor Ostern.

Am Ende kann man nur staunen, wie schön, wie außergewöhnlich, wie berührend die Kreuze gestaltet sind. Eines mutet asiatisch an, ein anderes ist mit filigranen Mustern geschmückt; das nächste in Regenbogenfarben lackiert. Ein Mann hat Bilder seiner Eltern an den Querbalken geheftet. Manche Kreuze sind komplett bemalt, andere nur sehr reduziert mit einer klaren Botschaft beschriftet. Keines gleicht dem anderen. Und doch ist die Grundform immer gleich. Ein schönes Bild.

In der Osternacht sind die vierzig Kreuze im Mittelgang der Kirche am Ende jeder Bankreihe aufgestellt. Es ist unglaublich eindrucksvoll, an den Reihen entlangzugehen und zu sehen, wie unterschiedlich die Gestalter das Kreuz geschmückt haben. Jedes erzählt seine eigene Geschichte.

*

60 Tage nach Ostern, am zweiten Donnerstag nach Pfingsten, erinnern wir uns noch einmal in besonderer Weise an das letzte Abendmahl Jesu mit seinen Jüngern. An Fronleichnam feiern Katholiken das »Fest des heiligsten Leibes und Blutes Christi«, wie es altertümlich heißt. Für alle, die nicht kirchlich sozialisiert sind, hier eine Erklärung: Im Althochdeutschen steht »fron« für »Herr« und »lichnam« für »Leib«. Als Katholiken glauben wir daran, dass Christus in der Eucharistiefeier, nach

den sogenannten Wandlungsworten des Priesters, in der Oblate, dem Stück Brot, gegenwärtig ist. Sie ist sein Leib und die Eucharistiefeier ein Ausdruck der Dankbarkeit, dass Jesus sein Leben für uns gegeben hat. Das griechische Wort *eucharistia* bedeutet *Dankbarkeit, Danksagung.* Wenn bei den feierlichen Fronleichnamsprozessionen eine Hostie in einer Monstranz durch die Straßen getragen wird, geht es darum, an dieses besondere Glaubenszeichen Jesu zu erinnern.

Und wenn wir zum Fronleichnamsfest in der Basilika von St. Maximilian auf dem Weg zum Altar einen Blumenteppich auslegen, tun wir auch dies, um voller Dankbarkeit zu zeigen: Wir feiern dich, Jesus.

Das Ganze darf im Überschwang der Gefühle durchaus auch mal kitschig sein. Früher hat man bei uns daheim, wie an vielen anderen Orten auch, zu Fronleichnam in der Kirche ein Pax-Zeichen, ein Kreuz oder eine Maria als Blumenteppich gelegt. Das hat mir immer gut gefallen. Ich komme ja aus einer urkatholischen Gegend im Westerwald, in der man die Tradition und die Kunst des Blumenteppichlegens seit jeher pflegt. Als Kind und Jugendlicher bin ich mit den anderen aus der Gemeinde eine Woche vor Fronleichnam über die Wiesen und am Feldsaum entlanggezogen. Dort haben wir zum Beispiel Lupinenblüten gezupft und im Wald das junge Tannengrün geschnitten. Daraus wurde dann im Altarraum unserer Dorfkirche ein floraler Teppich – als Verehrung des Sakramentes, weil Fronleichnam für uns ein hohes Fest war. An diesem Feiertag war gefühlt das ganze Dorf bei der Prozession unterwegs. Leider wissen immer weniger Menschen um die Bedeutung dieser jahrhundertealten Tradition.

Oft legen wir in Sankt Max zu Fronleichnam als Blumenteppich Ornamente, die an Gestaltungselemente aus der Gotik oder Romanik erinnern. Bei anderer Gelegenheit aber durchaus auch einmal ein politisches Statement. Oder wir hängen farbig bemalte Stoffbahnen mit kurzen Texten, rote Schrift auf weißem Grund, an die Säulen der Kirche – das sieht richtig stark aus.

Ich finde es wichtig, im Gottesdienst aktuellen Themen, die den Menschen unter den Nägeln brennen, und den dazugehörigen Emotionen Raum zu geben.

Vor einigen Jahren haben wir zu Fronleichnam mit Blumen und Blüten in den Mittelgang der Kirche einen »Black Lives Matter«-Teppich gelegt, um zu zeigen, dass auch wir hinter dieser Bewegung stehen. Denn dass in Amerika ein Mensch sterben muss, nur weil er eine andere Hautfarbe hat, ist ein Skandal! Mehr als zwanzigmal sagt George Floyd bei seiner gewaltsamen Festnahme in Minneapolis den Satz »I can't breathe« – »Ich kann nicht atmen«. Doch ein Polizist drückt ihm gnadenlos sein Knie auf den Hals und damit die Luft ab, acht Minuten lang – bis er stirbt. Das schreckliche Geschehen wird in mehreren Videos festgehalten, die die Bodycams der Polizisten und umstehende Augenzeugen aufzeichnen. George Floyds Tod führte im ganzen Land zu Massenprotesten gegen Polizeigewalt und Rassismus, bei dem weitere Menschen starben und Hunderte verletzt wurden. Wie schrecklich! Als Christen dürfen wir zu so etwas nicht schweigen, sondern müssen Position beziehen.

»All Lives Matter« (»Alle Leben sind wichtig«) ist auf dem Blumenteppich in Sankt Max zu lesen. Mein Ehemann Alexander hat das Muster am Vorabend mit einem abwischbaren Textmarker auf dem steinernen Kirchenboden vorgezeichnet. Jetzt setzen wir den Entwurf mit zwei Dutzend Leuten um. Neben den Ministranten sind auch einige Ältere aus der Gemeinde dabei. Menschen, die die Tradition des Blumenteppichlegens von

Kindesbeinen an kennen und sich jedes Mal aufs Neue freuen. Die Kinder und Jugendlichen, die den Blumenteppich legen, möchten, dass sich auf dem Bild Menschen mit unterschiedlicher Hautfarbe die Hand reichen. So wird's gemacht! Gemeinsam setzen wir ein Zeichen gegen Hass, Ausgrenzung und Respektlosigkeit. In weißer Schrift steht der Text »All Lives Matter« in einem schwarzen, mit grünen Blättern umrandeten Feld. Ein kunterbuntes Band – eine farbige Menschenkette – ist zum Altar hin ausgerichtet. Auch das Gesicht von Jesus haben wir aus jeder Menge Blumen geformt – er trägt im Corona-Jahr eine Maske.

Früh um fünf war ich im Blumengroßmarkt und habe die Händler gefragt: »Habt ihr Rosen, Dahlien, Kornblumen, Tulpen oder irgendwelche anderen Blumen, die ihr nicht mehr verkaufen könnt?« Tatsächlich habe ich körbeweise Blumen und Blütenblätter geschenkt bekommen und mein ganzes Auto damit vollgeladen.

Zunächst müssen die Blütenblätter von den Stielen gezupft und dann von den Helfern in Eimern und Schüsseln nach Farben sortiert werden. Anschließend machen wir uns gemeinsam ans Legen. Wer schon einmal drei oder mehr Stunden am Stück gekniet oder in gebückter Haltung gearbeitet hat, kann sich vorstellen, was es bedeutet, einen meterlangen Blütenteppich auf Steinboden zu legen. Und natürlich muss man total aufpassen, dass nichts verrutscht oder ein starker Windzug die ganze Arbeit im Handumdrehen zunichtemacht. Es bereitet große Freude zu sehen, wie das Bild wächst und einfach toll aussieht. Am Ende stehen alle Beteiligten stolz um das Werk. Mobiltelefone werden gezückt, Erinnerungsfotos gemacht. Es ist wirklich eine Pracht – ein beeindruckendes Blütenmeer mit einer wichtigen Botschaft: Jedes, wirklich jedes Leben zählt. Später erfahren Alexander und ich mit Schrecken, dass die Rechten in

Amerika den Satz »All lives matter« für ihre Schmutzkampagnen gekapert haben. Unsere Botschaft ist eine andere!

Wenn wir an Fronleichnam mit einer Prozession durchs Glockenbachviertel ziehen, machen wir jedes Jahr an anderen Orten halt. Es ist ein farbenfroher Zug, einmal haben wir sogar einen Esel dabei.

Im Jahr der Bankenkrise stoppen wir mit dem Stationsaltar vor einem Kreditinstitut. In einem anderen Jahr stehen wir mit der Prozession vor einer Beratungsstelle, in der Suchtkranke Methadon bekommen können. Und wieder ein Jahr später – als sich der Fronleichnamsumzug um das Thema »Wir lassen es uns gut gehen« dreht – rasten wir vor einem Sonnenstudio.

Jesus hat sich auch nicht in einen frommen Bezirk zurückgezogen, sondern er ist zu den Menschen gegangen. Wenn sich der Glaube, den wir in der Messe feiern, nicht in unserem Alltag fortsetzt, ergibt alles keinen Sinn.

Als wir eines Tages mit unserer Fronleichnamsprozession vor einem Schwulenlokal stehen bleiben, um eine Andacht zu halten, tritt der Wirt des Lokals vor die Tür und sagt uns, wie wenig er von der katholischen Kirche hält: »… eigentlich so gut wie gar nichts. Aber dass ihr zu mir gekommen seid und hier vor meinem Lokal einen Altar aufgebaut habt, das werde ich euch nie vergessen.« Als wir das Schlusslied singen, regnet es aus den Fenstern im ersten Stock des Hauses rote Rosen. Das ist filmreif! Und es ist nicht geplant. In solchen Momenten erkennst du, was du mit Freundlichkeit bewegen kannst.

Klingt gut, so eine Aktion, oder? Ist es auch. Und doch ist es nicht so, dass wir in Sankt Max besser wären als andere Kirchengemeinden. Nein, das ist nicht der Fall. Ja, einiges läuft vorbildlich, viele Menschen kommen zu unseren Veranstaltungen und in den Gottesdienst. Aber wir pflegen zuweilen auch schlechte Umgangsformen oder streiten uns. Keiner ist perfekt. Und auch ich selbst bin alles andere als eine Leuchte. Nullinger! Ich habe Ecken und Kanten und davon viele. Und ich mache bestimmt genauso viele Fehler wie andere, verpenne wichtige Chancen. Natürlich waren auch nicht alle Ideen top, die ich in den vergangenen siebenundzwanzig Jahren entwickelt habe. Es waren sogar ein paar richtige Flops dabei. Aber wenn wir nichts ausprobieren, bleibt immer alles beim Alten.

Gott steht für Fülle und Weite. Das sage ich immer wieder. Als Christ in dieser Haltung zu leben, macht den Unterschied. Die Menschen, denen wir begegnen, müssen uns anmerken, was im Leben trägt. Nicht das, was wir sagen, ist entscheidend, sondern unser Handeln. Kirche, Gemeinde und Glaube gehören mitten in den Alltag und müssen sichtbar werden.

Ich träume von einem dauerhaft offenen Raum in St. Maximilian, den man vierundzwanzig Stunden am Tag, sieben Tage die Woche betreten kann. Dort könnte es ein Seelsorge-Telefon geben, mit dem man rund um die Uhr jemanden erreichen kann, wenn man selbst nicht mehr weiterweiß. Ehrenamtliche Mitarbeiterinnen und Mitarbeiter, die ein offenes Ohr für die Sorgen und Nöte der Menschen haben. Wie schade ist es, dass so viele Kirchen verschlossen sind.

St. Maximilian ist momentan meist zumindest bis abends um 20 Uhr geöffnet.

DANKE FÜR DIE SCHÖNHEIT

Stephan Maria Alof // Fürbitten

Kunst und Musik, Texte, Töne, Bilder – wir brauchen sie! Wie schön ist es, wenn Melodien Emotionen in uns wecken! Wenn wir einen bewegenden Text lesen und damit den eigenen Horizont erweitern. Oder wenn wir ein Bild betrachten und uns von Farben und Formen ansprechen lassen. Sich auf eine innere Reise zu begeben, das tut einfach gut. Es braucht diese Verschnaufpausen für die Seele.

Lieber Gott, wir danken dir für die Kunst und die Künstler. Für Musik, Literatur und Bilder, die uns ansprechen. Danke auch für all das Schöne in unserem Leben! Für die Schönheit des Augenblicks: den leuchtenden Sonnenaufgang am Morgen, das strahlende Blau des Himmels und des Wassers, das Abendrot und das Funkeln des Sternenhimmels über den Bergen.

Danke auch für diesen Kirchenraum, den Menschen vor vielen Generationen gestaltet haben und den wir mit unserem Sein füllen. Einen Ort, den wir als Heimat empfinden.
Wir bitten dich um Inspiration, selbst immer wieder solche Orte der Schönheit in unserem Leben zu entdecken und zu gestalten.
Orte, an denen wir voller Dankbarkeit verweilen können.
Gott unser Vater, wir bitten dich, erhöre uns.
Amen.

MOMENTAUFNAHME

Rainer M. Schießler // Wer kennt das nicht? Da hat man sich etwas ganz schön zurechtgelegt und vorgenommen und dann kommt jemand und will's anders haben. Wenn mir die Leute gesagt haben: Ich gehe lieber auf einen Berg oder an einen See oder in den Wald, um den lieben Gott zu treffen, als zu ihnen in den Gottesdienst – dann war ich früher fast beleidigt. Manchmal habe ich mich in solchen Situationen sogar dazu hinreißen lassen, zu sagen: »Dann lassen Sie sich aber auch bitte schön vom Förster oder von der Bergwacht eingraben, wenn es am Ende so weit ist.«

Heute würde ich das nie mehr sagen.

Einmal hat mich ein Mann angesprochen und mich daran erinnert, dass ich ihm vor Jahren einen derartigen Satz an den Kopf geknallt hatte. Der Mann war gar nicht böse, man hat ihm angemerkt, wie lustig er das im Nachhinein fand. Aber mir war das total unangenehm. Weil es theologisch natürlich unhaltbar ist – und so engstirnig gedacht. Deshalb habe ich mich ausdrücklich dafür entschuldigt: »Das war nicht fair, auch weil ich nicht das Recht habe, Ihnen vorzuschreiben, wo Sie dem Herrgott begegnen. Und wenn Sie das Glück haben, ihn auf einem Berggipfel zu sehen, wunderbar!«

Wenn du den Sonnenaufgang auf dem Berg erleben willst, musst du nachts aufsteigen, also bereits um drei oder vier Uhr aufstehen und dich auf den Weg machen. Alle, die sich die Mühe machen, gehören beglückwünscht. Es ist einfach ein großartiges Erlebnis. Und ja, man kann Gott dort oben näherkommen, die Schönheit seiner Schöpfung genießen und sich davon berühren lassen.

Früher habe ich manchmal auch ein wenig gegrantelt, wenn ich jemanden beerdigen sollte, der mit meiner Kirche nichts am Hut hatte. »Jahrelang nicht gesehen – und plötzlich wirst du dann doch gebraucht ...« Aber das ist doch Quatsch! Was weiß ich, was in den Menschen vorgeht, wie sehr sie dem Glauben oder der Kirche verbunden sind, was sie im Innersten antreibt oder zurückhält. Vielleicht waren sie lange Zeit krank und haben sich nicht unter Menschen getraut. Oder sie hatten in ihrer Kindheit ein schlechtes Erlebnis im Zusammenhang mit der Kirche, strenge Eltern, die ihnen alles vermiest haben.

Wer weiß es?

Jede und jeder ist ein geliebtes Geschöpf Gottes, so sagt es das Evangelium. Und ich habe die große Ehre, sie oder ihn als Pfarrer auf seinem letzten Weg zu begleiten. Mit diesem Gedanken fahre ich zur Beerdigung.

Wir gehen schweigend hinter dem Sarg, nicht weil es uns die Sprache verschlagen hat, sondern weil wir einen Menschen ehren. Das ist ein ganz besonderer Dienst. Und ich merke immer wieder: Du kannst die Menschen, die bei einer Beerdigung mit dabei sind, ganz neu an das Geheimnis des Glaubens heranführen.

Wenn wir zusammen am Grab stehen, ist es ein Moment, wo wir das Leben und das Sterben in besonderer Weise begreifen.

Einmal hatte ich bei einer Urnenbeisetzung ein besonderes Erlebnis. Eine ältere Frau war verstorben. Nach der Trauerfeier in der Friedhofskapelle trug ein Mitarbeiter des Beerdigungsunternehmens die Urne mit der Asche ans Grab, um das wir uns dann alle versammelten. Vorne standen ihr Sohn und dessen

Freundin, einige Verwandte und Freunde gruppierten sich auf der Wiese dahinter. Der Friedhofsgärtner hatte ein Loch für die Urne gegraben. Ich begann gerade mit einer kleinen Ansprache, als der Sohn sagte: »Das ist nicht das richtige Grab. Unser Familiengrab ist dort hinten …« Dabei zeigte er auf einen Grabstein einige Meter weiter. Der Friedhofsgärtner, der etwas abseits stand, wurde leichenblass. Und auch ich war einen Moment lang ziemlich perplex. Dann sagte ich in die Runde: »Das lösen wir …« und anschließend ganz leise zum Gärtner: »Du holst deinen Spaten und ich gestalte, während du das neue Grab an der richtigen Stelle aushebst, eine kleine Feier.«

Wir sind ein paar Schritte gegangen, dann habe ich der Trauergemeinde einen Bibelvers vorgetragen und ausgelegt. Der Sohn der Verstorbenen hat Fotos gezeigt, die er dabeihatte: seine Mama als Kind und als junge Frau, Aufnahmen mit seinem Vater und das Elternhaus. Die Bilder gingen von Hand zu Hand, am Ende hat er sie an den Grabstein gelehnt. Der Friedhofsgärtner hat währenddessen ein Loch für die Urne ausgehoben.

Alles war wohltuend einfach, auf eine ganz eigenartige Art und Weise liebevoll, auch wenn es mit einer Panne losging.

Die Hände zu öffnen, um etwas zu empfangen – um das geht es! Keine Angst mehr vor irgendetwas zu haben. Zu wissen, dass uns auch ein Missgeschick nicht aus der Bahn werfen kann. Darüber habe ich an diesem Morgen gesprochen. Und »Wir werden nicht irgendwann bloß vergraben, sondern unser Leben findet seine Vollendung. Wir sterben nicht, wir gehen ins Licht. So wie das Samenkorn in die Erde gelegt wird, ist diese Frau Teil der Welt gewesen. Ihr Leben hat viele Früchte hervorgebracht. Und jetzt ist es an uns, weiterzugehen.«

Viele mussten weinen, aber die Menschen, die am Grab zusammenstanden, waren auch getröstet, einfach, weil es ein guter Moment des Abschieds war.

»GRUNDVERSORGUNG«

Rainer M. Schießler // Wenn davon die Rede ist, dass man bemüht ist, wenigstens die Grundversorgung der Menschen sicherzustellen, dann geht es meist um humanitäre Hilfsaktionen irgendwo auf der Welt. Die Vereinten Nationen, das Rote Kreuz und andere Organisationen versuchen zu helfen, wo es geht, und liefern das Allernötigste zum Überleben: Wasser, Lebensmittel, Kleidung, Decken und Zelte. Seltsamerweise spricht auch die katholische Kirche in Deutschland seit ein paar Jahren von einer »Grundversorgung« für die Menschen in den Pfarreien. Gemeint ist, dass alle paar Wochen ein Priester vorbeikommt und eine Messe hält. Denn da es nicht mehr genügend Priesternachwuchs gibt, werden Großgemeinden gebildet, zu denen viele Kirchen an verschiedenen Orten gehören. Der eine Priester, der diesen riesigen Gemeindeverbund – die katholischen Pfarreien einer mittelgroßen Stadt oder einen halben Landkreis – »versorgt«, fährt jeden Tag mit seinem Auto durch die Gegend.

Gemeinden als Verwaltungseinheiten zu betrachten und deren Mitglieder irgendwie »versorgen« zu wollen, indem man wenigstens gewährleistet, dass jeden Sonntag in erreichbarer Nähe eine Messe stattfindet, reicht nicht. Denn damit machen wir aus dem, worauf es ankommt – dem Dienst am Einzelnen –, eine Dienstleistung im Sinne von Service. An der Idee einer Ortsgemeinde, in der sich Christinnen und Christen verschiedener Generationen begegnen und ein Stück weit ihr Leben teilen, geht die Idee der »Grundversorgung« vorbei. Seelsorge suchen die meisten doch bei jemandem, der ihnen auch räumlich nahe ist.

Den Betrieb aufrechtzuerhalten ist viel zu wenig! Den Menschen zu dienen ist etwas ganz anderes. Dienen braucht unsere ganze Leidenschaft. Ein »reicht schon« ist zu dürftig, gerade wenn es darum geht, den Menschen die Fülle und die Schönheit des christlichen Glaubens nahezubringen. Wir brauchen Orte zum Auftanken, echte, gute Begegnungen.

*

Früher gab es bei uns im Bistum das *Referat Berufe der Kirche.* Das Angebot hat mir gefallen. Ich habe an Wochenenden im Kloster und im Meditationszentrum teilgenommen, bin Mitarbeiter in der Jugendarbeit geworden. Es war ein sich begegnen auf Augenhöhe. So eine Einrichtung darf nicht verwechselt werden mit einem anderen Arbeitsgebiet, dem *Ressort für strategische Personalentwicklung.*

Jedes Bistum hat heute PR-Berater, aber es braucht vor allem Mitarbeiterinnen und Mitarbeiter, die zu den Menschen gehen, sie besuchen und einladen – in die Nachfolge Jesu hinein.

Wir müssen als Kirche immer wieder daran arbeiten, ansprechend zu sein, und die Menschen dort abholen, wo wir ihnen begegnen können. Und wir sollten uns überlegen, wie es überhaupt mit der Kirche weitergehen kann.

Vorletztes Jahr gab es in Deutschland 12 565 katholische Priester und 67 Priesteranwärter. Man braucht nicht lange darüber nachzudenken, was das bedeutet. Zu meiner Studentenzeit waren wir allein im Münchner Priesterseminar 81 Männer, darunter 32 Neuanfänger wie ich. Dabei waren diejenigen, die außerhalb des Seminars wohnten, noch gar nicht mitgezählt.

67 Priesteranwärter in allen deutschen Bistümern – das ist der berühmte Tropfen auf den heißen Stein, wenn man den Bedarf und die offenen Stellen sieht. Sehr viele Priester erreichen in den nächsten Jahren die Altersgrenze. Von 2017 bis 2020 hat sich die Zahl der katholischen Priester in Deutschland bereits drastisch verringert. 2017 waren 13 856 Priester tätig, 2020 bereits 1005 weniger. Es ist nicht mehr viel da, was verteilt werden könnte. Irgendwann müssen wir mit den Zahlenspielen und dem Hin- und Herlavieren aufhören.

Der Nachwuchs fehlt. Punkt. Und ich kann als katholische Kirche nicht immer wieder betonen: »Die Eucharistiefeier, die der Priester mit der Gemeinde feiert, ist die Mitte unserer Gemeinschaft«, wenn auf der anderen Seite die Eucharistie nicht mehr stattfinden kann, weil die Pfarreiverbände immer größer werden und deshalb nur sporadisch ein Priester vor Ort ist.

Die wenigen Priester, die es noch gibt, können sich auch nicht zerreißen. Als katholische Kirche werden wir deshalb nicht daran vorbeikommen, darüber zu diskutieren, wie wir das Priesteramt zukünftig verstehen und wie wir es gestalten. Dabei wird entscheidend sein, wie wir mit dem Zölibatsgebot umgehen und mit der Frage, ob es irgendwann nicht doch auch Priesterinnen in der katholischen Kirche geben kann. Wieso sollte ein verheirateter Priester seine Aufgabe nicht anständig erfüllen können? Auch in der frühen Kirche gab es verheiratete Priester, die sich als Seelsorger um ihre Gemeinden gekümmert haben. Und weshalb sollten Frauen nicht auf eine gute Art und Weise einer Pfarrei vorstehen und Gottesdienste gestalten? Wir haben in der Kirche viele weibliche Mitarbeiterinnen und sehr viele Frauen engagieren sich ehrenamtlich. Auch bei uns in St. Maximilian haben schon Frauen gepredigt. Was hindert uns eigentlich daran, jetzt umzusteuern und die sogenannten Weiheämter für alle zu öffnen?

Oft ist, wenn solche Themen unter Bischöfen oder im Vatikan erörtert werden, von einem Kirchengesetz die Rede – aber das dürfen wir aus meiner Sicht nicht gegen das Sakrament der Eucharistie ausspielen!

Wir haben keinen Priestermangel – wir haben einen Weihemangel. Wenn wir dieses Feld jetzt nicht bestellen, haben wir irgendwann keine Chance mehr. Denn wer in Zeiten der Erosion als Pfarrer und Gemeinde noch nicht auf das vorbereitet ist, was auf uns zukommt, der kriegt's später nicht mehr hintereinander. Vieles war schon vor Jahren abzusehen. Die Zahlen gingen in den Keller, aber es wurde offiziell noch geleugnet. Und irgendwann begann mehr und mehr von dem wegzubrechen, was früher selbstverständlich war und stabil erschien. Dann kam der Missbrauchsskandal dazu.

Manche sagen heute: »Die Kirche ist an einem toten Punkt angelangt.« Ja, man könnte angesichts der aktuellen Debatten denken, tiefer können wir nicht mehr sinken. Wir stecken schon ziemlich tief im Schlamassel drin. Darüber habe ich schon ausführlich gesprochen. Aber ich setze dem Zerfall die Botschaft von der Auferstehung entgegen. Der christliche Glaube kann eine unheimliche Kraft entfalten, Flügel verleihen. Glaube ist ein Weg in die Freiheit.

Das schönste Auferstehungserlebnis, das Markus schildert, ist die Heilung der Schwiegermutter des Petrus (Mk 1,16-23): *Als Jesus am See von Galiläa entlangging, sah er Simon und Andreas, den Bruder des Simon, die auf dem See ihre Netze auswarfen; sie waren nämlich Fischer. Da sagte er zu ihnen: Kommt her, mir nach! Ich werde euch zu Menschenfischern machen. Und sogleich ließen sie ihre Netze liegen und folgten ihm nach. Als er ein Stück weiterging, sah er Jakobus, den Sohn des Zebedäus, und seinen Bruder Johannes; sie waren im Boot und richteten ihre*

Netze her. Sogleich rief er sie und sie ließen ihren Vater Zebedäus mit seinen Tagelöhnern im Boot zurück und folgten Jesus nach. Sie kamen nach Kafarnaum. Am folgenden Sabbat ging er in die Synagoge und lehrte. Und die Menschen waren voll Staunen über seine Lehre; denn er lehrte sie wie einer, der Vollmacht hat, nicht wie die Schriftgelehrten …

Dann passiert etwas Unerwartetes, das erste Mal erleben seine Jünger im häuslichen Umfeld, wie Jesus ein Wunder vollbringt: *Die Schwiegermutter des Simon lag mit Fieber im Bett. Sie sprachen sogleich mit Jesus über sie und er ging zu ihr, fasste sie an der Hand und richtete sie auf. Da wich das Fieber von ihr und sie diente ihnen. Am Abend, als die Sonne untergegangen war, brachte man alle Kranken und Besessenen zu Jesus. Die ganze Stadt war vor der Haustür versammelt und er heilte viele, die an allen möglichen Krankheiten litten … (Mk 1,30-34)*

Wenn Jesus die Kranken heilen kann, wenn er bei denen ist, die wanken und straucheln – dann steht er auch den Menschen in seiner Kirche bei, die sich für eine Umkehr und einen Neuanfang starkmachen.

Und ich halte daran fest, dass die Menschen die Kirche als einen Ort der Gemeinschaft brauchen. Dennoch ist es für mich oft enttäuschend zu beobachten, wie seltsam sich manches entwickelt oder eben auch gar nicht. Dass wir mit Blick auf die längst notwendigen Reformen auf der Stelle treten.

Aber nichts von all dem wird meine Begeisterung für das, was Kirche im Kern ist, schmälern. Nichts. Es ist wie überall im Leben: Man steht sich oft selber im Weg, wenn es darum geht, wie man Menschen auf eine vernünftige Art und Weise begegnen soll. Auch die Kirche.

Sie kommt oft so unnahbar daher, weil sie perfekt sein will, weil es von offizieller Seite heißt: Die Kirche kann nicht irren. Aber das ist natürlich Quatsch!

Ich beobachte und sage, was mir auffällt. Aber auch ich bin natürlich alles andere als perfekt und nicht unfehlbar.

Wenn es arg kommt, wenn einiges am Boden liegt, entwickelt sich oft etwas Neues. So ist das mit der Evolution. Es entsteht eine Gegenbewegung, der Wunsch nach Reformen. Im Hochmittelalter haben sich Orden wie die Franziskaner und Dominikaner gebildet. Man hat sich ganz neu mit theologischen Fragen beschäftigt. Mit dem Aufkommen der Scholastik wurden bestimmte Annahmen neu beleuchtet. Kurzum: Man hat nach vorne gedacht.

Einmal wurde ich in einem Interview gefragt, warum ich nicht etwas Eigenes aufziehen möchte, weil ich mit manchem, was gerade in der katholischen Kirche geschieht, nicht einverstanden bin. Da habe ich scherzeshalber gesagt: »Ja wissen's, was das kostet, eine eigene Kirche zu gründen?« Ganz abgesehen von der Energie, die es brauchen würde.

Ich brauche meine ganze Kraft für unsere Gemeinde. Hier ist mein Platz, hier kann ich etwas bewegen. Dort, wo ich Hand anlegen kann, um etwas zum Guten zu verändern, will ich es versuchen.

*

Es wäre spannend zu sehen, was passiert, wenn die Kirchensteuermittel irgendwann tatsächlich nicht mehr richtig fließen. Wenn Priester in Deutschland auf dem Niveau eines französischen Abbés leben müssten – dem sogenannten »niedrigen Klerus«, den es ab dem 17. Jahrhundert in Frankreich gab. Wer wäre noch für den priesterlichen Dienst bereit, wenn dies bedeutet, ein sehr einfaches und bescheidenes Leben zu führen?

Auf die Frage, was ich machen würde, wenn die Kirche kein Geld mehr hätte, um mich zu bezahlen, kann ich gelassen antworten: »Ich bin bereit, ich habe einen Taxischein.« Untertags würde ich dann mit meinem Taxi die Leute herumfahren und abends bin ich hier in meiner Pfarrei aktiv. Das Modell des Arbeiterpriestertums war für mich als Student der Weg der Zukunft für ein priesterliches Leben in dieser Kirche. Damals habe ich mir mein Geld auch schon mit Nachtfahrten im Taxi verdient. Seitdem erneuere ich meinen Taxischein regelmäßig, einfach, weil es mir Spaß macht.

Ich stamme aus einem Arbeiterviertel, aus einer Familie, in der man meinem Bruder und mir immer wieder gesagt hat: »Ihr müsst euch alles erarbeiten. Ihr kriegt nichts auf dem Silbertablett geliefert. Aber das, was ihr euch erarbeitet, das gehört euch. Das nimmt euch keiner.« Dabei geht es nicht nur um materiellen Besitz, sondern auch um die geistige Substanz. Glaube. Als Christ bin ich unterwegs, Pilger auf dem Weg zu Gott.

Es liegt in meiner Natur, dass ich mich nicht einfach mit Gegebenheiten zufriedengebe. Zu einem tiefen, christlichen Glauben gehört für mich auch, sich gegen faule Kompromisse zu wehren. Ich kann mich dabei auch nicht verstellen – ich bin so, wie ich bin, oder gar nicht.

Kirche ist für mich eine Heimat, die ich nicht missen möchte. Aber die Kirche ist immer auch eine Herausforderung.

WIDER DIE EINSAMKEIT

Rainer M. Schießler // Es gibt viele katholische Priester, die schrecklich einsam sind. In den »Gemeinden neuen Zuschnitts«, in denen ein katholischer Priester für Tausende von Menschen, die im ländlichen Raum auf einer Fläche von dreihundert Quadratkilometern und mehr zu Hause sind – oder für eine ganze Stadt –, zuständig ist, sind die Herausforderungen besonders groß. Nicht, weil die Versuchungen zunehmen, sondern weil die Aufgabe von den Stelleninhabern einen riesigen Einsatz verlangt. Stundenlang ist der Priester mit dem Auto unterwegs, hält sonntags an verschiedenen Orten Gottesdienste, einen nach dem anderen. Seelsorgerliche Gespräche sind zu führen – aber dafür fehlt oft die Zeit; der Priester firmt, verheiratet und beerdigt Menschen an verschiedenen Orten und muss sich permanent auf neue Situationen einstellen. All das fordert jede Menge Zeit und Kraft.

Wenn der Priester nach einem langen Arbeitstag müde nach Hause kommt und keine abendliche Mitarbeiterbesprechung ansteht, ist er alleine in seiner Wohnung oder im Pfarrhaus. Außer der Haushälterin – so er denn eine hat und sie auch im Pfarrhaus lebt und nicht als »Zugehfrau« angestellt ist –, ist niemand da. Niemand, mit dem er reden, seine Erlebnisse, Schönes und Trauriges teilen, lachen, diskutieren und mitunter auch mal streiten kann. Mit seinen Sorgen bleibt er allein. Dass manche Priester aus dieser Situation irgendwann ausbrechen, weil sie völlig zu vereinsamen drohen, ist verständlich, wie ich finde.

Die katholische Kirche formuliert die Herausforderungen so: »Es ist die Ganzhingabe des Priesters, wenn er zölibatär lebt.« Aber wenn »Ganzhingabe« Einsamkeit bedeutet, kann das nicht im Sinne des Erfinders sein. Denn Gott möchte keine einsamen und traurigen Priester unter die Menschen schicken.

Wenn Priester alleine leben und niemanden haben, dem sie sich ganz persönlich anvertrauen können, kommt es irgendwann zum Kampf mit sich selbst. Davon weiß ich aus manchen Gesprächen. Den Verantwortlichen möchte man zurufen: Lasst keinen allein!

*

Mit siebenundzwanzig Jahren war ich in Rosenheim Kaplan und nur wenige Jahre älter als einige der Jugendleiter in der Pfarrgemeinde. Zusammen haben wir viele Fahrten unternommen. Dabei habe ich gespürt, dass ich irgendwie isoliert war. Die Mitarbeiterinnen und Mitarbeiter hatten Freunde bzw. Freundinnen und erzählten glücklich von den gemeinsamen Erlebnissen. Später habe ich zwei Jahre in München-Giesing gelebt, wo ich zunächst niemanden kannte. Da war ich völlig allein. Aber ich habe gewusst, dass ich dort nicht lange bleiben werde.

Als ich danach im Münchner Glockenbachviertel in die Gemeinde St. Maximilian kam, hatte ich im ersten Sommer regelrecht Angstzustände. Es war das erste Mal, dass ich diese Form der Einsamkeit spürte – und meine ganze Machtlosigkeit, damit zurechtzukommen.

Ich bin damals nicht mit einem Pappschild »Wer kümmert sich um mich?« durch die Straßen gelaufen. Aber ich war tief in meinem Herzen ziemlich einsam. Und mir wurde klar: Ich mag und kann nicht allein leben. Aber natürlich kann man nicht einfach einen Knopf drücken und das Problem ist gelöst.

Soziale Kontakte und ein Lebensumfeld kann man in gewisser Weise gestalten. Aber es ist wirklich so: Das Leben passiert, manches bekommst du einfach geschenkt. So bin ich vor mehr als fünfundzwanzig Jahren Gunda begegnet. Wir spürten von Anfang an, dass wir füreinander da sein können – und das in einer ganz besonderen Art und Weise – auch wenn es nicht immer ein leichter Weg sein wird.

Gunda ist meine Partnerin und ich hoffe, dass wir einander lange haben und der eine für den anderen da sein kann, vor allem wenn es im Alter einmal schwierig wird. Wer weiß, was aus mir geworden wäre, wenn ich ihr nicht begegnet wäre? In der Rückschau muss ich feststellen, dass ich heute nur deshalb der Priester sein kann, der ich bin, weil ich zusammen mit dieser Frau eine solche Nähe teilen und erfahren darf.

Das Versprechen, zölibatär zu leben, bedeutet nicht, dass ich als Priester aufhöre, zu lieben oder mich zu einer Frau hingezogen zu fühlen.

Wir können das Rad der eigenen Geschichte nicht zurückdrehen. Ich habe vor fünfunddreißig Jahren eine Entscheidung getroffen, zu der ich heute noch stehe und die meine ganze Persönlichkeit ausmacht. Bei meiner Diakonenweihe 1986 habe ich freiwillig gesagt: »Ich will so leben.« Das heißt, ich werde keine Familie gründen und lebe eine ganz besondere Form der Sexualität. Und trotzdem kann ich mit einer Frau zusammenleben! Auch das ist meine Entscheidung, mein alternativer Weg. Ich darf ihn gehen.

Warum ich derart in die Offensive gehe? Weil mich dieses dumme Gerede nervt, wenn von manchen Kritikern immer wieder davon gesprochen wird, dass quasi die Hälfte der katholischen Priester eh schwul ist und der andere Teil heimlich eine Freundin hat. Heimlichtuerei ist überhaupt nicht mein Ding.

Ich mache das, was ich für richtig halte. Und ich mache es ganz oder gar nicht.

Die Menschen haben gemerkt: Gunda und ich übernehmen Verantwortung, füreinander und für die Gemeinde, jeder auf seine Weise. Sie sind füreinander da, leben ihre Beziehung auf eine ganz besondere Art und Weise. Das ist produktiv und fruchtbar – für alle, mit denen wir in unserem Alltag zu tun haben. Ob das leichter oder schwieriger ist als bei anderen Paaren, spielt keine Rolle, es ist unser Weg, »I did it my way«, singt Frank Sinatra.

Gunda und ich haben nie mit unserer Beziehung provoziert. Wir führen keinen Feldzug gegen das Zölibat. Vielmehr wollen wir den Leuten zeigen, dass das Miteinander von einem katholischen Priester und einer Frau auch ganz normal gelebt werden kann. Wir reden doch von nichts anderem als von der tiefen Verbundenheit zwischen zwei Menschen.

*

Ich würde auch heute wieder die gleiche Entscheidung für das Priesteramt fällen, wenn die Voraussetzungen dieselben wären wie damals. Mich hat keiner dazu gedrängt, Priester zu werden. Und es gibt auch kein sogenanntes Sachargument, das mich überzeugt hätte, warum ein Priester zölibatär leben muss, so nach dem Motto: Ohne eine Frau an deiner Seite hast du mehr Zeit für die Gemeinde oder sonst was. Auch die Frage, ob mich Gott lieber hat, wenn ich sexuell inaktiv bleibe, hat mich überhaupt nicht interessiert. Es war so, wie es ist. Und ich habe Ja dazu gesagt. Was meine Entscheidung letztlich alles an Konsequenzen mit sich bringt, wusste ich damals durchaus – aber ich konnte mir natürlich nicht vorstellen, wie es auf Dauer sein wird, allein zu leben. Ich war neugierig, wollte es ausprobieren.

Wenn in den Diskussionen und Auseinandersetzungen zum Thema Zölibat einfach immer wieder und pauschal dessen Abschaffung gefordert wird, vielleicht auch mit der Begründung, dass dann in der Kirche weniger Missbrauchstaten passieren würden, greift das schlichtweg zu kurz. »Auftreten statt austreten« ist schon immer meine Devise. Mit Blick auf das Thema Zölibat möchte ich sagen: Nicht abschaffen, sondern Neues schaffen!

Warum können wir das, was ist, nicht einfach zur Kenntnis nehmen: Manche leben freiwillig und gerne zölibatär – andere leben freiwillig und gerne in einer Partnerschaft. Den Menschen die Wahl zu lassen, wie sie leben möchten, das ist so wichtig. Und in der Vielfalt der Begabungen und der Unterschiedlichkeit der Lebenswege liegt ein unglaublicher, großartiger Schatz, den die Kirche heben könnte! Nur so finden wir einen guten Weg in die Zukunft!

Auch die rigorosesten Verfechter der traditionellen kirchlichen Lehre müssen endlich einmal zugeben, was alle eigentlich längst wissen. Denn davon, dass man es ständig abstreitet, wird es nicht »wahrer«: Die Kopplung des Zölibates an die Priesterweihe lässt keinen Entscheidungsspielraum. Es ist und bleibt ein Pflichtzölibat! Viele von uns Priestern sind diesen Schritt ins Zölibat bei der Weihe mit großen Vorbehalten gegangen, auch wenn sie die Sehnsucht hatten, als Priester in der Welt und in der Kirche Christus nachzufolgen und auf diese Weise ihre Berufung zu leben. Kein Priester, der Jahre später zu einer anderen Erkenntnis kommt, wird dies abstreiten.

»In dieses Leben gehst Du nur mit wehenden Fahnen«, hat mir ein geistlicher Begleiter am Tag meiner Weihe geschrieben.

Aber es gibt auch die Kehrseite, nämlich dass für viele von uns der Zölibat irgendwann kein Segen mehr ist. Keine aufregende, spannende Lebensalternative, sondern nur noch bedrückende Enge und Einsamkeit, verbunden mit dem Gefühl der Minderwertigkeit und Verlorenheit – schlichtweg ein Fluch. Viele Kollegen vereinsamen, manche werden psychisch oder sogar körperlich krank.

Das ganze Ausmaß des Missbrauchsskandals, die genauere Analyse der Persönlichkeitsstrukturen der Priester, die zu Tätern wurden, haben dies eingehend nachgewiesen. Einige Fälle sind mittlerweile Gegenstand wissenschaftlicher Forschung. Auch dass sich Geistliche vermehrt wegen ihrer Einsamkeit und sozialen Isolierung dem Alkohol zuwenden, ist und darf keine zu akzeptierende Begleiterscheinung bleiben. Nicht wenige von uns Priestern leben irgendwie damit, dass Anspruch und Wirklichkeit nicht so recht zusammenpassen, vor allem nicht mit der Frohen Botschaft, die zu verkünden wir doch »geweiht und gesendet« wurden.

Der in der Kirchensprache immer wieder verwendete, völlig verschrobene Begriff von »Reinheit« bedarf meiner Einschätzung nach einer gründlichen Revision. Denn es kann ja nicht sein, dass Sexualität unrein ist. Wie das ganze Leben ist auch die Sexualität eine Gabe Gottes, ein Teil der Schöpfung.

Diese ständig auftauchende, völlig irrationale Angst, die man vonseiten der Verfechter eines gesetzlichen Pflichtzölibats immer wieder zu hören bekommt, von Menschen, die das Ende der Kirche und ihrer Verkündigung bereits vor Augen haben, wenn dieses Gesetz aufgehoben werden sollte, ist unerträglich, unlogisch und vor allem unmenschlich. Ebenso wie die Behauptung, verheiratete Priester seien die »schlechteren« Priester. Man geht bei diesem Argumentationsversuch felsenfest davon aus, dass die Ehe ja sowieso in erster Linie nur eine ungeheure Belastung sei. Das mag für den einen oder anderen vielleicht der Fall sein, keine Frage. Aber eine derart pauschale Behauptung verbietet sich! Als logische Konsequenz müssten dann doch besser gleich alle Menschen vor der Ehe beschützt und diese grundsätzlich verboten werden.

Völlig absurd ist aus meiner Sicht auch die Angst mancher Verantwortlichen, ein freiwillig zölibatär lebender Priester würde von den Menschen irgendwie schief angesehen, weil er sich damit quasi automatisch als homosexuell outet. Oder man würde denken, dass er diese Lebensform nur wählt, weil er unbedingt höhere Ämter in der Kirche anstrebt, z. B. irgendwann einmal Bischof werden möchte, was Zölibatären vorbehalten ist. Dies ist die Praxis in den christlichen Ostkirchen: Da gibt es auf der einen Seite die verheirateten Priester in den Gemeinden und auf der anderen Seite die unverheirateten Bischöfe, die deshalb ausschließlich aus dem Mönchsstand kommen, in dem die Ehelosigkeit als Gelübde gelebt wird. Es ist fraglich, ob diese Praxis nicht auch irgendwann einmal eine Änderung erfahren wird, denn sie teilt mehr als dass sie verbindet. Für uns in Deutschland wirkt es jedenfalls eher überkonstruiert und weltfremd.

Anscheinend betrachten manche die priesterlichen Weihekandidaten als eine Art Schachfiguren, die man so herumstellen und aufstellen kann, wie man will, und lässt alles Menschliche außer Acht. So ein Denken und Reden tut nur noch weh! Auch die abwertende Art, wie manche über Homosexualität sprechen, schmerzt mich.

Homosexuell zu sein ist weder ein Defekt noch eine Sünde oder ein Problem! Wie reden wir eigentlich über die betroffenen Menschen, beispielsweise über die kirchlichen Mitarbeiterinnen und Mitarbeiter, die sich jüngst öffentlich als homosexuell geoutet haben?

Es ärgert mich, wenn immer wieder – besonders im Umfeld bevorstehender Priesterweihen– die Berufung des Priesters nahezu ausschließlich mit der Verdrängung der eigenen Sexualität gleichgesetzt wird. Dadurch entsteht einerseits eine totale Fehlinterpretation dessen, was Priestersein wirklich bedeutet, und andererseits über kurz oder lang ein großer Druck, der im schlimmsten Fall zur eigenen Selbstverleugnung, eventuell auch zu einem Doppelleben oder einem totalen Zusammenbruch führt.

Natürlich empfinden das nicht alle Priester so. Man sollte überhaupt niemals alle über einen Kamm scheren. Jeder ist eine eigene, individuelle Persönlichkeit mit ihren Vorzügen und Handicaps. Es gibt sicherlich viele Priesterkollegen, die es lieben, ihr eigenes Ding zu machen, völlig unabhängig zu sein und auf diese Weise eine ganz besondere Form der Freiheit zu leben, die sie glücklich macht. Denn in einer Beziehung zu leben erfordert auch ein hohes Maß an gegenseitiger Verantwortung und Rücksichtnahme. Doch manche zahlen auch einen hohen Preis für die selbst auferlegte Einsamkeit. Nicht wenige rutschen irgendwann ab, werden depressiv oder erfüllen sich die körperliche Lust, die ihnen unterdrückt erscheint, im äußersten Fall auch mit Gewalt.

Eines steht fest: Unerfüllte Sehnsüchte sind kaum zu bändigen, so wie bei einem Dampfkochtopf, bei dem irgendwann der Deckel hochgeht, wenn man kein Ventil öffnet. Wohin eine unreflektierte Sexualität führt, hat uns der Missbrauchsskandal deutlich vor Augen geführt.

*

Vergessen wir nie: Leben ist Beziehung. Fulbert Steffensky hat dies in einem seiner Texte einmal sehr schön beschrieben. Auch Martin Buber sagt es: »Alles wahre Leben ist Begegnung.«

Dass Gunda und ich uns begegnet sind und dass daraus eine so intensive Freundschaft entstanden ist, betrachte ich als riesiges Glück. Auch dass ich heute immer noch hier in St. Maximilian tätig bin, hängt sicherlich damit zusammen. Denn alleine bekommst du bei einem derartigen Einsatz irgendwann vermutlich den Koller. Ich lebe, weil ich in Beziehungen mit anderen stehe – und weil ich in Gunda einen Menschen gefunden habe, dem ich mich persönlich voll und ganz anvertrauen kann. Da ist eine große Nähe, die mir guttut. Alles hängt mit dieser Beziehungsfähigkeit und unserem Miteinander zusammen: mein Einsatz für die Gemeinde, das Glück, darin Erfüllung zu finden. Das Durchhalten in schwierigen Zeiten.

Es ist wunderbar zu wissen: Da ist jemand, der auf mich wartet, der mir den Rücken stärkt, der sich meine Sorgen anhört. Das ist alles nicht selbstverständlich. Reine Glückssache, dass du einem Menschen begegnest, der es derart gut mit dir meint! Aber man muss auch bereit und fähig sein, eine solche Beziehung offen, anständig und fruchtbar für alle Beteiligten zu leben. Natürlich beruht das Sich-umeinander-Kümmern immer auch auf Gegenseitigkeit. Man ist füreinander da und steht füreinander ein. Das ist selbstverständlich.

Zu all dem brauche ich weder von irgendjemand eine Genehmigung noch eine Beurteilung. Weder von der Gemeinde noch von einem Bischof oder von sonst irgendjemand. Ich weiß selbst, was gut und richtig ist. Vor allem müssen wir das, was wir tun, vor uns selber vertreten können – bevor wir mit anderen darüber reden, ob es auch denen passt.

Vor einiger Zeit hat der *Bayrischen Rundfunk* in der Reihe »Lebenslinien« einen Dokumentarfilm über mein Leben gedreht. Zwölf Tage war das Filmteam mit mir unterwegs und hat natürlich auch mit Gunda gesprochen.

Entstanden ist ein Film, der einerseits eine große Nähe entwickelt, gleichzeitig aber auch die nötige Distanz wahrt. Viele Reaktionen, die wir bekommen, drücken genau das aus.

Es ist unbedingt notwendig, dass wir in den aktuellen Debatten zum Thema Priestersein zu einer menschlichen und seriösen Betrachtungsweise kommen. Mit Schlagwörtern, Vermutungen und Klischees ist niemandem gedient! Ein gesunder Fortschritt in der Diskussion, wie Priester heute leben sollten und können, bedarf exakt solcher Formate.

»Es ist nicht gut, dass der Mensch alleine ist« heißt es schon im Alten Testament. Auch ein katholischer Priester braucht wie jeder Mensch Nähe und Beistand. Den Grundsatz, füreinander einzustehen, haben wir – Gott sei Dank – bereits als junge Priesteranwärter von unserem sehr weisen Regens im Priesterseminar, Georg Mangold, gelernt: »Kümmern Sie sich und sorgen Sie für die Menschen, die mit Ihnen leben, wer auch immer es ist«, hat er uns stets eingeschärft. Wie recht er doch hatte – und heute noch hat!

DEN TAGEN MEHR LEBEN GEBEN

Stephan Maria Alof // Fürbitten

Lieber Gott, lass uns die »leeren Gewänder«, die uns von dir geschenkte Lebenszeit, das unbeschriebene Blatt unseres Daseins mit wahrem Leben füllen. Lass uns die Schätze, die du uns geschenkt hast, erkennen, sie nutzen und nicht unachtsam am Rande liegen lassen. Lass sie uns nicht in einer verschlossenen Schatztruhe nutzlos vergraben.

Hilf uns, lieber Gott, unsere Begabungen ans Licht zu holen, sie zu nutzen und unser Licht nicht unter den Scheffel zu stellen.
Gott unser Vater, wir bitten dich, erhöre uns.

Gott unser Vater, du hast uns die Freiheit zum Handeln geschenkt. Lass uns mutig handeln, lass uns immer so handeln und leben, als ob jeder Tag unser letzter wäre. Hilf uns, ein erfülltes Leben zu führen, hilf uns, uns nach Niederschlägen und Verlusten wieder aufzurichten. Wir können dem Leben nicht mehr Tage geben, aber den Tagen mehr Leben.
Gott unser Vater, wir bitten dich, erhöre uns.
Amen.

HIER UND JETZT

Rainer M. Schießler und Stephan Maria Alof // Am Aschermittwoch bekommen die Menschen im katholischen Gottesdienst mit Asche ein Kreuz auf die Stirn gezeichnet. Ein uraltes Zeichen. Das Kreuz erinnert an das Leben und Sterben Jesu. Dazu sagt der Pfarrer meist den Satz: »Kehrt um und glaubt an das Evangelium.« Oder auch: »Gedenke, Mensch, dass du Staub bist …«

Es geht immer wieder darum, sich darauf zu besinnen, dass das Leben endlich ist.

Nicht der verklärende Blick zurück, nach dem Motto: »Ach wie war es doch so schön …« und auch nicht die lähmende Angst, was alles passieren könnte, sollten uns antreiben. Die Furcht vor Unfällen, Krankheit und Tod, vor Trennungen und Scheitern, sie hilft nicht, um das Leben zu gestalten. Aber es ist gut zu wissen: Das Leben findet jetzt statt. Nutze die Zeit, die du hast. »Carpe diem – nutze den Tag.«

Es gilt, im Jetzt zu leben, nichts auf später zu verschieben, das zu tun, was zu tun ist. Und vor allem auch das, was uns Freude macht!

Die Frage, ob wir noch zu retten sind, stellt sich uns als Christen so eigentlich nicht. Denn Jesus ist die Antwort. Er breitet seine Arme weit aus und sagt: »Komm!«

Ein kleines Kreuz auf der Stirn erinnert an den, der jeder und jedem eine Chance gab, neu anzufangen. Unsere Aufgabe ist es, wach zu sein für das, was dran ist. Gut mit anderen und mit uns selbst umzugehen. Sich nicht bloß von Stimmungen leiten zu lassen, nicht einfach irgendetwas nachzuplappern, sondern Position zu beziehen. Auch einmal Gewohntes infrage zu stellen – denn nur so kommen wir weiter.

Jeden Tag haben wir die Chance für einen Neuanfang. Und wir können Gott darum bitten, dass er uns die nötige Konzentration auf das Wesentliche schenkt, damit wir erkennen, was wirklich zählt. Es dreht sich nicht alles um dich, aber vielleicht kommt es heute auf dich an?

Immer wieder flüstert uns ein leises Stimmchen Warnungen ins Ohr. »Mach das bloß nicht, das könnte Ärger geben.« Andere Menschen ermahnen uns, dass wir uns zurückhalten sollten. Aber Angst ist meist ein schlechter Ratgeber.

Wenn wir vor Entscheidungen stehen, etwas Bestimmtes zu tun oder zu lassen, sollten wir uns fragen, ob Angst oder Gier das treibende Motiv für das eine oder das andere sind. Die Gier nach mehr ist ein übler Verführer, gekennzeichnet von einer Maßlosigkeit, die uns dazu bringt, sinnvolle Grenzen aus den Augen zu verlieren. Und die Angst treibt uns gerne vor sich her – wenn sie uns nicht ausbremst oder vollständig lähmt. Wenn Gier oder Angst die Motive des Handelns sind, ist Vorsicht angesagt.

*

Am 4. Wochenende im Oktober ist immer Weltmissionssonntag. Eingeführt hat diese Tradition Papst Pius XI. im Jahr 1925. Offiziell heißt es dazu: Die Gläubigen sollen sich ihrer »gemeinsamen Verantwortung für die Evangelisierung der Welt bewusst werden«.

Wir fragen uns: Ist das wirklich unsere wichtigste, die vordringlichste Aufgabe?

Die katholische Kirche hat viele Jahrhunderte lang Andersgläubigen einen Glauben übergestülpt, den sie oft gar nicht haben wollten. Häufig sogar mit roher Gewalt, man denke nur an die Eroberer des südamerikanischen Kontinents oder die Rolle der Kirche bei der Indianermission in Nordamerika und Kanada.

Jemanden missionieren zu wollen, ihm vielleicht sogar wie manche angeblich besonders Fromme zu sagen, dass er sich sofort für den christlichen Glauben entscheiden soll, bevor es zu spät ist, um seine Seele zu retten, das finden wir ziemlich schräg.

Wir möchten vielmehr dazu einladen, die Schönheit des christlichen Glaubens mit all seinen Facetten zu entdecken, die Botschaft von Jesus Christus kennenzulernen, der vor allem eines war: ein Liebender.

Auch wenn die Menschen der Kirche – aus welchen Gründen auch immer – den Rücken zugekehrt haben, bleiben sie meist Suchende. Die Frage nach dem Sinn beschäftigt eigentlich jeden irgendwann im Laufe des Lebens. Wie gehen wir mit Leid, Krankheit, Sterben und Tod um? Der christliche Glaube gibt Hilfestellung in vielen Fragen.

Zu wissen, dass wir uns mit all unseren Sorgen und Nöten von Gott getragen wissen dürfen, das ist unheimlich entlastend. »Du kannst nie tiefer fallen als in Gottes Hand«, wie es in einem Kirchenlied heißt.

Unser Anliegen ist es, für die Suchenden einen Ort zu schaffen, an dem sie Heimat finden, sich wohlfühlen und gerne bleiben. Angebote, die inspirieren, die Freude machen.

Menschen, die ansonsten wenig oder keinen Bezug zum Glauben haben, betreten eine Kirche, zünden dort eine Kerze an und denken dabei an jemanden. Das Licht leuchtet in der Dunkelheit des Raumes, das hat etwas Tröstliches. Und es ist einfach gut, auf diese Weise das Andenken eines Verstorbenen zu bewahren oder eine Kerze für einen geliebten Menschen anzuzünden. Ein niederschwelliges Angebot, das es in vielen Kirchen gibt. Es wird sehr gut angenommen.

Wenn heute irgendwo auf der Welt etwas passiert, sich ein schwerer Verkehrsunfall ereignet, ein Terrorakt geschieht, Menschen verletzt oder ermordet werden, kommen Hunderte oder sogar Tausende an den Ort des Geschehens und legen Blumen nieder. Andere zünden auch in solchen Momenten Kerzen an. Eine so wunderbare Geste. Ein Zeichen, dass mich das Ganze nicht kaltlässt, sondern emotional berührt. Mit dem Niederlegen der Blumen, mit dem Entzünden eines Lichtes nehme ich Anteil. In solchen Zeiten gehen Menschen auch in die Kirche und feiern einen Gedenkgottesdienst. Selbst diejenigen, die dem Glauben eher distanziert gegenüberstehen, sind oft mit dabei. Die Kirche ist ein Ort, um seine Gefühle vor Gott zu bringen. Dafür ist sie da.

*

Durch die schrecklichen Missbrauchstaten ist die Kirche in ihrem Kern erschüttert worden. Die Trauer, der Schmerz, die Enttäuschung und die Wut sind mit Händen zu greifen. Wenn über die Kirche gesprochen wird, schwingt all das immer mit.

Am schlimmsten wiegt neben den unsäglichen Taten, die unter dem Dach der Kirche verübt wurden, das Schweigen und das Aussitzen der Verantwortlichen über lange Zeit. Und die Lügerei. Manches lässt sich nicht wiedergutmachen. Der Schaden bleibt.

Die katholische Kirche in ihrer momentanen Form ist vielleicht nicht zu retten – aber es stellt sich die Frage, ob dies ein Grund zum Bedauern ist. Wir merken, dass es so wie bisher nicht mehr weitergehen kann. Es braucht die Umkehr, es braucht einen Neuanfang mit Blick auf viele organisatorische Formen, besser gesagt auf die Machtstrukturen der Kirche. Kirchenrecht muss überprüft werden, wenn es nicht den Menschen dient. Und das Gesetz der Unfehlbarkeit der Kirche darf kein Dogma sein. Wir machen alle Fehler, auch die Verantwortlichen in der Kirche.

Bei all unserem Tun müssen wir aufpassen, dass wir das Kind nicht mit dem Bade ausschütten, wie es im Volksmund heißt. Sprich: Bei aller Kritik an manchen Formen der Kirche und handelnden Personen gilt es besonnen und fair zu bleiben und genau hinzuschauen. Wir dürfen nicht alles über einen Kamm scheren. Viele Priester, Bischöfe, Kardinäle, Mitarbeitende auf allen Ebenen sind seit Jahren absolut gewissenhaft für die Menschen da, kümmern sich auf vorbildliche Weise, erfüllen verantwortungsvoll die anvertrauten Aufgaben. Sehr viele schämen sich für ihre Kirche. Andere kämpfen dafür, dass es besser wird. Für eine transparente, offene Kirche, die bei den Menschen ist.

Wir verteidigen keine abstrakte Kirche, sondern die Kirche Jesu Christi. Sein Vorbild ist der Maßstab, an dem wir das kirchliche Handeln ausrichten sollten.

Jede und jeder Einzelne kann einen persönlichen Beitrag dazu leisten, dass Kirche als das erfahren und empfunden wird, was die ersten Christen vor Augen hatten, als sie sich im Jahr 48 in Antiochia versammelten und ihrer Bewegung den Namen »Der neue Weg« gaben. Zunächst war es eine neue, jüdische Gruppierung, die den Spuren von Jesus von Nazareth folgte. Dann erwuchs in ihnen das Selbstbewusstsein, einen Universalauftrag zu haben – die Botschaft der Liebe in die Welt zu tragen. Sie merkten, dass Jesus nicht nur für sie nach Galiläa gekommen ist, sondern für die ganze Welt. Die Menschen sind losgezogen, um anderen davon zu erzählen. So entstanden die ersten christlichen Gemeinden.

*

Es war keine heile Welt, in der die ersten christlichen Gemeinschaften lebten. Die Christen wurden im 3. Jahrhundert innerhalb des gesamten Römischen Reiches verfolgt. Kaiser Diokletian wollte alte heidnische Kulte wieder einführen und ließ die Versammlungshäuser und Kirchen der Christen niederbrennen, ihr Vermögen beschlagnahmen, Anhänger töten. Sein Nachfolger, Kaiser Konstantin I., setzte alles daran, einen Religionsfrieden herzustellen, um sein Reich zu stabilisieren. Bei einem Konzil, das im Jahr 325 in Nicäa, in der Nähe des heutigen Istanbuls stattfand, kamen dreihundert Kirchenvertreter zusammen, um gemeinsam Wege zu suchen, wie zukünftig ein Miteinander der Religionen gelingen könnte. Fünfundfünfzig Jahre später wurde ein Dekret unterzeichnet, mit dem das Christentum zur Staatsreligion erklärt wurde. Doch damit begann auch eine Klüngelei zwischen Thron und Altar. Dort, wo sich vieles um Geld, Macht und Ruhm dreht, wird die Botschaft des Evangeliums verwässert. Auswüchse verschiedener Art ließen nicht lange auf sich warten, als die Kirche Teil des Machtapparates wurde. Es gab kriegerische Auseinandersetzungen um die Vorherrschaft, Gebietsstreitigkeiten und Machtkämpfe.

Im Hochmittelalter kam es dann zu einer Gegenbewegung: Neue christliche Ordensgemeinschaften entstanden; einzelne, charismatische Menschen suchten neue Wege, zurück zu den Ursprüngen des Glaubens. Manche Gemeinschaften zogen sich in die Einsamkeit der Natur zurück, gründeten Einsiedeleien oder Klöster, versuchten sich autark zu versorgen. Andere teilten ihr Leben mit den Ärmsten, die ersten Krankenhäuser entstanden oft auf Initiative christlicher Gemeinschaften. Füreinander einstehen, Besitz teilen – das ist der Kern der biblischen Botschaft.

*

Paulus, der die Botschaft Jesu zu den Menschen brachte, die christlichen Gemeinden besuchte und ihnen lange Briefe schrieb, wurde innerhalb Galiläas abgelehnt. Aber in den hellenistischen Großstädten kam die Botschaft an! Die Menschen waren begeistert von dem, was sie hörten. Das jüdische Heilsdenken war ein völlig anderes.

Die ersten Christen teilten das, was sie hatten, kümmerten sich liebevoll um Menschen in ihrem Umfeld und traten für Frieden und Freiheit ein. Wer das erlebte, war überzeugt, dass es gut war, dieser Spur auch selbst zu folgen.

Juden, Griechen, freie Männer und Frauen, Sklaven – alle waren in den Augen der Christen gleich. Keine Standesunterschiede mehr! Das war der neue Weg, von dem Jesus gesprochen hatte. So hat sich das Christentum in der gesamten antiken Welt ausgebreitet.

Kirche kann Zukunft gewinnen, indem wir uns auf den Ursprung besinnen: Den Menschen liebend zur Seite zu stehen, das ist der Kern des christlichen Glaubens. Ebenso wie das Anliegen, denen, die suchend unterwegs sind, Heimat zu bieten. Die ersten Christen haben versucht, vieles von dem, was Jesus ihnen vorgelebt hatte, umzusetzen – deshalb hat ihre Gemeinschaft eine große Strahlkraft bekommen. Viele Menschen haben sich der Bewegung angeschlossen.

Wenn der Fokus der Kirche darauf liegt, Reichtümer anzuhäufen und Macht zu sichern, geht es schief. Das zeigt der Blick in die Geschichte.

Jesus von Nazareth besaß nur das, was er bei sich trug. Mit seinen Jüngerinnen und Jüngern zog er durchs Land. Dort, wo man ihn einließ, war Jesus zu Gast. Er und seine Anhänger teilten das, was sie hatten, mit denen, die es nötiger brauchten. In den Evangelien wird nicht davon berichtet, dass die ersten Christen irgendwelche Ansprüche verteidigten oder Besitztümer pflegten. Das sollte uns nachdenklich machen. Jesus spricht auch nicht davon, dass es irgendwelche Vorgaben zu erfüllen gibt, bevor man sich mit ihm an einen Tisch setzen darf. Es gibt kein Standesdenken, kein Oben und Unten. Denkverbote und rechtliche Vorgaben sucht man im Neuen Testament vergebens. Stattdessen betonen die biblischen Texte immer wieder: Wir sind alle eins in Christus. Und das nicht, weil wir persönlich so tolle Typen sind, sondern weil wir mit Christus auf dem Weg sind.

Wenn uns jemand fragt: Seid ihr noch zu retten? Dann antworten wir: Und wie!

Denn das Leben ist einfach wunderbar. Und es macht Spaß, dies in jeder Hinsicht auszuloten.

Kirche lebt von der Vielfalt der Angebote. Wir sollten deshalb immer wieder all diejenigen, die selbst etwas anbieten können und wollen, einladen, daran mitzuwirken – selbst kreativ zu werden, Neues auszuprobieren und so das Leben in seiner ganzen Vielfalt auch im Kirchenraum und im Gottesdienst abzubilden. Den Menschen sagen: Mach doch!

Denn es gilt die Zeit zu nutzen, die wir hier auf Erden haben.

NACHSPIEL

Rainer M. Schießler // Ganz zum Schluss, zur Verabschiedung, noch zwei Gedanken und eine kurze Geschichte, die ich immer mal wieder gerne zum Besten gebe.

Erstens: Die Rolle des Narren ist oft nicht die schlechteste. Und wir dürfen auch über uns selbst und unseren Glauben lachen, wenn es nicht despektierlich oder verletzend ist.

Zweitens: Ich habe einen großen Wunsch. Liebe Kirche, mach dich locker. Schau einfach mal über dich hinaus, sei ein bisschen offener. Genieße das Leben. Das hilft.

Jetzt die Geschichte: Kommt eine Mutter mit ihrem Kind in die Kirche … Sie zeigt ihm alles: den Altar, das Kreuz, das Weihwasserbecken, dies und das.

Das Kind geht an der Hand seiner Mama und beobachtet das Ganze genau.

Sagt seine Mama: »So, jetzt verabschieden wir uns von allen. Da ist die Maria, sag ›Tschüss, Maria‹.«

»Tschüss, Maria.«

»Da ist der heilige Joseph, sag ›Tschüss, Joseph‹.«

»Tschüss …«, das Kind winkt Joseph mit einer Hand.

»Und das da am Kreuz ist der Jesus. Sag ›Tschüss, Jesus‹.«

»Tschüss, Jesus!«

Am Ende kommen sie zum Beichtstuhl, in dem der Pfarrer sitzt. Er hat den Vorhang zugezogen, schaut aber jetzt kurz heraus.

Sagt das Kind: »Tschüss, Kasperl.«

QUELLENNACHWEIS

1 https://www.sueddeutsche.de/politik/kardinal-marx-interview-zoelibat-kirche-missbrauch-frauen-1.5520606?reduced=true; zuletzt abgerufen am 3. Februar 2022
2 Bischof Georg Bätzing, Die Zeit der Ängstlichkeit ist vorbei!, in: Podcast »Himmelklar«, Folge 120, eine Kooperation von katholisch.de, domradio.de und der MDG mbH
3 https://www.st-michael-muenchen.de/fileadmin/Redaktion/Zentrum/Vortraege/2010_Vortrag_Karl_Kern_SJ_Niemand_wie_Er.pdf; zuletzt abgerufen am 23. Januar 2022
4 https://www.katholisch.de/artikel/24016-marx-homosexuelle-paare-koennen-einen-segen-bekommen; zuletzt abgerufen am 14. Februar 2022
5 Humanae Vitae © Libreria Editrice Vaticana https://www.vatican.va/content/paul-vi/de/encyclicals/documents/hf_p-vi_enc_25071968_humanae-vitae.html
6 in: Öhler, Andreas, Glaubenshüter und Verhütung, *DIE ZEIT*, Christ & Welt, 26/2020
7 Amoris Laetitia © Libreria Editrice Vaticana https://www.vatican.va/content/francesco/de/apost_exhortations/documents/papa-francesco_esortazione-ap_20160319_amoris-laetitia.html
8 https://www.tagesschau.de/inland/woelki-missbrauch-konsequenzen-101.html; zuletzt abgerufen am 14. Februar 2022
9 Ein Schiff, das sich Gemeinde nennt
Text: Martin Gotthard Schneider © by Gustav Bosse Verlag / Bärenreiter-Verlag, Kassel

Foto: Susanne Krauss, www.susanne-krauss.com

Rainer M. Schießler, Jahrgang 1960, ist ein katholischer Pfarrer. Schießler gilt durch unkonventionelle Seelsorge und medienwirksame Aktionen als einer der bekanntesten Kirchenmänner in Deutschland. Der Bestsellerautor ist Pfarrer in der Münchner Kirchengemeinde »St. Maximilian«.

Stephan Maria Alof, Jahrgang 1966, arbeitete als Pfleger in einem Altenheim und als Betreuer für Aids-Kranke, bevor er im Münchner Glockenbachviertel mehrere coole Gastronomiebetriebe aufbaute. Er ist ehrenamtlicher Kirchenpfleger und Gemeindevorstand in »St. Maximilian«. Darüber hinaus engagiert er sich als Mitinhaber eines Bestattungsunternehmens.

Besuchen Sie uns im Internet:
www.bene-verlag.de

Aus Verantwortung für die Umwelt hat sich die Verlagsgruppe Droemer Knaur zu einer nachhaltigen Buchproduktion verpflichtet. Der bewusste Umgang mit unseren Ressourcen, der Schutz unseres Klimas und der Natur gehören zu unseren obersten Unternehmenszielen.
Gemeinsam mit unseren Partnern und Lieferanten setzen wir uns für eine klimaneutrale Buchproduktion ein, die den Erwerb von Klimazertifikaten zur Kompensation des CO_2-Ausstoßes einschließt. Weitere Informationen finden Sie unter: www.klimaneutralerverlag.de

FSC www.fsc.org MIX Papier aus verantwortungsvollen Quellen FSC® C083411

Originalausgabe April 2022

Ein Imprint der Verlagsgruppe
Droemer Knaur GmbH & Co. KG, München.

Konzept und Textgestaltung: Stefan Wiesner
Gestaltung: Maike Michel
Cover- und Autorenfotos: Susanne Krauss, www.susanne-krauss.com
Druck und Bindung: CPI books, Leck
ISBN 978-3-96340-222-7

5 4 3 2 1

Norbert Weiß | Jens Wonneberger

»Lieber Dresden im Regen als Wien bei Sonne«

Berühmte Zeitgenossen und die Stadt an der Elbe

edition q

Inhalt

Postkarte um 1900.

Vorwort

800 Jahre Dresden – das sind auch acht Jahrhunderte mehr oder weniger schöngeistig geprägter Sicht auf die Elbestadt. Wenn immer wieder und gern wiederholt wird, dass dieses Dresden der Musiker und Maler, dieses »Elbflorenz« nie ein Ort der Literatur gewesen sei – ein Platz über den geschrieben wurde und dessen man sich schreibend wieder und wieder erinnerte, war der »barocke Dampfer« zweifellos. Die berühmten Bauten der Stadt und ihre »feierliche Lage«, ihre Zerstörung in mehreren Kriegen und der Wiederaufbau, das glanzvolle Leben bei Hofe und das karge der einfachen Leute in den Vorstädten und Gassen, die prächtigen Kunstsammlungen und Galerien, die oft beschmunzelte Mentalität der Sachsen im Allgemeinen und die der »Dräsdner« im Speziellen, all dies fand und findet noch immer seinen flüchtig hingeworfenen oder wohl formulierten Niederschlag in Romanen und Gedichten, in Reiseberichten, Tagebüchern, in Briefen, Erinnerungen und zahlreichen autobiografischen Zeugnissen. Das so, über die Zeiten hinweg, entstandene Bild der Stadt ist keineswegs arm an Facetten. Seine Schattierungen reichen von der verklärenden Lobhudelei bis zu bitterem Spott und reflektieren nicht zuletzt die jeweilige persönliche Situation der Autoren. Der Fundus an Äußerungen zu Dresden scheint, selbst dann, wenn man sich auf die Aussagen bekannter und bedeutender Schriftsteller beschränkt, schier unermesslich zu sein.

Geschrieben wurde über Dresden schon früh. Zwar keineswegs, wie man vermuten könnte, im »Dresdner Heldenbuch« des Kaspar von der Rhön – das führt den Namen der Stadt nur im Schilde, weil es die hiesige Landesbibliothek seit Jahrhunderten bewahrt und pflegt. Aber Fürstenlob und Festbeschreibung gediehen beizeiten. Auch Schmähgedichte, wohlgemerkt, wie sie Jobst Weisbrod von der Seegasse im Januar 1522 publizierte und in denen er das »unsittliche Leben der Geistlichen und einiger Hofleute« geißelte. Was ihm schlecht bekam. An den Pranger gestellt, musste er in aller Öffentlichkeit seinen »Schandbrief« verschlingen. Und ein gewisser Johann Josef Beckh, weit vorsichtiger (oder von Weisbrods Schicksal gewarnt?), verfasste 1667 seine freundliche »Elbianische Florabella«, die er artig den »tugendbegabten Dreßdnischen Huldinnen« widmete.

Von Johann Christian Günther, dem unglücklichen schlesischen Dichter, wäre ganz sicher (er schrieb es nicht) ein »garstig Lied« auf Dresden recht und billig gewesen. Denn hiesige »übelgesinnte Hofschranzen« sollen es gewesen sein, die ihm den Auftritt vor August dem Starken, mit dem er sich für die Stelle des Hofpoeten bewerben wollte, gründlich vermasselten, indem sie ihm (der Legende nach!) ein »lähmendes Mittel in den Willkommenstrunk« mischten, so dass dem Dichter Geist und Stimme versagten ...

Nach dem Siebenjährigen Krieg (1756–63) schließlich und der ersten großen Zerstörung der Residenz, war die Not groß und in den Zeitungen eine »Ode auf das unter seinem Schutt begrabene Dreßden« zu finden, in der die Stadt als »Stadt Gottes, Israels Geliebte« bezeichnet wird.

Die vorliegende Sammlung ausgewählter Loblieder und Beschimpfungen setzt aus gutem Grund mit Zeugnissen aus der

Mitte des 18. Jahrhunderts ein. Das erscheint uns in zweifacher Hinsicht als sinnvoll. Einmal ist dies die Zeit nach dem Tode August des Starken, unter dessen Ägide sich Dresden zur Residenzstadt von europäischem Rang entwickelte und mit seinen Bauten jene Gestalt anzunehmen begann, der man in den unzerstörten oder wieder erstandenen Teilen der Altstadt noch heute begegnen kann. Andererseits setzte in den nachfolgenden Jahrzehnten jene Epoche der deutschen Literaturgeschichte ein, die der Klassik den Weg bereitete, deren wichtigste Vertreter noch heute ihren Rang innerhalb des literarischen Erbes behaupten. Doch selbst wenn man nur diese zweieinhalb Jahrhunderte betrachtet, will und kann eine Auswahl wie die vorliegende keinerlei Anspruch auf Vollständigkeit erheben. Selbstverständlich kommen die großen Verehrer und Beschimpfer der Stadt von Casanova über Herder, Goethe, Schiller, Andersen und Grillparzer bis zu Gerhart Hauptmann und Erich Kästner zu Wort. Verzichtet wurde aber in einigen Fällen bewusst auf Reminiszenzen durchaus bedeutsamer Autoren, die seit Jahrzehnten in nahezu jedem »Dresden-Buch« ihren Platz gefunden und gehalten haben, zugunsten von Äußerungen, die bislang noch nie oder nur in völlig anderen Zusammenhängen zu lesen waren.

Dresden im Frühjahr 2006
Norbert Weiß, Jens Wonneberger

Der Zwingerhof im Jahre 1758, Gemälde von Bernardo Bellotto, gen. Canaletto.

»Lieber Dresden im Regen als Wien bei Sonne«

Berühmte Zeitgenossen und die Stadt an der Elbe

Giacomo Girolamo Casanova

Er habe »den glänzendsten Hof Europas« gesehen. Diesen Satz kann man durchaus als zweideutig auffassen, hat doch der zitierte Besucher die ersten drei Monate seines Aufenthaltes in der Stadt vor allem darauf verwandt, »alle käuflichen Schönheiten kennenzulernen. Ich fand sie, was ihre Körper betraf, den Italienerinnen und Französinnen überlegen; aber sie erreichten diese bei weitem nicht an Anmut, an Geist und in der Kunst zu gefallen, die hauptsächlich darin besteht, sich verliebt zu geben, wenn sie einer nett findet und sie bezahlt. Daher stehen sie im Ruf, kühl zu sein.«

Diesem Urteil kann man wohl trauen, stammt es doch von keinem anderen als **Giacomo Girolamo Casanova** (1725–1798), der im Sommer 1752 nach Dresden kommt und »bis zum Karnevalsende des folgenden Jahres« bleibt. Seine Beziehungen zur Elbestadt sind sehr eng, seine Mutter, eine Schauspielerin, hat von Kurfürst August II. eine Anstellung auf Lebenszeit erhalten, der Bruder Giovanni Battista steht ab 1764 als Professor und späterer Direktor der Malerakademie ebenfalls im Dienste des Kurfürsten und auch eine seiner Schwestern ist in Dresden verheiratet. Kein Wunder also, dass es den berühmten Verführer nach Dresden zieht, zum Unmut der hiesigen Männer kann man annehmen, soll doch ein zeitgenössisches Gemälde ihn bei der Flucht vor betrogenen Ehemännern auf der Treppe der Brühlschen Terrasse zeigen. Allerdings muss Casanova bei seinen »Ausschweifungen innehalten«, einer »Unpäßlichkeit« wegen, die ihm »eine schöne Ungarin« vermittelt. Für einen Mann vom Schlage Casanovas nichts Ungewöhnliches, es ist »die siebente«, und er entledigt sich ihrer »wie immer durch eine sechswöchige Diät«. Sein Leben in Dresden bringt also »nichts Besonderes«. Er findet zwar einen Hof vor, »an dem die Künste blühten«, doch »keine feine Lebensart, denn König August war nicht fein, und die Sachsen sind es von Natur aus nicht, wenn ihnen der Herrscher nicht das Beispiel gibt«.

Dennoch kommt Casanova wieder und macht 1766 bei seinem zweiten von drei Aufenthalten das Hotel Stadt Rom zu seinem Liebesnest. Er verkehrt in den besten Kreisen, widmet sich dem Spiel und natürlich fehlt es auch an galanten Abenteuern und Verwicklungen nicht; am Ende seines Lebens Bibliothekar des Grafen Waldstein im böhmischen Dux, wo er die »Geschichte meines Lebens« zu Papier bringt, lässt er sie in seine Erinnerungen einfließen.

Johann Wolfgang von Goethe

Er steht noch am Beginn seines Lebens, der unbekannte neunzehnjährige Leipziger Student **Johann Wolfgang von Goethe** (1749 – 1832). Im März 1768 kommt er nach Dresden, und weil sein Vater ihn ausgiebig mit abschreckenden Geschichten über das Unterkommen in Gasthäusern malträtiert hat, quartiert er sich privat bei einem Schuhmacher in der Friedrichstadt ein.

In »Dichtung und Wahrheit« hat er diesen Aufenthalt und seinen Gastgeber Johann Gottfried Haucke beschrieben (im »Ewigen Juden« wird er gar zur literarischen Figur), vor allem aber die Besuche in der Gemäldegalerie. »Die Stunde, wo die Galerie eröffnet werden sollte, mit Ungeduld erwartet, erschien. Ich trat

Das Johanneum im Stallhofkomplex, 1740 bis 1855 Sitz der Gemäldegalerie, Stich von Moritz Bodenehr.

in dieses Heiligtum, und meine Verwunderung überstieg jeden Begriff, den ich mir gemacht hatte.« Goethe überfällt »ein Gefühl von Feierlichkeit, einzig in seiner Art, das um so mehr der Empfindung ähnelte, womit man ein Gotteshaus betritt«. Schließlich fühlt er sich ermutigt, »der Ausübung eines Talents, das mir die Natur versagt zu haben schien, von Zeit zu Zeit eifrig nachzuhängen«. Er wird noch mehrmals nach Dresden kommen und am 1. Januar 1791, nach seinem dritten Besuch, in einem Brief an Knebel bekennen: »Dresden hat mir große Freude gemacht und meine Lust an Kunst zu denken wieder belebt. Es ist ein unglaublicher Schatz aller Art an diesem schönen Ort.«

Kein Geistesriese wie der Weimarer Dichterfürst, aber als Übersetzer und Journalist hoch geachtet, war der vielseitig beschla-

Johann Kaspar Riesbeck

gene **Johann Kaspar Riesbeck** (1754–1786), der in seinen »Briefen eines reisenden Franzosen« seine Eindrücke aus Dresden verarbeitete, das er drei Jahre vor seinem Tod besucht hatte. Beeindruckt zeigt er sich vor allem von den Frauen. Er wünsche, schreibt er an seinen Bruder, »daß unsere Damen, Fräulein und Mädchen auch so schön und frisch wären wie die hiesigen ... Hier gibt es wahre Ideale von Schönheiten. Schlank von Wuchs, frisch
14 von Fleisch und Farbe, rund von Knochen und lebhaft in Gebärden hüpfen hier die Mädchen daher wie junge Rehe, um mit Salomon zu sprechen ... Es scheint aber geschwinde zu verblühen, denn ich sah wenig Weiber von dreißig Jahren, an denen nicht die Spuren des Verwelkens sichtbar waren. Das heftige Temperament mag viel dazu beitragen, vielleicht aber noch mehr die schlechten Nahrungsmittel verbunden mit der Sorge für das Hauswesen. Die Bayerinnen mögen die Sächsinnen vielleicht in Qualität des Fleisches übertreffen, allein diese sind ungleich schöner von Bau, und ihre Gesichtszüge sind interessanter.« Apropos Nahrungsmittel. Was Essen und Trinken betrifft, sieht er in den Dresdnern geradezu »Antipoden« zu den übrigen Deutschen. Denn: »Die Brühen sind hier so dünne, man hat so oft kalte und immer so schmale Küche, daß ich glaube, ein Wiener könne es hier ... nicht vier Wochen aushalten.«

Friedrich von Schiller

Der Marbacher **Friedrich von Schiller** (1759–1805), das angehende Theatergenie, konnte dies durchaus. »Als auf einmal, und mir zum ersten Mal, die Elbe zwischen 2 Bergen heraustrat, schrie ich laut auf ... Die Elbe bildet eine romantische Natur um sich her, und die schwesterliche Ähnlichkeit dieser Gegend mit dem Tummelplatz meiner frühen dichterischen Kindheit macht mir sie dreifach theuer.« Dieser Freudenschrei entfuhr Schiller am

Das Schillerhäuschen in Loschwitz.

13. September 1785, und er hält ihn in einem Brief an Ludwig Ferdinand Huber für die Ewigkeit fest. Sein Dresden-Aufenthalt ist aber, wie er Monate später berichtet, nicht nur der romantischen Natur geschuldet, »ein Zirkel von Freunden, deren Anhänglichkeit und Liebe mein Dasein verschönert, hat bei meiner Wahl den Ausschlag gegeben«. Schiller ist Gast bei Christian Gottfried Körner, sowohl in dessen Stadtquartier auf dem Kohlmarkt im Fleischmännischen Hause als auch im Weinberghaus an den Loschwitzer Hängen lebt und arbeitet der junge Dichter. Der Don Carlos wird vollendet, manch anderer Text entsteht, ob auch die Ode »An die Freude« hier geschrieben wurde, darüber streiten sich Experten und Lokalhistoriker bis heute, die »Unter-

tänigste Pro Memoria an die Konsistorialrat Körnersche weibliche Waschdeputation in Loschwitz« aber hat allemal hier ihren Enstehungsort. Eine Ode auf die Dresdner indes hat Schiller nicht geschrieben, die Stadt sei eine »Wüste der Geister«, stellt er in einem Brief vom Dezember 1788 fest. »Die Cursachsen sind nicht die liebenswürdigsten von unseren Landsleuten, aber die Dresdner sind vollends ein seichtes, zusammengeschrumpftes, unleidliches Volk, bei dem es einem nie wohl wird. Sie schleppen sich in eigennützigen Verhältnißen herum, und der freie, edle Mensch geht unter dem hungrigen Staatsbürger ganz verloren, wenn er anders je gewesen ist. Zuweilen begegnet man einem verstümmelten Abdruck, oder vielmehr einer Ruine die ehemals Geist oder Herz beseelte. Aber die fatalen Verhältnisse haben beides zertreten und verheert; so daß man – um das Gleichnis fortzuführen – nur noch aus einer stehengebliebenen Säule den Geist des Meisters und die Ordnung erkennt, in der das Gebäude aufgeführt worden.«

Jean Paul

Davon und von der Eigenart der Dresdner weiß auch ein Dichter aus dem Fichtelgebirge sein Lied zu singen: Am Himmelfahrtstag 1798 sammelt sich abends »die fürstlich heilige Familie nebst dem plattgedrückten Hoftroß in der katholischen Kirche«. Zugleich wird »das Kind einer Prinzessin hereingetragen, das die Trompeter taub bliesen gegen künftige Bitten.« Einer der Zuschauer hat dabei mit seinen »demokratischen Zähne(n) geknirscht, am meisten über das gekrümmte Schranzenvolk von Dresdnern, die nicht schön, nicht edel, nicht lesbegierig, nicht kunstbegierig sind, sondern nur höflich«, wie er seinen Freund Christian Otto wissen lässt. Der Briefschreiber ist **Jean Paul**, der eigentlich Johann Paul Friedrich Richter (1763–1825) heißt und

Aufstellung des Castrum doloris vom 30. Mai bis 1. Juni 1827 für König Friedrich August I. in der Katholichen Hofkirche. Stich von Grolich und Wunderlich.

auf dem besten Weg ist, einer der wichtigsten Erzähler seiner Zeit zu werden. Der in Wunsiedel Geborene war wenige Monate zuvor nach Leipzig gezogen und besucht Dresden und seine Umgebung das erste Mal, wobei ihm vor allem die Sammlung antiker Plastiken im Japanischen Palais und die Abgüsse im Mengsschen Museum beeindrucken. »Sooft ich künftig über große oder schöne Gegenstände schreibe, werden diese Götter vor mich treten und mir die Gesetze der Schönheit geben.« Er habe, schreibt er kurz vor seiner Abreise, viele Bekanntschaften gemacht, aber keine von Bedeutung. Das ist bei seinem Dresden-Besuch im Frühsommer 1822 schon anders, er begegnet unter anderem Ludwig Tieck, den das gebildete Deutschland den »König der Romantik« nennt, und dem Komponisten Carl Maria von Weber. »Geliebt wurd' ich von so vielen«, schreibt er an Heinrich Voß, »daß meine 5 Wochen nicht hinreichten zu fremder und meiner Befriedigung – sogar von allen Almanachdichtern allda ohne Eifersucht und vollends von den Weibern, die mir am Morgen Blumen und Kränze brachten und Abends jene von meiner Rockklappe wieder holten.« Die anfängliche Skepsis freilich bleibt, vor allem den Dresdnern gegenüber. »Alles ist hier gefällig bis zum Volk und Soldaten herab; du findest das militärische Grobgeschütz bayerischer Offiziere hier nicht. Indes herrscht hier in Freude, Kraft, Schönheit und Talent ein gewisses Mittelmaß und Mittelgut.«

Die Umgebung aber begeistert ihn immer wieder neu. »Die Luftschlösser übertreffen an Aussichten alle deutsche. Die Brühlsche Terrasse abends mit ihren Lichtern und Gebirgen und der Brücke und Elbe gab mir einmal eine Stunde der inneren Verklärung, die ich seit vielen Jahren ... umsonst gesucht«. Trotzdem: »Wohnen möcht ich doch nicht hier«. Was Jean Paul aller-

Treppe zur Brühlschen Terrasse, colorierter Stich um 1825.

dings nicht daran hindert, nach seiner Rückkehr ins heimatliche Bayreuth für Zeitungen wohlwollende Bemerkungen über seinen Dresden-Aufenthalt zu verfassen.

Heinrich von Kleist

Mehrmals besucht der Dramatiker und Erzähler **Heinrich von Kleist** (1777–1811) Dresden und gewinnt durchaus zwiespältige Eindrücke. »Dreßden hat enge Straßen, meistens 5 bis 6 Stock hohe Häuser, viel Leben und Thätigkeit, wenig Pracht und Geschmack«, schreibt er im September 1800 an Wilhelmine von Zenge. »Die Elbbrücke ist ganz von Stein, aber nicht prächtig. Auf dem Zwinger (dem kurfürstl. Garten) findet man Pracht, aber ohne Geschmack. Das kurfürstliche Schloß selbst kann man kaum finden, so alt und russig sieht es aus. Wir gingen in die berühmte Bildergalerie. Aber wenn man nicht genau vorbereitet ist, so gafft man so etwas an, wie Kinder eine Puppe. Eigentlich habe ich daraus nicht mehr gelernt, als daß hier viel zu lernen sei.« Also kommt er wieder, gut vorbereitet, wie man annehmen kann, denn den nächsten Aufenthalt und seine gemeinsamen Galeriebesuche mit dem Maler Heinrich Lohse im Frühjahr 1801 zählt er zu »den frohsten Stunden« seines Lebens. »Die schöne, große, edle, erhabene Natur, die Schätze von Kunstwerken, die Frühlingssonne, und so viel Wohlwollen ... « Da ist er eigentlich auf einer Reise nach Paris, doch in einem Brief zweifelt er, »daß ich auf meiner ganzen bevorstehenden Reise, selbst Paris nicht ausgenommen, eine Stadt finden werde, in welcher die Zerstreuung so leicht und angenehm ist, als Dreßden«. Die Stadt habe »eine große, feierliche Lage, in der Mitte der umkränzenden Elbhöhen, die in einiger Entfernung, als ob sie aus Ehrfurcht nicht näher zu treten wagten, es umlagern. Der Strom verläßt plötzlich sein rechtes Ufer, und wendet sich schnell nach Dreßden, seinen Liebling zu küssen. ... Er wendet sich bald zu dem rechten bald zu dem linken Ufer, als würde die Wahl ihm schwer, und wankt, wie vor Entzücken, und schlängelt sich spielend in tausend Umwegen durch das freundliche Thal ...« Vom Sommer 1807 bis zum Frühjahr 1809 lebt Kleist schließlich ganz in der Stadt, arbeitet an verschiedenen Stücken und der Novelle »Michael Kohlhaas« und gibt die Zeitschrift »Phöbus« heraus.

Johann Gottfried Seume

Ein Generationsgefährte Kleists, weder von Adel wie jener, noch aus gesicherten bürgerlichen Verhältnissen stammend, begibt sich auf Schusters Rappen vom Ufer der Mulde (wo er als Korrektor ein kümmerliches Dasein fristet) an die Elbe: »Ich schnallte in Grimma meinen Tornister und wir gingen.« Das Ziel

Abguss-Sammlung des Mengsschen Museums.

heißt Syrakus, der Wanderer **Johann Gottfried Seume** (1763–1810), man schreibt das Jahr 1801, es ist Dezember. Schon bald hinter Meißen kommt der Fußreisende nach Dresden, das er seit zwölf Jahren nicht mehr gesehen hat, und ihn umweht »eine kalte, dicke, sehr unfreundliche Luft«, wie so oft, wenn er sich einer Residenz nähert. Denn »man trifft so viel trübselige, unglückliche, entmenschte Gesichter, daß man alle fünf Minuten auf eins stößt, das öffentliche Züchtigung verdient zu haben oder sie eben zu geben bereit scheint: Du kannst denken, daß weder dieser noch jener Anblick wohlthut. Viele scheinen auf irgendeine Weise zum Hofe zu gehören oder die kleinen Officianten der Collegien zu sein, die an dem Stricke der Armseligkeit fortziehen und mit Grobheit grollend das Endchen Tau nach Dem hauen, der ihrer Jämmerlichkeit zu nahe tritt. Ungezogenheit und Impertinenz ist bekanntlich am meisten unter dem Hofgesinde der Großen zu Hause ...« Auch während eines Theaterbesuchs entdeckt Seume die »gewöhnliche Dresdener Engbrüstigkeit« und eine »oberflächliche Aussprache«, »die so gern das Weiche hart und das Harte weich« macht. »Der halblateinische Theil des Publikums lachte heillos, und mir kam es als eine Ungezogenheit der ersten Größe vor.« Die Galerie und den Antikensaal besucht Seume, sich seiner »Saumseligkeit und Sorglosigkeit in gelehrten Dingen und Sachen der Kunst« bewusst, nicht, dafür die »Mengs'sche Sammlung der Gipsabdrücke« und eine Oper, »die mit ziemlich vieler Pracht gegeben wurde ... Es war bei der Vorstellung kein einziger schlechter Sänger und Acteur; aber nach meiner Meinung auch kein einziger vortrefflicher, so sehr man auch in Dresden dieses behauptete«. Eines morgens erfährt er, »durch den Donner der Kanonen geweckt, ... daß dem Hause ein Prinz geboren war« und hofft, der Herr möge »in seinem Leben nicht wieder so viel Lärm als bei seiner Ankunft auf unserem Planeten« machen, denn »die Fürsten dieses Hauses sind, zum Glück ihrer Länder, seit mehr als einem Jahrhundert meistens Kinder des Friedens«. Bald darauf setzt Johann Gottfried Seume seinen »Spaziergang nach Syrakus« fort.

Johann Gottfried Herder

Kein anderes Urteil über Dresden ist wohl von den Verehrern der Stadt so oft zitiert worden, wie das von **Johann Gottfried Herder** (1744–1803). Im dritten Band seiner Schrift »Adrastea« widmet sich der Philosoph und Schriftsteller 1802 den Kunstsammlungen und findet, dass Dresden durch den Einsatz von Kurfürst Friedrich August I. und dessen beiden Nachfolgern »in An-

Ansicht der Stadt Dresden von der Bautzner Straße, Kupferstich von A. Lawrenz, um 1830.

sehung der Kunstschätze ein Deutsches Florenz« geworden sei. Der »prachtliebende Geist« der Fürsten ziere die Stadt mit Gebäuden, sie sei »eine Schule der Artigkeit«. Alle Völker Europas seien der Spur Winckelmanns und dessen in Dresden geschriebenem Buch »Über die Nachahmung griechischer Kunstwerke« gefolgt.

»Blühe, Deutsches Florenz, mit Deinen Schätzen der Kunstwelt! / Stille gesichert sei Dresden Olympia uns. / Phidias-Winckelmann erwacht an Deinen Gebilden, / Und an Deinem Altar sprossete Raphael-Mengs.«

Vom 20. August bis Mitte September 1803 weilt Herder in Dresden, wohnt zunächst im »Hotel de Pologne«, später in der Neustadt, und besucht verschiedene Sammlungen und befreundete

Familien. Der Kurfürst, der Herders Schrift über die Kunstsammlungen kennt, gewährt ihm eine Audienz. Wie wohl sich Herder in Dresden gefühlt haben muss, darüber gibt ein Brief seiner Frau Auskunft. »Freundliche Menschen, Wissenschaft u. Natur überraschten ihn auf einmal, wie eine harmonische Musik. Mehr als alles aber war ihm Dresden eine Erscheinung höherer Art – das Staatsschiff auf dem der Steuermann selbst, durch Einsicht, Thätigkeit u. Honnetetät ein Vorbild der übrigen ist u. sie wach hält. Die Grundsätze der alten Gerechtigkeit u. Billigkeit die die Geschäfte dort regieren u. die dem Geist der Minister u. Geschäftsmänner eingeprägt sind, hat ihn freilich höchst angenehm ergriffen.« So angenehm, dass Dresden »ein heller lichter Punct in unseren Ideen geworden« ist und man erwägt, die Stadt als Alterssitz zu wählen. Dazu allerdings kommt es nicht, denn drei Monate nach seiner Abreise aus Dresden stirbt Herder am 18. Dezember 1803 in Weimar. Seine Huldigung Dresdens als deutschem Florenz aber bleibt unsterblich und lockt Besucher aus aller Welt in die barocke Stadt, vor allem Künstler und Weltenbummler, die sich, von Ost und Norden kommend, auf dem Wege nach Italien befinden.

Per Daniel Atterbom

»Ja, mein geliebter Bruder, das alte Sprichwort: ›Es ist nicht alles Gold was glänzt‹ bestätigt sich auch bei einer Menge deutscher Herrlichkeiten, sobald man sie nur genauer besieht. Dies gilt vor allem von Preußen und Berlin, obwohl ich sicherlich Unrecht täte, wenn ich leugnete, daß ich nicht auch vieles kennengelernt hätte, was die Probe bestanden hat. Gott sei Dank, daß ich für diesmal daraus fort bin.« Der dies im August des Jahres 1817 so provokant zu Papier bringt, heißt **Per Daniel Atterbom** (1790–1855), seines Zeichens romantischer Dichter und Kunst-

Anzeige 1928.

gelehrter, der sich aus Hochachtung für den deutschen Erzähler E. T. A. Hoffmann, zuweilen auch Per Daniel Amadeus Atterbom nennt. Geboren wird er im schwedischen Åsbo als Sohn eines Pfarrers, und er gilt in seiner Heimat als einer der hoffnungsvollsten Wortführer der neueren Literatur, um den sich vor allem die jüngeren Autoren mit Begeisterung scharen. 1817 macht er sich per Segelschiff und Kutsche auf Pilgerfahrt nach Deutschland und Italien, um die »blaue Blume der Romantik« zu entdecken und den verehrten Vertretern der romantischen Schule Jean Paul, Ludwig Tieck, »Gespenster-Hoffmann« und Friedrich Wilhelm Schelling seine Aufwartung zu machen. Über Stralsund und

Greifswald reist er nach Berlin und wird (siehe oben) enttäuscht. Doch voller Vorfreude darauf, sich schon bald »unter den munteren Sachsen und ihren unzähligen Kunstschätzen erquicken zu können«, rollt Atterbom unverzagt in einem gedeckten Fuhrmannswagen durch das Cottbuser Tor aus Berlin hinaus.

Knapp zwei Tage muss er sich durch die »brandenburgische Sandheide« schaukeln lassen, bevor er sich via Zossen, Baruth und Dobrilugk, Elsterwerda und Großenhain seinem ersehnten Ziel zu nähern beginnt: »Zur Linken in einiger Entfernung (sieht man) das schmucke Jagdschloß Moritzburg mit seinem ansehnlichen Park, wo sich der König von Sachsen oft vergnügt. Eine halbe Meile von der Hauptstadt entfernt liegt ein Wirtshaus ›Zum Wilden Manne‹, das allein wegen seiner angenehmen Lage genannt zu werden verdient ... Aber mein ganzes Trachten war jetzt auf das schöne Elbetal gerichtet und auf Dresdens schimmernde Turmspitzen, über denen die Sonne gerade unterging und einen bezaubernden Abendglanz verbreitete. Freundliche Linden- und Pappelalleen begegneten dem Fremdling ein Stück vor der Schranke und begleiteten ihn durch die sogenannte Neustadt bis zur majestätischen Elbbrücke, auf der die Dämmerung so stark war, daß mir einige Sänften, die an mir vorbeigetragen wurden, im Wagen vorkamen wie zwei schwarze, unförmige, ohne Füße wandernde Spukgestalten. Diese in Dresden übliche Art, sich fortzubewegen, war mir überdies ein noch völlig unbekanntes Schauspiel. – Endlich hielten wir auf dem großen Neumarkt vor dem gesuchten ›Hôtel de Berlin‹, dem nächsten Ziel unserer Mühen. Wir fanden ein prächtiges Wirtshaus, schnellfüßige Bedienung, untadeliges Abendessen, vortrefflichen Wein, zahlreiche Gesellschaft und Tafelmusik; geht man nicht oft bei geringeren Anlässen mit der besten Laune der Welt zu Bett?«

Innenansicht der Gemäldegalerie, 1830.

Grund genug für den begeisterungsfähigen Nordländer, den Freunden und Verwandten im fernen Schweden sein gesteigertes Lebensgefühl hinlänglich zu beschreiben und ein Loblied der sächsischen Residenz anzustimmen: »Dein Freund sitzt nun in Deutschlands Florenz, im olympischen Dresden, wie Herder in verzeihlicher Berauschung diese freundliche Stadt nannte; ich befinde mich seit ungefähr einem Monat im Herzen des schönen, vortrefflichen Sachsen und fühle mich damit dem Herzen von Germanien näher ... Ich überlasse es Deinem Urteil, ob es möglich ist, sich unter einem südlichen, milden, ewig blauen Septemberhimmel, unter den angenehmsten Bekanntschaften aus beiden Geschlechtern, Philosophen, Dichtern, italienischen Malereien, katholischen Chorälen, Weinbergen, Flußbiegungen, Bergen, Tälern, Lustgärten und Spazierwegen zu langweilen. Die Herrlichkeit der Landschaft wird nur von der Schönheit der Menschen übertroffen, mit denen man wandert. Was erlebte ich hingegen in Berlin? Staub, Hundstagshitze, schwerfällige Eindrücke und Magenleiden!«

28 Nein, von Langeweile und Magenleiden kann keine Rede sein. Atterbom, der bis tief in den November hinein in Dresden bleibt, durchstreift die königliche Bibliothek, die berühmte Antikensammlung und natürlich die nicht minder bekannte Gemäldegalerie, »bei deren erstem Betreten einem fast schwindlig wird vor der Herrlichkeit, die einen gleich Meereswogen überwallt.« Er trifft sich mit Caspar David Friedrich, der sich, weil er aus Pommern stammt, »für einen halben Schweden hält« und der ihm »als Mensch wie als Maler gleich gemütvoll erscheint«;und er nimmt Sprachstunden »nel dolce Italiano« – schließlich hat er trotz des angenehmen Aufenthaltes in Dresden das Ziel seiner Sehnsucht, Rom, die ewige Stadt, nicht aus den Augen verloren – bei einem »jungen, liebenswürdigen Fräulein Fanny von Unruh«, dem er dankbar das Gedicht »Der Schwede« zueignet.

Carl von Voß

Am 1. Mai 1822 trifft der Kammerherr **Carl von Voß** (1778–1856) als Gouverneur des anhalt-bernburgischen Erbprinzen Alexander Carl in Dresden ein und besucht sogleich die Brühlsche Terrasse. »Diese Terrasse ist aus großen Quadersteinen senkrecht aus der Elbe herauf bis zu einer bedeutenden Höhe gemauert. Lindenbäume beschatten sie, die leider, wie fast alle Bäume in Dresden, stark beschnitten sind ... Eine breite Treppe, unten von zwey steinernen Löwen bewacht, führt nach dem Platze vor der

Die Brühlsche Terrasse, aquarellierte Lithografie um 1840.

katholischen Kirche und der Brücke. Die Schönheiten dieses Erdenfleckens lassen sich nicht beschreiben, sondern nur empfinden.« Für seine Empfindungen wird Carl von Voß viel Muße haben, ein Jahr weilt er mit seinem Zögling in der Elbestadt und hat diese Zeit in seinem Buch »Eine Reise nach Dresden 1822« ausführlich dokumentiert und beschrieben. Den Abend des 21. August verbringt er wieder auf der Brühlschen Terrasse; »... um die Zeit des Sonnenuntergangs schien sich ganz Dresden dort versammeln zu wollen, und es war für uns sehr unterhaltend, in einen ausspringenden Winkel der Terrasse gedrückt, die wogende Menge von Bekannten und Unbekannten vorbeyströmen zu sehen, unter welcher wieder wenigstens jeder zehnte ein Krüppel oder eine komische Figur war.«

Die Architektur der Stadt und ihre Sammlungen, die Umgebung, Volksfeste, Gondelfahrten, Spaziergänge und Besuche bei berühmten Zeitgenossen oder der »naturforschenden Gesellschaft« – Carl von Voß hat all dem in seinem Tagebuch breiten Raum eingeräumt und so ein lebendiges Bild der Zeit vermittelt. Nicht ohne Witz übrigens, wenn er von der Kuppel der Frauenkirche auf den »neuen Markt, nahe bey der Kirche, die Wachparade mit Trommelgewirbel und Janitscharenmusik, Generalen und Stabsoffizieren« sieht, die sich »gewaltig breit machten und von gaffenden Bürgern umkreist wurden, während sie mir klein und weniger furchtbar als Adölphchens Bleysoldaten vorkamen und aller Lärm, den sie machten, kaum zu mir heraufdrang«. Oder wenn er bei einem Besuch der »künstlichen Brunnen-Anstalt des Doktors Struve« in der Seevorstadt am Ende des »bedeckten Ganges« »Carlsbad, Eger, Ems und Pyrmont so nah und freundschaftlich nebeneinander« findet, »daß man zugleich mit einer Hand aus dem Pyrmonter und mit der anderen aus der Carlsbader Quelle schöpfen kann. Wenn man bedenkt, wie viele Poststationen und Trinkgelder man auf diese Weise erspart, so möchte man gleich zugreifen«.

Washington Irving

Im gleichen Jahr wie Carl von Voß reist auch der amerikanische Schriftsteller **Washington Irving** (1783–1859) nach Dresden, wo er vom November bis zum Juli des Folgejahres weilt. »Mein Winter in Dresden ist äußerst angenehm gewesen«, schreibt er an seine Schwester, »ich bin ganz heimisch geworden unter den guten Leuten und werde zu allem, was in der Welt des feinen Tons und Frohsinns vorgeht, eingeladen. Der alte Hof hat mir besonders gefallen wegen seiner steifen, altmodischen Förmlichkeit und seiner feierlichen Zeremonie ... Es herrscht bei einigen

Dr. Struves Trinkhalle, Gemälde von Traugott Faber, 1822.

der Hoffestlichkeiten eine eigentümliche Mischung aus Pracht und Gemütlichkeit.« Seine Eindrücke von Dresden hat Irving auch in den »Erzählungen eines Reisenden« literarisch verarbeitet.

Franz Grillparzer

Obwohl er sich von den Kunstschätzen der Dresdner Sammlung (»Himmel, welcher Reichtum!«) und der Vorlesekunst Ludwig Tiecks tief beeindruckt zeigt, lässt der österreichische Dramatiker **Franz Grillparzer** (1791–1872) kaum ein gutes Haar an der Elbestadt, die er während einer Deutschlandreise 1826 besucht, und er macht seinem Ruf als Verfasser sarkastischer Epigramme alle Ehre, wenn er am 27. August in sein Reisetagebuch notiert: »Drääsden. Gestern abends hier angekommen. Die Nacht hier

Dresdner Trachtenbild, Dame im Morgenkleide.

geschlafen. Nichts kann dem unangenehmen Gefühle verglichen werden, mit dem ich mich hier befinde. Diese quäkenden Frösche mit ihrer äußern Höflichkeit und innern Grobheit, mit ihrer Bereitwilligkeit und Tatlosigkeit, ihrer schwächlichen Großtuerei, all das ekelt mich an.« Im »Engel« sitzt er mit jungen Offizieren am Tisch, die einige Flaschen Champagner leeren: »Die Sprache dieser Leute beleidigt mein Ohr. Ein Österreicher kann in seinem Jargon einem Fremden bäuerisch vorkommen, die Sprache dieser Leute aber ist unleidlich. Sie ist unmännlich, geckenhaft, wie von und für Kopflose. Alle scharf denkenden und lebhaft fühlenden Nationen sprechen nicht sowohl schnell (das tun die Sachsen im Übermaß) als abbreviert. Sie ziehen zusammen, verschlucken einen Teil der Buchstaben, z.B. Franzosen, Engländer; aber die Leute hier dehnen jede Silbe, verlängern jedes Wort, hängen überall ein Lieblings-E an, so daß ihre Sprache endlich ein förmliches Mäh, Mäh von Schafen wird.«

Kaum schmeichelhafter sind seine Eindrücke, die er während zweier Konzertbesuche gewinnt. Das Linckesche Bad an der Elbe nennt er einen »hübschen Ort«, das Konzert ist »weniger schlecht, als der Preis vermuten ließ«, aber »die Weiber alle mit der Strickerei in der Hand. Die Leute sehen sehr gutmütig, aber langweilig aus. Noch kein schönes, kaum ein paar hübsche Mädchen gesehen. Ich glaube, die Dresdnerinnen kommen mit 30 Jahren zur Welt, bis jetzt sah ich beinahe noch keine junge. Verhältnismäßig viel Mißgestaltete und Zwerge«. In der katholischen Kirche dagegen hört er verstimmte Flöten und einen schneidenden Sopran, »in der Höhe falsch, ohne Verbindung der Fistel- und Mitteltöne, wenig Gesangsbildung«. Dafür ist »der König und das ganze königliche Haus in großer Andacht zugegen. In den Gängen der Kirche zwei gallonierte Türsteher des Königs,

Blick auf die Augustusbrücke von der Neustadt, colorierter Stich um 1820.

die, indem sie jede Störung hindern wollten, selbst die größte Störung verursachten«. Grillparzer bleibt bis zum 3. September, dann reist er über Leipzig nach Berlin, nach Dresden kommt er nicht noch einmal.

Hans Christian Andersen

Weniger grantig und von ausgeglichenerem Naturell, liefert der dänische Märchendichter **Hans Christian Andersen** (1805–1875) im Sommer 1831 ein ganz anderes Bild der Stadt: »Wie durch einen Schleier« sieht er »das deutsche Florenz, Dresden, mit seinen Türmen und Kuppeln vor sich liegen«. Und hernach, »als ich nach der Augustusbrücke kam, die ich schon so gut aus Kupferstichen und Gemälden kannte«, schreibt er in seinen »Reiseschatten«, »kam es mir vor, als ob ich schon früher einmal im

Traum hier gewesen wäre. Die Elbe wälzte ihre gelben Wellen unter den stolzen Bogen durch; auf dem Fluß war viel Leben und Treiben, aber weit mehr noch auf der Brücke; auf der Mitte jagten Wagen und Reiter, und auf beiden Seiten ging eine Masse Fußgänger im buntesten Wechsel«. Andersen empfindet Dresden als einen »Übergangspunkt in der Mitte von Nord- und Süddeutschland«, als eine Stadt, die »etwas einladend Freundliches« habe und fühlt sich deshalb »darin gleich wie zu Hause. Er besucht seinen Landsmann, den Landschaftmaler Dahl, den Schriftsteller Ludwig Tieck und die Hofkirche, wo »Schweizer in gelben Stöcken in der Hand« herumgingen, »um auf Ruhe und Ordnung zu sehen und Achtung zu geben, daß die Böcke von den Schafen getrennt blieben«. In der Galerie setzt ihn Raffaels Madonna »gar nicht in Erstaunen«. »Ist dies das weltberühmte Bild?«, fragt er und sieht »ein gewöhnliches Frauengesicht«, das »nicht schöner« ist, als er es oft gesehen hat. Er geht in die Rüstkammer und das Grüne Gewölbe, eine »Reihe von Zimmern, die übrigens keineswegs grün sind«, und erlebt, da das königliche Theater wegen des Sommers nicht spielt, eine Aufführung im Linckeschen Bad. Auf der Rückfahrt mit einer Gondel bestaunt er noch einmal die Augustusbrücke im Wasser gespiegelt, »und Dresden selbst« erhebt »seine hohen Türme und Kuppeln in die Luft; es waren Schattenbilder auf einem goldenen Grunde«. Mit dem Schiff reist er, vorbei an Schloss Pillnitz, weiter in die Sächsische Schweiz.

Hermann Günther Meynert

Derlei Eindrücke verschlingen die Dresdner wie süßes Gebäck zum Kaffee. Anderes liegt ihnen eher schwer im Magen, weshalb sie schon mal empört nach Recht und Gesetz verlangen, wenn die geliebte Stadt als »grau in grau« verunglimpft wird.

Dresdner Originale, Eierhanne und Peter Groll.

Sein Buch soll in Sachsen zeitweise verboten gewesen sein, kein Wunder, lässt doch schon der Titel schlimme Verunglimpfungen ahnen: »Charaktergemälde von Dresden, grau in grau: für alle, welche die Elbresidenz bewohnen oder kennenzulernen wünschen«. Und tatsächlich, der Wunsch dürfte bei manchem nach der Lektüre des 1835 erschienenen Buches von **Hermann Günther Meynert** (1808–1895) nicht allzu groß gewesen sein. »Dresden ist ein Körper, der bloß aus Haut besteht«, schreibt er unter dem Pseudonym Janus, »es fehlt übrigens alles: Fleisch, Blutgefäße, Knochen, d. i. innerer Halt und vor allem Seele. Von der letzteren ist auch gar nicht die Rede ... Vom Hofrate bis zu dem Wursthändler hinab nimmt man allenthalben die kläglichste Ichsucht wahr, und durch alle Stände findet man, nicht selten zu seiner Verzweiflung, ein so fluchwürdiges System des steifen Anstands, eine solch hoffärtig-philisterhafte Abgemessenheit der Bewegungen und Äußerungen, daß es nie zu etwas mehr als einer noblen Langweiligkeit kommen kann.« Meynert zieht alle Register, wenn es gilt, seine Landsleute mit Spott- und Hasstiraden zu überschütten. Es gebe »in Dresden keinen eigentlichen Pöbel, es gibt nur einen Plebs, aber dieser ist so unleidlich, so dummgesucht in seinen Manieren, so wollend und nicht könnend in seinen Äußerungen, so ungeschickt-geziert in seinen Redensarten, so verunglückt-geschliffen in seinem Umgange, so süßlichdumm, so lächerlich-pathetisch und so bejammernswert-herzhaft, kurz, so bauernjunkermäßig galant in seinem ganzen Wesen, daß man ihm eher zehn Grobheiten als eine einzige Artigkeit verzeihen möchte. Er hat weder das Geschick, dumm zu sein, noch Art und Weise, den Verständigen zu spielen. Er ist zu klug, um einfältig, und zu einfältig, um klug zu erscheinen. Es paßt ihm keine Kleidung, keine Maske, es steht ihm nichts, er schickt sich zu nichts, man sollte ihn totschlagen und nach tausend Jahren wieder einmal erwecken, um ihn von neuem totzuschlagen, wenn er sich dann noch immer nicht anders ausnehmen und aufführen will.« Kein Wunder also, daß Meynert ein Jahr nach dem Erscheinen seines Buches Dresden Richtung Wien verlässt.

Robert Edouard Prutz

Ganz ähnlich und diesmal politisch motiviert, sieht es ein reichliches Jahrzehnt später der Lyriker und Dramatiker **Robert Edouard Prutz** (1816–1872). Schon 1840 hatte er sich vergeblich um eine Professur beworben – der Bewerber gilt beim sächsischen Hof als politisch mißliebig. Im Revolutionsjahr 1848 ist er in ganz Deutschland unterwegs und gibt am 12. März dem in Paris lebenden Georg Herwegh Bericht über den Stand der Sache der Freiheit. In Preußen werde es überaus schwierig werden, »aber den allertrübesten Fleck in Deutschland hab im Augenblick ich inne: Dresden, das Land der Kuchenfresser, die verwaschenste, farbloseste, bleiweichste Generation, die es in Deutschland gibt: Volk wie nasser Schwamm, nicht Welf, nicht Ghibellin, bloß träge Maulaufsperrer, die immer noch glauben, das alles geschehe bloß ›draußen‹ und bloß, damit sie zu ihrem schlechten dünnen Kaffee alle Morgen eine interessante Zeitung zu lesen haben!«

Józef Ignacy Kraszewski

Nahezu 60 Zeitungen soll sich der bedeutsame Romancier und Vielschreiber in einem, **Józef Ignacy Kraszewski** (1812–1887), gehalten (und gelesen) haben. Nach der blutigen Niederschlagung des polnischen Novemberaufstandes 1831 nach Dresden gekommen, bewohnt er von 1873 bis 1879 das Gartenhaus Nordstraße 28, wo er jede Nacht beim Schein der Öllampe und ausgerüstet mit einer Gänsefeder einen ansehnlichen Stoß Blätter beschreibt. Kein geringer Teil seines auf 600 Bände geschätzten Gesamtwerkes hat Sachsen und Dresden zum Thema. Neben der bekannten »Sachsentrilogie« geben vor allem die »Reiseblätter« einen interessanten Einblick in das Leben der Stadt im zweiten Drittel des 19. Jahrhunderts. »Dem aus Leipzig oder aus einer anderen Richtung Zugereisten stellt sich Dresden sogleich als ruhige und ernste Residenz dar. Man sieht auf den ersten Blick, daß dies keine Stadt ist, die von Handel und Industrie oder wissenschaftlichen Einrichtungen für die Jugend lebt, denn davon gibt es hier relativ wenig, ... Dresden ist eine Residenz ... Die geradezu pedantische Pflege alter Traditionen geht insbesondere vom Hofe und vom Schloß aus. Alles, was die königliche Familie umgibt, bewahrt mit Sorgfalt das alte Aussehen und die alten

Das Rats-Chaisenhaus auf dem Altmarkt, Zeichnung von Heinrich Matthaey.

Bräuche. Die Livreen, die Equipagen, das Zeremoniell, die Hofempfänge sind so geblieben wie in den vergangenen Jahrhunderten, bis hin zu den Sänften, die man angeblich nirgendwo in Europa mehr öffentlich verwendet außer in Dresden. Die höfischen Sänftenträger kleiden sich an Paradetagen noch wie zu Zeiten Augusts II. Die Geschirre, die Karossen, die Uniformen stammen auch wohl noch aus dieser Zeit. Zwei oder drei Sänftenstationen, von denen sich eine am Schloß befindet, mit Sänftenträgern in fleckigen kanariengelben Fräcken, warten auf Kunden. Die Männer gähnen und schnitzen Gitterstäbe, da sie monatelang vergebens darauf hoffen, daß jemand sie benötigt, aber irgendwie halten sie sich, und niemand hat den Mut, diese Institution abzuschaffen.« Fehlenden Mut zu Veränderungen beklagt der polnische Exilant in Sachsen allgemein, die Men-

schen seien für »ihre Sanftmut« bekannt, welche »vielleicht aus der Liebe zur Ruhe und Ordnung und aus einem gewissen Phlegma, das gern jeden unnötigen Konflikt, der das Leben trüben könnte, vermeidet« entsteht. »Die Achtung der Gesetze, der Macht der Repräsentanten ist im allgemeinen beispielhaft; jeder paßt auf, daß nichts Unerlaubtes geschieht und daß niemand die Ordnung stört. Die anderen Völkern im Blut steckende Neigung
40 zur Opposition ... gibt es hier überhaupt nicht.«
Breiten Raum nimmt in Kraszewskis »Reisebildern« die Beschreibung der Bauten und Kunstsammlungen der Stadt ein, die eine »ausgeprägteste, eigentümlichste Physiognomie« besitze und »malerisch am Elbufer im Tal« gelegen sei. »Das wunderschöne Rokoko des Zwingers« zum Beispiel, habe »mehr Leben und Anmut als jene kalte, nachgeahmte und geborgte Gotik«. Manches lobt er, aber Kritiklosigkeit ist seine Sache nicht. Die zunächst in Sandstein ausgeführte Plastikgruppe von Schilling an der Brühlschen Terrasse findet er »durch Kohlenstaub und Regen häßlich und unregelmäßig nachgedunkelt«, die Statuen im Allgemeinen »recht anständig«, aber keine steche »durch künstlerische Meisterschaft hervor« und versetze daher »kaum in Begeisterung«. »Im übrigen«, so lautet sein Resümee, »gibt es hier nichts Außergewöhnliches zu sehen, und der Hauptreiz der Residenz ist ihr einfacher, nahezu ländlicher Charakter«.

Mori Ôgai

Ganz andere Reize sucht und findet ein weitgereister Gast im Herbst 1884: **Mori Ôgai** (1862–1922), der japanische Arzt und Erzähler kommt nach Deutschland, um im Auftrag seiner Regierung Hygiene und Militärsanitätswesen zu untersuchen, aber auch, um das Biertrinken zu erlernen und sich »an den Abenden in die Werke der deutschen Dichter zu vertiefen«. Im Mai 1885

Palais im Großen Garten, Stahlstich von L. Rohbock um 1850.

und von Oktober desselben Jahres bis Februar 1886 wohnt er in Dresden und absolviert einen Kurs für Militärmedizin. Logiert wird im Hotel »Zu den vier Jahreszeiten«, später im Haus der Witwe Balthner in der Großen Klostergasse 12, am Elbufer nahe der Augustusbrücke. Kaum drei Tage in der Stadt, besucht er die Gemäldegalerie, denn: »Besonders von der ›Sixtinischen Madonna‹ von Raffaelo hatte ich schon lange geträumt. Doch jetzt war ich nun wirklich selbst da, und ein Traum ging für mich in Erfüllung«. In den Novellen »Wellenschaum« und »Der geheime Briefträger« (1890/91) werden seine Erlebnisse in Sachsen ihren literarischen Niederschlag finden.
Mit Freunden durchstreift er die Elbestadt, inspiziert Gefängnis, Wasserwerk und Wäschereien, wird zum Neujahrsempfang des

Raffael: Die Sixtinische Madonna.

Königs geladen, hält im »Verein für Erdkunde« einen Vortrag über japanische Wohnhäuser (die vermutlich erste öffentliche Rede eines Japaners in deutscher Sprache), und er genießt auf Spaziergängen die grüne Lunge der Stadt, den Großen Garten: »Wir bogen von der Lennéstraße nach links in eine Allee ein. In der Ferne erblickten wir den Lilienstein, der sich weit in den Himmel reckte. Langsam schlenderten wir weiter. Unter den dichtverzweigten hohen Bäumen wuchs üppig das Gras. Wir gelangten in einen Blumengarten voll blühender Blumen und Gräser. Überall standen Marmorstatuen. Den hinteren Teil des Gartens bildete ein Kastanienhain. Die Bäume waren über und über mit roten und weißen Blüten bedeckt. Unzählige wilde Tauben mit einem weißen Ring am Hals flogen umher. Sie waren etwas größer als die Tauben in Japan. Ich sah auch Drosseln, Amseln, Rotschwänzchen und andere Vögel. Nach einer Weile kamen wir an einen Teich, den sogenannten Carolasee. Als wir den See, auf dem sich ein paar Schwäne tummelten, umrundeten, veränderte sich bei jedem Schritt der Anblick. So wirkte alles seltsam grenzenlos. Dann gingen wir in den Zoo, wo wir unter anderem Elefanten, Nashörner, Giraffen und Lamas sahen. Letztere haben einen recht bösartigen Charakter: Es geschieht nicht selten, daß sie den Leuten ins Gesicht spucken. Am interessantesten war eine Löwin mit ihren Jungen ... Anschließend kehrten wir noch in der ›Schuhmannschen Weinstube‹ ein, wo wir einen Krug St. Emilion leerten.«

Fjodor Michailowitsch Dostojewski

Über die Trinkgewohnheiten des russischen Schriftstellers **Fjodor Michailowitsch Dostojewski** (1821–1881) soll nicht spekuliert werden, er hatte viele Monate in Dresden gelebt und hier unter anderem den Roman »Die Dämonen« vollendet, in dem er

Dresden »einen Schatz in der Tabakdose« nennt. Kein Wunder also, dass sich **Stefan Zweig** (1881–1942) für seinen großen Dostojewski-Essay auf Spurensuche in die Elbestadt begibt. »Aber immer in Dresden, wenn ich durch die Straßen gehe, vorbei an irgendeinem niederen und schmutzigen Haus, so faßt mich's an, ob er da nicht irgendwo wohnte, zwischen kleinen sächsischen Krämern und Handlangern, oben im vierten Stock, einsam, unendlich einsam in dieser fremden Geschäftigkeit.« Zweig besucht Dresden mehrfach, sein Freund, der deutschjüdische Lyriker und Journalist Camill Hoffmann, ist Feuilletonist bei den Dresdner Neuesten Nachrichten, und so unterschreiben sie am 19. Februar 1912 beide einen Kartengruß an den gemeinsamen Wiener Bekannten Victor Fleischer: »Es regnet ganz ungebührlich, aber lieber Dresden im Regen als Wien bei Sonne«. Gut zwei Jahrzehnte später ist die Zeit für solche Scherze vorbei. Als 1935 die Richard Strauss-Oper »Die schweigsame Frau«, für die Zweig das Libretto verfasst hatte, am Dresdner Hoftheater uraufgeführt wird, bleibt der jüdische Schriftsteller der Aufführung fern, da er weiß, »daß der Zuschauerraum von braunen Uniformen strotzen würde und sogar Hitler selbst zu einer der Aufführungen erwartet wurde«. »Die Oper«, schreibt Zweig in seinen Erinnerungen »Die Welt von gestern«, »errang einen sehr großen Erfolg, und ich muß zu Ehren der Musikkritiker feststellen, daß neun Zehntel von ihnen die gute Gelegenheit begeistert nutzten, noch einmal, zum letzenmal ihren inneren Widerstand gegen den Rassenstandpunkt zeigen zu dürfen, indem sie die denkbar freundlichsten Worte über mein Libretto sagten«. Doch schon nach der zweiten Vorstellung war alles vorbei, die Oper wurde für Dresden und ganz Deutschland verboten.

Gewitter über Dresden, Aquarell von Conrad Felixmüller, 1931.

Hugo Ball

Ein Jahr nach dem Zweigschen Kartengruß und wenige Jahre bevor er zum Mitbegründer des Dadaismus werden wird, beschreibt **Hugo Ball** (1886–1927) seine »Reise nach Dresden« auf ganz eigene Art und Weise. Er berichtet über eine Ausstellung futuristischer Werke im Richterschen Kunstsalon und kritisiert die »Lichtwunder des Herrn von Salzmann« in Hellerau, davor aber heißt sein Thema »Dresden selbst: Gelbe Blätter, ganze Kanarienvogelschwärme, fliegen durch die Luft. Blaue Herbstsonne explodierend. Gelbe, rote, grüne Parkanlagen in Frost gepackt. Ein Zeltlager von Meßbuden und Jahrmarktsplunder. Ein Geknatter grünroter Fahnen im Munizipalviertel: Jahrhundertfeier der Befreiungskriege. Abgesprungene Hosenknöpfe in

Königsparade auf dem Alaunplatz, 1913.

der Elektrischen (o Lebenslust und Daseinsfreude!) Im Café de Paris spielen sie ›Wer will unter die Soldaten?‹ (o Sachsenvolk, Knopfmacher und Lebkuchenhändler). Grazilbarock steigt das Antlitz der Stadt schwarz und phantastisch mit Türmen, Glocken und Brücken in den mondstrahlenden Abendhimmel.«

Ossip Kalenter

Johannes Burkhardt (1900–1976), der zur gleichen Zeit wie Erich Kästner die Dresdner Drei-König-Schule auf der Neustädter Arnimstraße besucht und sich als Dichter **Ossip Kalenter** nennt, der im italienischen Lerici ebenso zu Hause ist wie in Prag und Zürich (wohin ihn die Nazis vertreiben), ein Mann von Welt, »adrett biedermeierlich gekleidet, ein Stöckchen mit Knauf schwingend, im Knopfloch eine Blume, die der Jahreszeit ent-

Historische Postkarte um 1910, Elbpartie.

sprach«, wusste Anfang der zwanziger Jahre eine der eindrucksvollsten Lobeshymnen auf seine Heimatstadt sprachverliebt zu komponieren: »Wandle durch diese friedvoll verklärten Straßen, die ein anderes Gesicht tragen als die Straßen in anderen Städten, bewundere die Reichsstraße in ihrem gefälligen Gefälle, die Prager Straße im Golde eines vornehmen Vormittags! Das schöne Lächeln der vielen schönen Damen, denen du begegnest, wird sich auch deinen Lippen mitteilen. (Die überaus vielen schönen Damen sind eines der liebenswürdigsten Wahrzeichen der Stadt.) Am Altmarkt mußt du den Blick nach dem Kreuzturm schweifen lassen, nicht um die Zeit zu erspähen – was gilt es, in diesem freundlichen Idyll die Horen zu zählen? –, sondern weil vielleicht über dem leuchtenden Kreuz eine Wolke schwebt, wel-

Anzeige des Dresdner Verkehrsvereins, 1920.

che die Gestalt einer Amorette hat. Nun bitte ich dich, du mögest durch die Schloßstraße, in welcher du durchaus deinen Nachdenklichkeiten überlassen bleiben sollst, dich nach dem Theaterplatz begeben, und dort öffne die Augen so groß du kannst, laß dich von Licht umschäumen und siehe, sieh! Eine Symphonie von Lieblichkeit ist um dich her: die Hofkirche im Allegro (non tanto), des Barock, die Gemäldegalerie in venezianischem Andante, das Schloß eine Sarabande in deutscher, das Opernhaus ein Moderato in italienischer Renaissance. So du dieses betrachtet hast, tritt in den Zwinger ein, und laß dir von den duftigen

Barock-Pavillons grazile Historien erzählen; sie wissen deren viele aus den Tagen der galanten Kurfürsten und Könige von Polen, der aimablen Hofdamen und der geweihten und ungeweihten Abbati. Aber suche nicht durch die trüben Fenster etwas vom Inneren dieser Gebäude zu erspähen, darin Gerippe und Maschinen stehen, die den Bestand der mathematischen, physikalischen, geographischen und zoologischen Kabinetts ausmachen. Schwebe mit den lustigen Putten durch die Girlanden von Rosen und Birnen, laß dich höher tragen im Blick und verweile gerührt bei der grüngoldenen Patina der Dächer ...«

Hans Reimann

So schön lässt sich über Dresden schreiben, bildschön so zu sagen, und es ist anzunehmen, dass vom eher spöttisch veranlagten Satiriker Ossip Kalenter eine gehörige Portion Ironie ins

Historische Postkarte um 1910, Königliches Schloss.

Spiel gebracht wird. Nicht anders als bei seinem älteren, damals weitaus berühmteren Leipziger Kollegen **Hans Reimann** (1889–1969): »Dresden ist bildschön und dämlich«, befindet der in seinen »Sächsischen Miniaturen«, einer fünfbändigen Sammlung satirischer und grotesker Episoden, in der auch die Elbmetropole nicht ungeschoren davonkommt. Dem »Komiker Oskar Sachs, der ungebührlich lange in Dresden zu verweilen gezwungen war«, legt er in einer dieser Miniaturen folgende Worte in den Mund: »Dresden – das iss kaa Stadt, das iss an Friedhof, an wundascheena Friedhof, wo Elektrische drin umanaand foan!«. »Wer kennt die dresdener Heide?«, fragt er ein anderes Mal und macht sich über die Dresdner Hilfsbereitschaft lustig. Frage man nämlich nach dem Weg, »wird (man) dir mit ausgesuchter, mit übertriebener Bereitwilligkeit antworten, dir haargenau die Einzelheiten der Marsch-Route beschreiben, dich ein hübsches Stück (bis zur nahezu kindlich-naiven, für Halbidioten berechneten Markierung) geleiten, wird dir fünf-, sechs-, siebenmal eingehend wiederholen, wie du zu wallen habest, – und hernach stimmt's gar nicht. Hernach wars alles Quatsch. Was die Sachsen sagen, ist selten ganz richtig. Und sie wissen es! Sie sind nicht stolz darauf, aber sie wissen es. Vielleicht sind sie sogar stolz darauf. Mindestens sind sie stolz darauf, daß sie es wissen«.

Martin Raschke

Der heute fast vergessene Romancier und Funkautor **Martin Raschke** (1905–1943) weiß, was er sagt. Der Weggefährte Günter Eichs und Peter Huchels, der sich als Herausgeber der Zeitschrift Kolonne bereits in jungen Jahren einen Namen gemacht hatte und als Kriegsberichterstatter an der Ostfront den Tod fand, liefert 1931 in seinem Essay »Jahr über der Stadt« seine überraschend ambivalente Sicht auf das sommerliche »Elbflorenz«:

Augustusbrücke, im Vordergrund das Narrenhäusl, um 1930.

»Einen Sommer lang steht schon diese Luft in dem Tal, geschützt vorm Winde, und sie wurde träge, wenn sie auch den spärlichen Wein an den Hängen noch reift, die ihre Brust der Sonne bieten, und den Strom minderte zum Fluß, daß er mühsam das entblößte Steinfeld durchzieht und kaum den Badenden genügt. Zu weit gespannt sind alle Brücken, obwohl sie Bettler überzählig bevölkern, und die Altstadt scheint höher gewachsen mit ihren Türmen und Terrassen in die Lauheit der Luft. Von den Höhen ringsum drängt sich die Stadt nach diesen Ufern, enger schieben sich hier die Häuser an gequetschten Gassen, und wie von der Kraft dieses Andranges steigen Türme aus dem Gewirr. Zurückgeflutet scheint die Stadt, nachdem diese Türme geschaffen waren. Sie hat Plätze vor ihnen geebnet wie erschrocken, über die jetzt Musik aus den Kaffees weht, verschlungen bald vom Lärme der Straßen und den Schritten der Heimkehrenden. In eiligen Trupps begehen sie alle Straßen, unbekümmert um die dunkelnde Schönheit an ihren Rändern, werden von Bahnen herbeigebracht aus den Vororten und kehren müde zurück.

Denn nur fern, an ihren von Hügeln aufgewölbten Rändern lebt die Stadt. Dort arbeiten Fabriken, dort rauchen Schächte und Mühlen, nahe bei Feldern und Wald, und schwärzen den abendlichen Himmel, der im Westen reich ist an Farben. Ist es der gleiche Himmel, in den sich die Hofkirche mit Figuren und Balustraden verstreut, ein fröhlicher Garten aus Stein, überragt von dem matten Zifferblatt eines mächtigen Turmes? Der steigt ohne Schnürung aus dem stummen Leibe des Schlosses, das sich nirgends verschwendet. Nur zu wenigen Höfen öffnet es sich im verborgenen, und so schiebt es sich bis an entferntere Plätze, wo die Frauenkirche endlich alles zusammenrafft, Gassen wie Stein, und emporreißt zur Kuppel, von Tauben bewohnt.«

Samuel Beckett

Den Romantikern des 19. Jahrhunderts überraschend ähnlich, fasst der spätere »Meister« des Absurden Theaters den Entschluss, »auf einer ausgedehnten Studienreise die großen Museen und Kunstsammlungen Deutschlands zu besuchen«. So verbringt der irische Englischlektor und Romanistikassistent **Samuel Beckett** (1906–1989) ab September 1936 mehrere Monate unter anderem in Hamburg, Berlin und München.
»Die Tour ist ein Mißerfolg«, meint Beckett zunächst, »Deutschland ist gräßlich. Das Geld ist knapp. ich bin die ganze Zeit müde. Alle modernen Bilder sind in den Kellern ...«

Luftaufnahme des Zwingers, Foto W. Hahn, um 1930.

Am 29. Januar gelangt er von Leipzig kommend nach Dresden, wo er sich für drei Wochen in einer Pension an der Bürgerwiese einquartiert. In seinem Tagebuch vermerkt er enthusiastisch: »Herrlicher erster Eindruck von Dresden, Gefühl von Freiheit und Geräumigkeit nach dem Leipziger Dickicht.« In der Stadt, die er liebevoll »Porzellan-Madonna« tauft, trifft er sich mit Sammlern, Kunstliebhabern und Mäzenen, lernt die Tänzerin Gret Palucca, den von den Nationalsozialisten suspendierten Kunsthistoriker Will Grohmann und den Salon der Kunstmäzenin Ida Bienert kennen (die er zwar »erfreulich, fast schon lustig« findet, deren Hang zum »Herbeten der Nazilitanei« ihn allerdings anwidert). Er besucht Oper und Konzerte, hört Mozart, Beethoven und Verdi, absolviert widerwillig im Italienischen Dörfchen eine »gräßliche Riesenparty« russischer Aristokraten und fühlt sich »den Abend über meist voll und ganz als Kommunist.« Neun Tage allein verbringt er im Zwinger. Allerdings gelingt es ihm nicht (wie in Hamburg), den amtierenden Museumswärter herumzukriegen, ihm die »Schandbilder« zugänglich zu machen, die auf Anweisung der Nazis als »entartet«

entfernt worden waren. Wenigstens einige seiner Lieblingsbilder, Antonella da Messinas »Heiligen Sebastian«, Vermeers »Kupplerin« und die »Venus« von Poussin kann er in Augenschein nehmen. Durchaus kritisch notiert er in seinen Aufzeichnungen: »Ich weiß nicht, was ich über die Galerie sagen soll. Für uns hat wohl selbst die anspruchsvollere königliche Gemäldesammlung des 18. Jahrhunderts, was sie wesentlich immer noch ist, mehr Mängel als Verdienste. Es gibt da eine Menge spätitalienischen Ausschuß, keine frühen Meister, praktisch keine Flamen der großen Epoche, und Säle und Säle voller Mengs und Rosalba-Pastelle und Belotto-Ansichten von Dresden. Und schlecht beleuchtet und gehängt.«

Heinrich Böll

Über die Beleuchtung und Hängung von Gemälden kann und will er sich keine Gedanken machen: Als Soldat der deutschen Wehrmacht gelangt der spätere Literaturnobelpreisträger, der Romancier und Erzähler **Heinrich Böll** (1917–1985), im September 1944 in die Elbestadt. Am wohlhynischen Fieber laborierend, einer Infektionskrankheit, die durch Kopf- und Kleiderläuse übertragen wird, war er von seinem Standort Ahrweiler, nahe Koblenz, in das auf der Paradiesstraße, im südlichen Dresdner Vorort Zschertnitz gelegene Reservelazarett des Roten Kreuzes abkommandiert worden.

Blick vom Rathausturm nach Norden, 28. August 1948.

Schon nach wenigen Tagen sieht er sich imstande, »einige kleine Abstecher in die nächste Umgebung des Lazaretts zu machen«, wobei er »den sächsischen Dialekt bis zum Überdruss genießt«. Sonst aber, schreibt er seiner Frau Annemarie, »ist Dresden anscheinend eine schöne und saubere Stadt«. Und: Es ist doch sehr aufregend, noch einmal eine vollkommen unzerstörte Großstadt zu sehen. Ich habe mich – wie ich es immer tue – weniger um die sogenannten Baudenkmäler gekümmert, sondern bin ganz planlos durch die Stadt gebummelt ...« Beeindruckt zeigt er sich hingegen vom Besuch der Christuskirche in Dresden Strehlen (zur Hofkirche ist es ihm zu weit), »einer in einem Villen-

Frauenkirche mit Lutherdenkmal nach der Zerstörung, Foto: K. Schaarschuch.

viertel (gelegenen) kleinen Kirche im ›Windelschmidt-Stil‹. Es war sehr friedlich und schön, nur ein etwas langer Hirtenbrief des Bautzener Bischofs, der übrigens sehr gut war, hat mich sehr erschöpft.«
Am 29. September 1944 wird Heinrich Böll, als »Kriegsverwendungsfähig zur Ersatz-Truppe« deklariert, aus dem Dresdner Reservelazarett in den Genesungsurlaub nach Ahrweiler entlassen.

Gerhart Hauptmann

Mehrfach und oft für längere Zeit besuchte **Gerhart Hauptmann** (1862–1946), der als Dramatiker vor allem mit dem Stück »Die Weber« weltweit erfolgreich war, Dresden und das nahe gelegene Radebeul. Im Februar und März 1945 suchte der greise, unter schweren Hustenanfällen und Atemnot leidende Dichter Linderung im Oberloschwitzer Sanatorium Weidner. Von dort, hoch über dem Elbtal, erlebt er die Bombardierung der Stadt und vermerkt am 15 Februar 1945 im Tagebuch: »Furchtbarer Untergang des geliebten, göttlichen Dresden noch im Gange: Sturm und Feuerraserei.« Wenig später formuliert er seine ergreifende, in die Schullesebücher eingegangene Klage »Der Tod von Dresden«, in der es heißt: »Wer das Weinen verlernt hat, der lernt es wieder beim Untergang Dresdens. Dieser heitere Morgenstern der Jugend hat bisher die Welt beleuchtet. Ich weiß, daß in England und Amerika gute Geister genug vorhanden sind, denen das göttliche Licht der Sixtinischen Madonna nicht fremd war und die von dem Erlöschen dieses Sternes allertiefst schmerzlich getroffen weinen. Und ich habe den Untergang Dresdens unter den Sodom- und Gomorrahöllen der englischen und amerikanischen Flugzeuge persönlich erlebt. Wenn ich das Wort ‚erlebt' einfüge, so ist mir das jetzt noch wie ein Wunder. Ich nehme mich nicht wichtig genug, um zu glauben, das Fatum habe mir dieses Entsetzen gerade an dieser Stelle in dem fast liebsten Teil meiner Welt ausdrücklich vorbehalten.«

Erich Kästner

Weniger pathetisch, aber mit zumindest ebenso großer Bitterkeit, weiß ein Zeitgenosse Hauptmanns seine Eindrücke vom zertsörten Elbflorenz zu formulieren. Der Lyriker und fabulier-
58 freudige Erzähler **Erich Kästner** (1899–1974), der in Dresden geboren und zur Schule gegangen ist, zählt zu den international bekanntesten deutschen Schriftstellern, dessen Bücher noch heute zur freiwillig erkorenen »Pflichtlektüre« vieler Kinder, Jugendlicher und Erwachsener gehören. Er gilt als der erfolgreichste Dresdner Schriftsteller des vergangenen Jahrhunderts. Die Handlung seiner für »große und kleine Kinder« geschriebenen Bücher ist häufig in der Dresdner Neustadt, zwischen Bautzner- und Antonstraße, dem Geviert seiner Kinderjahre, angesiedelt. Sein Erinnerungsbuch »Als ich ein kleiner Junge war«, kann sicherlich als exemplarisches Loblied auf Dresden verstanden werden. 1946, ein Jahr nach Kriegsende, besucht Erich Kästner, der mittlerweile in München lebt, seine notdürftig bei Bekannten untergekommenen Eltern und muss beim Anblick der Stadt feststellen: »Das, was man früher unter Dresden verstand, existiert nicht mehr«. Einen ganzen Tag lang irrt Kästner durch die Steinwüste, die von der Stadt seiner Kindheit geblieben ist und bemerkt sarkastisch: »Die vielen Kasernen sind natürlich stehengeblieben! Die Pionierkaserne, in der das Ersatzbataillon lag. Die andere, wo wir das Reiten lernten und als Achtzehnjährige zum Gaudium der Ritt- und Wachtmeister, ohne Gäule, auf Schusters Rappen, ›zu Einem – rrrechts brecht ab!‹ traben, galoppieren und durchparieren mußten. Das Linckesche Bad, wo wir, am Elb-

Weidende Schafe vor der Ruine der Frauenkirche 1955, Foto: W. Möbius.

ufer, mit vorsintflutlichen Fünfzehnzentimeterhaubitzen exerzierten. Die Tonhalle, wo uns Sergeant Waurich quälte. Hätte statt dessen nicht die Frauenkirche leben bleiben können? Oder das Dinglingerhaus am Jüdenhof? Oder das Coselpalais? Oder wenigstens einer der früheren Renaissance-Erker in der Schloßstraße? Nein. Es mußten die Kasernen sein!«

Klaus Funke

Sarkasmus und beißende Ironie eignen auch dem Erzählgestus des Dresdner Autors **Klaus Funke** (Jahrgang 1947), der sich immer wieder voller Hassliebe mit dem Leben und Treiben in der sächsischen Landeshauptstadt auseinandersetzt. So lässt er den Pianisten Bosel, Hauptakteur der Novelle »Kammermusik«, den es Mitte der sechziger Jahre (wie so viele Dresdner) in die weite Welt zieht, schwadronieren: »Dresden ist keine Kunststadt, sagte er. Hier ist nichts als kleinbürgerlicher Mief und eingebildete Tradition. Seit ihrem August, dem Starken, einem barocken Kleinkönig, hätte sich die Stadt nicht mehr weiterentwickelt, alles wäre stehengeblieben. Am schlimmsten aber wäre die Dresdner Luft, sie würde ständig von diesen Stadtbewohnern eingeatmet und führe zur allmählichen Verblödung. Auch die Kanalisation wäre entsetzlich, stehengeblieben auf dem Stand des letzten Sachsenkönigs, eine solche Stadt verpeste ihre Umgebung, auf die sich die Dresdner etwas einbildeten, die aber nicht ihr Verdienst wäre. Jede Stadt hätte eine vergleichbare und schöne Umgebung, auch Leipzig, das viel offener und freier wäre als das eingebildete Dresden, welches von seinem Ruf aus dem siebzehnten Jahrhundert lebte und nichts dazu gelernt hätte. Der durchschnittliche Dresdner ist dümmer als der durchschnittliche Leipziger, und noch um einiges dümmer als der Berliner, Hamburger, Münchner oder Frankfurter. Die Dresdner sind von allen Großstadtbewohnern Deutschlands wahrscheinlich die ungebildetsten und am wenigsten kunstinteressierten. In der Musik kennen sie nur Wagner, Weber und seinen Freischütz, den sie sich jedes Jahr in der Felsenbühne anhören, und manche wissen, wer Richard Strauss gewesen ist und Carl Böhm; den barocken Hasse kennt schon kaum einer mehr und dass Rachmaninoff in Dresden zwei seiner Klavierkonzerte komponiert hat, weiß niemand, nicht einmal der Rektor der hiesigen Hochschule. Ja, die Dresdner sitzen im Sommer in ihren Biergärten entlang der Elbe und reden in ihrer breiten gemietlichen Sprache nicht von der Kunst oder ihrer Kunststadt, sondern vom Wetter und vom Sonnenunter-

Dresdner Plakat aus den 50er Jahren.

gang, den sie, je nach ihrem Sitzpunkt, hinter der Pieschener Elbbiegung erleben wollen, oder hinter der bekannten Stadtsilhouette, die sie ihren Gästen zeigen, die alle Welt von den Postkarten kennt, jener Stadtsilhouette, die der italienische Maler Belloto gemalt hat, und die als Reproduktion in allen Dresdner Wohnzimmern und in manchen Dresdner Kneipen sogar auf der Toilette hängt. Dresden ist keine Kunststadt. Dresden ist eine untergehende Stadt, die auf Schwemmsand gebaut ist.«

Heinz Czechowski

Der bekannte Lyriker und Essayist **Heinz Czechowski** (Jahrgang 1935), gerühmt als signifikanter Vertreter der legendären »Sächsischen Dichterschule«, in Dresden geboren und aufgewachsen zwischen Kaditz und Wildem Mann, hat seine Vaterstadt schon frühzeitig gen Leipzig verlassen. Czechowski, der das tragische Schicksal Dresdens immer wieder in Gedichten und Aufsätzen thematisiert, lebt heute in Frankfurt am Main. 1998 hatte er für die Zeit von April bis September das Amt des Dresdner Stadtschreibers inne und »residierte« in der nördlichen Vorstadt Klotzsche. Mit großen Erwartungen an den Ort seiner Kindheit und Jugend zurückgekehrt, schreibt er im Nachhinein mit unverkennbarer Enttäuschung: »Statt des urbanen Raumes, den ich mir erträumte und in dem ich leben wollte, erlebte ich eine Stadt, die noch immer schwer an ihrer Vergangenheit trägt. Ich sah, daß der tödliche Schlag, der die Stadt am 13. Februar 1945 zerstörte, eine Stadtlandschaft hinterlassen hatte, die nicht mehr zu sich zusammenfinden kann. So leid es mir tat: ich konnte die Begeisterung vieler Dresdner über den Zustand der Stadt nach der ‚Wende' nicht teilen. Ich weiß natürlich: mein Bild der sächsischen Landeshauptstadt ist vom Leben zwischen Trümmern geprägt, das in meine Biographie buchstäblich eingebrannt ist. Von der Elbe geteilt, hat sich die Stadt von jeher damit schwer getan, ihr eigentliches Zentrum zu finden. Altmarkt und Prager Straße waren jedoch, zwischen Brühlscher Terrasse und Hauptbahnhof, einmal Flanier- und Einkaufszonen mit intimem Gepräge. Noch in den Nachkriegsjahren, bevor der 1956 eingeleitete Kahlschlag unter dem Motto ›Dresden trümmerfrei‹ begann, war hinter den ausgebrannten Fassaden noch etwas vom Flair der Vergangenheit zu spüren. Heute ist ein Spaziergang vom Albertplatz durch die Hauptstraße über die Augustusbrücke bis zum Altmarkt und durch die Prager Straße bis zum Hauptbahnhof von widersprüchlichen Empfindungen beherrscht. Es ist hier nicht der Ort, einen Essay über städtebauliche Probleme der

Postplatz 1955, Foto: W. Möbius.

Elbestadt einzublenden ... Aber was einmal – nicht nur verkehrstechnisch – Dresdens Drehscheibe gewesen war, der Postplatz, ist heute nur noch ein Zeugnis verschwundener Urbanität, wo der Blick verzweifelt und vergeblich einen Halt sucht.«

Volker Braun
Durs Grünbein

Auch der Blick des Lyrikers **Volker Braun** (Jahrgang 1939) findet eine »Ziegelsteppe mit verstreuten Kaminen«, sieht die »wilden Büsche über den Ruinen. Dresden bleibt für lange Zeit, wie es der Dichter **Durs Grünbein** (Jahrgang 1962) nennt, »eine scheintote Stadt«, das »Barockwrack an der Elbe«.
Zu den wie durch ein Wunder unversehrt gebliebenen Bauwerken hingegen zählt ein technisches Denkmal im Osten der Stadt.

Dem Lyriker **Michael Wüstefeld** (Jahrgang 1951) hat es Dresdens wunderlichste Brücke, das Blaue Wunder, angetan und er hat es bestiegen: »Wer wohl, so fragen wir Talgeborene uns ahnungslos stolz, kennt denn das ›Blaue Wunder‹ nicht? ... Die Brücke wirkt Wunder. Sie verbindet. Sie schlägt sich von einer Seite auf die andere. Sie hilft uns hinüber. Sie ist ein Teil der Landschaft und ein Teil unserer Alltagswege. Sie überbrückt. Sie fügt zusammen ..., etwas außer Atem und mit weichen Knien stehe ich 24 Meter über der Fahrbahn. Schnell fliegt der Blick rundherum. Südlich dehnt sich Dresden, bis der Windberg bei Freital den Blick bremst. Träge kommt die Elbe von Osten, wo Lilien- und Königstein den Horizont mit ihren Sandsteintafeln verstellen. Im Norden prallt der Blick sogleich an den nahen Elbhang, auf dem sich die weiße Kugel der Ardenne-Sternwarte, Luisenhof und die Bergstation der Schwebebahn aneinanderreihen. Westlich zeichnet der Fluss einen weit gezogenen Bogen, fließt der nächsten städtischen Brücke zu, darüber dämmern auf der alten Weinbergskante Schloss Albrechtsberg, Villa Stockhausen und Schloss Eckberg. Weiter kann der Blick nicht reichen, aber tiefer ... 24 Meter über der Fahrbahn raunt es mir aus der Luft Namen, Bilder, Nachrichten zu, die ich vergessen wähnte, und ich ahne, eine unmessbare, aber deshalb nicht minder schwerwiegende Last liegt auf der Brücke. Denn jeder bürdet ihr ungebremst seine Erinnerungen auf ... Die Brücke hat verschiedene Könige, Kriege und Klassenkämpfe überlebt. Wird sie auch uns überleben? ... Bei guter Führung, was ständige Prüfung und Unterhaltung meint, geben die Fachleute der Brücke noch dreißig Lebensjahre ... Gebetsmühlenartig reden Reisebüros uns ein, nur Paris, London oder New York hätten die eigentlichen Wunder zu bieten. Dabei ist es keine Übertreibung, sondern unum-

Blick auf die Loschwitzer Höhen und die Elbbrücke »Blaues Wunder«.

stößliche Tatsache, auch in Dresden ist das Wunder namentlich zu Hause. Vielleicht aber sollten wir das nur unter der Hand und ganz leise sagen, sonst kommt irgendeiner auf die Idee, das ›Blaue Wunder‹ als eingetragene Marke schützen zu lassen!«

Thomas Rosenlöcher

Viele Jahre seines Lebens hat **Thomas Rosenlöcher** (Jahrgang 1947), der wohl populärste Dresdner Schriftsteller, in der Elbestadt verbracht. Hier ist er geboren, zur Schule gegangen und hat seine ersten Bücher verfasst, die fast immer irgendwie von Dresden handeln. Nun, im erzgebirgischen Beerwalde daheim, weiß er es ganz genau: »Wer als Dresdner in der Welt etwas werden will, muß rechtzeitig die Stadt verlassen. Allein schon des Sandsteins wegen, der nach den Worten eines, der die Stadt auch verließ, alles weich macht, was hier aufwächst. Und was sich im milden Klima, unterhalb sachter Hügelketten, entlang des auch nicht gerade stürmisch auftretenden Flusses, eines besonders nachgiebigen, sprich: babbschen Idioms bedient, des sogenannten Sandsteinsächsisch, das, kaum im Mund des Sprechers geformt, sich seinerseits den Sprecher formt. Wobei mancher Elbtalbewohner jahrzehntelang, nicht nur das Elbtal bewohnte, sondern gleichzeitig im Ostblock festsaß, der ebenfalls eine Geduldsprobe war. Allein die vollen Straßenbahnen. Sich da, die eine Hand kopfüber in der Schlaufe festgekrallt, in Solidarität mit den anderen Insassen fledermausartig hin- und herschwankend durch das Elbtal schaukeln zu lassen und gleichwohl mit der anderen Hand seinen Dante zu lesen, natürlich in der Übertragung von Philaletes, der unter dem Namen Johann von Sachsen unser König war ... Freilich, falls Dresden ohnehin seinen Sandsteincharakter abstreift, muß einer Dresden gar nicht mehr verlassen, um in der Welt etwas zu werden. Ging nach der deutschen Zusammenlegung ja auch umgekehrt: Die Welt kam aus München und Stuttgart nach Dresden, um hier etwas zu werden, was schlagartig gelang. Womit nicht gesagt werden soll, daß wir kolonisiert worden wären ... Selig sind die Sanftmütigen, steht immer noch über dem Elbhang geschrieben, wenigstens bei besserem Wetter, wenn der Himmel wieder Italien nachahmt. Denn muß einer denn in der Welt etwas werden, wenn Härte die Voraussetzung ist? Bedeutet es nicht ein tieferes Lächeln, als runder Puttenhintern auf der Zwingerbalustrade im Ansturm der Verhältnisse ein wenig Sand rieseln zu lassen? Besser weich in Dresden als in der Welt Granit.«

Blick auf Dresden bei Vollmondschein, Gemälde von Johan Christian Clausen Dahl, 1839.

Die Frauenkirche, erbaut 1726/43 von Georg Bähr, vor ihrer Zerstörung.

Literatur

Andersen, Hans Christian: Reise nach Dresden und in die Sächsische Schweiz, Wolfgang Jess Verlag Dresden 1941, S. 7ff.

Atterbom, Per Daniel Amadeus: Ein Schwede reist nach Deutschland und Italien. Hg. v. Elmar Jansen, Gustav Kiepenheuer Verlag Weimar 1967, S. 69f., 97ff., 108.

Ball, Hugo: Der Künstler und die Zeitkrankheit, Suhrkamp Verlag Frankfurt/M. 1988, S. 11.

Böll, Heinrich: Briefe aus dem Krieg 1939-1945, Band 2, Verlag Kiepenheuer&Witsch Köln 2001, S. 1109ff.

Braun, Volker: Texte in zeitlicher Folge, Mitteldeutscher Verlag Halle und Leipzig Bd. 3 1990, S. 65; Bd 8 1992, S. 84.

Casanova, Giacomo: Geschichte meines Lebens, Propyläen Verlag Berlin 1964, Band 3, S. 255f.

Czechowski, Heinz: Das Jahr Zweitausend, Gottsched und ich ... In: Signum. Blätter für Literatur und Kritik 1/Heft 2/2000, S. 101f.

Funke, Klaus: Kammermusik, Verlag Die Scheune Dresden 2004, S. 25f.

Goethe, Johann Wolfgang von: Dichtung und Wahrheit, Insel Verlag Leipzig o.J., S. 327/Sämtliche Werke, Weimarer Ausgabe Weimar 1887-1919, IV.Abt., 9 Band, S. 239.

Grillparzer Franz: Reisetagebücher, Hg. von Rudolf Walbinger, Berlin 1971, 103ff.

Grünbein, Durs: Schädelbasislektion, Suhrkamp Verlag Frankfurt am Main 1991, S. 112.

Hauptmann, Gerhart: Sämtliche Werke. Hg. Hans-Egon Hass, Bd. XI: Nachgelassene Werke und Fragmente, Propyläen Verlag Frankfurt am Main und Berlin 1974, S. 1205.

Herder, Johann Gottfried: Werke, Deutscher Klassiker Verlag Frankfurt/M. 2000, S. 405ff./Briefe, Hermann Böhlaus Nachf., Weimar 1984, Bd. 8, S. 396f.

Irving, Washington, In: Erich Haenel, Eugen Kalkschmidt: Das alte Dresden, Verlag Franz Hanfstengel München 1925, S. 150.

Jean Paul: Sämtliche Werke, Akademie Verlag Berlin 1954, Briefe III., S. 65f., 173f., 190.

Kalenter, Ossip: Das goldene Dresden, Verlag Steegemann Hannover und Leipzig 1922, S. 10ff.

Kästner, Erich: Der tägliche Kram, Atrium Verlag Zürich 1948, S. 112.

Kleist, Heinrich von: Sämtliche Briefe Reclam Verlag Stuttgart o.J., S. 103, 232ff.

Knowlson, James: Samuel Beckett. Eine Biographie, Suhrkamp Verlag Frankfurt am Main 2001, S. 314, 323, 325, 327.

Kraszewski, Józef Ignacy: Reiseblätter, Rütten & Loening Berlin 1986, S. 281ff., 302.

Meynert, Hermann Günther (Janus), In: Dresden vom Biedermeier bis zur Revolution 1948/49, Hrg. Günter Jäckel, Verlag Werner Dausien Hanau, S. 101f.

Ôgai, Mori: Deutschlandtagebuch 1884–1888, Hg. v. Heike Schöche. konkursbuch Verlag Claudia Gehrke Tübingen 1992, S. 28f.

Prutz, Robert: Das Land der Kuchenfresser, In: Dresden vom Biedermeier bis zur Revolution 1948/49, Hrg. Günter Jäckel, Verlag Werner Dausien Hanau 1988, S. 155f.

Raschke, Martin: Jahr über der Stadt, Hg. v. Norbert Weiß, Hellerau-Verlag Dresden 1993, S. 52.

Reimann, Hans: Neue sächsische Miniaturen, In: Der Morgen, Ein Almanach des Carl Reissner Verlages Dresden 1928, S. 199f., 203.

Riesbeck, Johann Kaspar: Lichter und Schatten, In: Erich Haenel, Eugen Kalkschmidt: Das alte Dresden, Verlag Franz Hanfstengel München 1925, S. 53, 56.

Rosenlöcher, Thomas: Wie ich in Ludwig Richters Brautzug verschwand, Insel Verlag Frankfurt am Main und Leipzig 2005, S. 41ff.

Voß, Carl v.: Eine Reise nach Dresden 1822. Aufzeichnungen des Kammerherrn Carl v. Voß, Neske Verlag Pfullingen 1986, S. 26, 30, 71, 207.

Schiller, Friedrich von: Nationalausgabe, Hermann Böhlaus Nachf. Weimar, Bd. 24, 1989, S. 19f., 57; Bd. 25, 1979, S. 152.

Seume, Johann Gottfried: Spaziergang nach Syrakus, Reclam Verlag Leipzig o.J., S. 12ff.

Wüstefeld, Michael: Blaues Wunder, be bra verlag Berlin 2002, S. 7, 56, 63, 65.

Zweig, Stefan: Die Welt von gestern, Aufbau-Verlag, Berlin und Weimar 1990, S. 356/Essays 1907–1924, Insel Verlag Leipzig 1983, S. 412.

Dresden vom Turm der Katholischen Hofkirche gesehen, Foto um 1930.

Personenregister

Bildnachweis

Archiv Wonneberger: Titel, *S. 6, 25, 42, 47, 48, 49, 53, 61, 76.*
Erich Haenel/Eugen Kalkschmidt: Das alte Dresden, Verlag Franz Hanfstengel, München 1925: *S. 15, 17, 19, 21, 27, 29, 31, 32, 35, 36, 39, 41.*
Sächsische Landesbibliothek – Staats- und Universitätsbibliothek, Abt. Deutsche Fotothek: *S. 10, 23, 46,, 51, 55, 56, 59, 63, 67, 68.*
Brigitte Felixmüller, Hamburg: *S. 45.*
F. Baumgürtel: *S. 65.*
Sammlung Friedrich, *S. 72, 78.*

Die Mainzgasse und die Frauenkirche vor der Zerstörung.

Danksagung

Die Autoren danken Heinz Czechowski, Klaus Funke, Thomas Rosenlöcher und Michael Wüstefeld für die Zustimmung zum Abdruck der Texte und Dieter Sudhoff für seine Hinweise zu Stefan Zweig.

Blick auf Dresden, um 1928.

Die Autoren

Norbert Weiß: Geboren 1949 in Dresden, Lehre zum Bibliothekstechniker; Tätigkeit als Druckereiarbeiter, Telegrammbote, Buchverkäufer, Bauarbeiter und Lagerist. Abitur und Pädagogikstudium in Zwickau, Relegation. Literaturstudium in Leipzig. Lebt als Erzähler, Lyriker, Publizist und Herausgeber in Dresden. Gemeinsame Veröffentlichungen mit Jens Wonneberger: »Dichter, Denker, Literaten«, Dresden 1997, »Literarisches Dresden«, Berlin 2001, »Dresdner Dichterhäuser«, Berlin 2002 und „Dichterhäuser um Dresden", Berlin 2004.

Jens Wonneberger: Geboren 1960 in Großröhrsdorf. Studium des Bauingenieurwesens in Dresden, anschließend Reinigungskraft in einem Antiquariat. Seit 1992 freier Schriftsteller und Literaturredakteur in Dresden. Zahlreiche Veröffentlichungen, u. a. »Pfunds Molkerei« im be.bra verlag. Gemeinsame Veröffentlichungen mit Norbert Weiß: »Dichter, Denker, Literaten«, Dresden 1997, »Literarisches Dresden«, Berlin 2001, »Dresdner Dichterhäuser«, Berlin 2002 und »Dichterhäuser um Dresden«, Berlin 2004.

Bibliografische Information der Deutschen Bibliothek
Die Deutsche Bibliothek verzeichnet diese Publikation in der Deutschen Nationalbibliografie; detaillierte bibliografische Daten sind im Internet über http://dnb.ddb.de abrufbar.

KulturBrauerei Haus S, Schönhauser Allee 37, 10435 Berlin
post@bebraverlag.de
Lektorat: Bernhard Thieme, Berlin
Gesamtgestaltung: Uwe Friedrich, Berlin
Schrift: ITC New Baskerville 9,25 pt
Druck und Bindung: Bosch Druck GmbH, Landshut
ISBN 3-86124-597-3
978-3-86124-597-1

www.bebraverlag.de